国家规模 和经济增长译丛

THE SIZE
OF NATIONS

Alberto Alesina   Enrico Spolaore

国家的规模

[意] 阿尔伯托·阿莱西纳　恩里科·斯波劳雷◎著

戴家武　欧阳峣◎译

格 致 出 版 社　　上海人民出版社

主编的话

社会科学的现实形态,往往是人类认识史上各种理论和知识融通生成的结果。为了挖掘国际学界研究国家规模及其经济影响的成果,系统梳理这个主题的理论发展脉络,以前人的理论智慧启迪今后继续深化研究的方向,我们组织翻译出版这套"国家规模和经济增长译丛"。

这个领域的研究文献极为稀缺。2012年春天,我在斯坦福大学图书馆发现1957年国际经济协会海牙会议的论文集《国家规模的经济影响》,这部由罗滨逊教授主编的文集应该是直接研究国家规模和经济增长的最早文献。2017年春天,我在牛津大学图书馆发现阿莱西纳教授和斯波劳雷教授所著的《国家的规模》以及德国洪堡大学阿卢伊尼的博士学位论文《国家规模、增长和货币联盟》,这两篇文献代表了21世纪初期国际学界的研究水平。2018年夏天,我在哈佛大学拜访经济系前主任珀金斯教授和塔夫茨大学经济系斯波劳雷教授,讨论国家规模和经济增长问题,并从哈佛大学图书馆收集了一些高水平论文,考虑将它们编成两部论文集:《国家规模、贸易和工业化》和《国家规模、政府和公共产品》。于是,就形成了我们翻译出版这套丛书的基本框架。

我们研究大国经济发展理论,是从学习张培刚教授的"新发展经济学"开始的。张培刚教授提出,发展中大国应该成为发展经济学的重要研究对象,我把它称为"张培刚命题"。遵循张培刚教授的命题,我们探讨发展中大国的合理界定、评价指标、基本特征以及工业化、城市化和现代化问题。随后,我们在《发展经济学手册》中读到珀金斯教授所作的《大国:规模的影响》,珀金斯教授提出:为什么大国的规模可能会导致更好或更坏的经济表现?我把它称为"珀金斯之问"。带着珀金斯之问,我们开始探索国家规模对经济增长的正面影响、负面影响以及主要原因、影响机理。从经济学角度看,大国经济问题主要是国家规模和经济增长问题,需要把国家规模因素纳入发展经济学理论框架,分析它对市场规模、生产规模和经济规模的影响,进而探讨大国经济发展优势、发展型式和发展战略。

这套丛书选择了国际学界研究国家规模和经济增长的主要成果,希望它能够为中国学者的研究提供理论和方法的借鉴。中国是典型的发展中大国和新兴大国,遵循经济理论和经济事实的重要性相统一的原则,中国经济学家应该基于新兴大国的典型化事实,在大国经济领域进行科学探索,精耕细作,作出富有创新性的理论成果,为构建中国风格的经济学话语体系作出积极贡献。

致苏珊
致黛博拉和艾多拉多

致 谢

　　我们最应该感谢的是罗曼·瓦齐亚格（Romain Wacziarg），我们与他合作撰写的几篇论文是本书第 10 章和第 12 章部分内容的基础，他在实证分析方面的专业水准非常高。阿莱西纳（Alberto Alesina）更早的一篇与伊格纳奇奥·安杰洛尼（Ignazio Angeloni）和卢德格尔·舒克内希特（Ludger Schuknecht）合作的论文也为第 12 章的部分内容提供了基础，非常感激他们帮助我们更好地了解欧盟的相关问题。

　　感谢安德烈·施莱弗尔（Andrei Shleifer）对我们的激励，他在阅读我们最初的草稿之后，提出了一些非常富有挑战性的意见，从而使得我们能够写得更多更好。罗伯特·巴罗（Robert Barro）和赫歇尔·格罗斯曼（Herschel Grossman）的睿智也让我们受益良多。我们还要感谢很多同事、学生以及合作者，他们对本书的写作给予了很有价值的讨论与评论。受篇幅所限，此处仅列出部分名单，他们是：达龙·阿西莫格鲁（Daron Acemoglu）、吉姆·阿尔特（Jim Alt）、罗伯特·贝茨（Robert Bates）、瑞泽·巴基尔（Reza Baqir）、比尔·伊斯特利（Bill Easterly）、杰夫·弗里登（Jeff Frieden）、奥代德·盖勒（Oded Galor）、菲利普·加纳（Phillip Garner）、艾德·格莱泽（Ed Glaeser）、弗恩·亨德森（Vern Henderson）、卡洛琳·霍克斯比（Caroline Hoxby）、埃利安娜·拉·费拉拉（Eliana La Ferrara）、彼特·豪伊特（Peter Howitt）、保罗·莫罗（Paolo Mauro）、罗伯托·佩罗蒂（Roberto Perotti）、赫拉克勒斯·波勒马基斯（Herakles Polemarchakis）、豪梅·文图拉（Jaume Ventura），以及戴维·威尔（David Weil）。哈佛大学经济系的学生使用了本书早期的版本，并提出了有益的建议。布朗大学经济系两门经济学课程的学生，给本书的初稿提供了有益的反馈。格里·阿德勒（Gerry Adler）以极大的耐心和忍耐力逐字地阅读整本书稿，他的看法帮助我们将一些专业术语转换成更加通俗易懂的文字。几次讨论会和学术会议的参与者们也给了我们进一步的评论和建议，虽然我们无法对每一位给予我们帮助的人一一致谢，但是我们依然要感谢所有提供过帮助的人。

感谢五位匿名评审人提供的非常有价值的评论。虽然有些评论相互之间有矛盾，我们没法针对所有评论进行修改，但我们还是尽可能地向所有评审人的共同意见靠近。

感谢亚历山大·瓦格纳（Alexander Wagner）、普瑞克·墨赫特（Prianka Malhotra）、马特·帕克（Matt Parker）阅读早期的初稿并帮助我们更好地阐述我们的研究。感谢古斯塔沃·苏亚雷斯（Gustavo Suarez）在第 10 章撰写中出色的研究助理工作，丹尼尔·梅吉亚（Daniel Mejia）则在出版的最后关键阶段给予重要的帮助。雪莉·韦纳（Shelley Weiner）在文字录入方面的工作非常出色，她非常愉悦而且高效地完成了无数次的修改。麻省理工学院出版社的德纳·安得勒斯（Dana Andrus）以其出色的专业素养为本书取名。

本书的作者感谢美国国家经济研究局提供的国家自然基金系列资助。此外，阿莱西纳还要感谢哈佛大学维泽赫德国际事务中心给予的带薪休假，使其能专注于本书的写作。

目　录

第1章 导 论

1.1 主要问题

　　国家的规模千差万别。[1]中国是世界上规模最大的国家,拥有12亿居民*。图瓦卢是联合国成员里规模最小的国家,人口仅有不到11 000人。近年来,独立国家的数量快速增长。在过去的几十年里,殖民体系的瓦解、苏联的解体,以及遍布世界各地的大量分离主义运动导致众多新的主权国家涌现。1945年的时候全世界只有74个独立国家,如今已经达到192个。[2]所以,今天很多国家的规模都很小,超过一半国家的规模比马萨诸塞州还要小,而其人口才600万而已。即使没有新的国家成立,区域分裂主义、种族冲突以及各种离心力量也都从未停歇。地方主义和分裂主义常常能够实现相对和平的互相制衡,比如魁北克或者加泰罗尼亚。在另一些地区,如巴斯克地区或者巴尔干半岛,分裂主义则导致了暴力冲突。

　　然而,在世界上大部分地区,我们也观察到一个与分裂主义背道而驰

---

　　* 本书英文版于2003年出版,当时中国人口为12亿。——编者注

的趋势——德国和也门均实现重新统一,欧盟正从一个自由贸易区逐渐朝政治一体化演进。有趣的是,欧洲政治一体化进程并没有消除许多欧盟成员国内部的分权压力,比如比利时、法国、意大利、西班牙和英国。

这些事实引发了两个问题:是什么决定了国家的规模以及国家的规模如何演变? 一个国家的规模会影响其经济上的成功吗?

哲学家、历史学家和政治学家花费了大量心血研究主权国家的形成、最优规模以及国家规模的演变。柏拉图甚至估算了一个政体的最优规模乃至精确的家庭数量,即 5 040 户家庭。[3] 国家的形成和解体一直是历史研究的核心。[4] 相反,经济学家一般把国家的规模视为"外生的"——也就是说,不去解释它。[5] 但事实上,对于国际经济学的定义即关于不同国境之间的经济交流,国界本身就被视作地理景观的一部分,类似于海岸线或山脉。只不过国界并非自然现象,而是人为建立的制度,因而可以用政治经济学的分析工具加以研究,我们都知道,政治经济学在研究人类活动的其他领域中发挥了有益的作用。例如,在一项关于决定人均收入的地理因素的重要研究中,杰弗里·萨克斯(Jeffrey Sachs)及其合作者着重探讨了内陆国家要付出的代价,比如玻利维亚和阿富汗。[6] 但是一个国家之所以成为内陆国是由地理和政治因素同时决定的。在 1884 年一部分领土被智利侵吞之前,玻利维亚并不是一个内陆国;如果美国的犹他州和科罗拉多州维持独立的话,也将是两个内陆国家。政治边界跟其他制度一样,都是个体和群体在约束条件下追求其目标时进行选择和互动的结果。本书采用经济学的工具来研究政治边界的形成与变化。

在这本书里,我们主要关注的是主权国家的数量和规模,正如蒂利(Tilly,1990)所指出的,这是"世界上拥有超过 5 000 年历史的最大、最强的组织"。然而,对"国家"一词的定义是有争议的。一些学者认为它包括了古代帝国、中世纪的神权政体以及希腊和意大利的城邦,而另一些学者则把它限定为现代的民族国家——有公认边界的领土、人口,以及一个国家级的中央政府,它拥有合法使用强制措施的垄断权。[7]我们的关注点主要在现代国家上,同时,我们还会考虑其他形式的主权组织,如独裁帝国、超国家组织以及分权的管辖区(地区、省)。

与现行的英语习惯一致,我们交替使用"nation""state""country",这几个词均表示"主权国家"——具体点说,都是指主权的"民族国家",这是世界上最主要的政治主体。我们很清楚有些读者可能会反对交替使用这些词汇来代表国家——"nation"在一定程度上与"country"一词还是有些不同含义的。[8]例如,"nation"经常被视为一群拥有共同语言、习俗和"同质性观念"的人[9],或者更幽默一点讲,根据多伊奇(Deutch,1969)提出的著名定义,是"因其祖先的共同错误或因都对其邻居感到厌恶而团结在一起的一群人"。从这个意义上来讲,一个民族并不需要是一个独立的国家。如果是的话,人们就会称之为"民族国家"(nation-state)——另一个有多种含义的术语。然而,个人偏好的差异——在现代社会里主要表现为语言、种族和文化差异——在我们关于国家的形成与解体的分析当中扮演了重要角色。

1.2　基本的权衡关系

在本书中我们将证明,国家的规模取决于规模收益与对政府公共品和政策的异质性偏好成本之间的权衡。[10]

庞大的人口规模有什么好处呢? 第一,在大规模国家里,公共品的人均成本较低,因为有更多的纳税人可以为它们买单。比如国防、货币与金融机构、司法系统、通信设施、警察与犯罪预防、公共健康、大使馆、国家公园等,这只是其中一些例子。虽然,很多公共成本可能会随着人口的增加而成比例地上升,但其中某些方面的成本则与使用者或纳税人的数量无关。[11]因此,很多公共品的人均成本一般会随着纳税人数量的增加而下降。[12]同时大国还拥有多种更有效的税收方式,比如,所得税就比关税更有效。因为相对于关税而言,所得税的官僚机构成本更高。[13]

第二,人们经常认为,一个大国(就其人口或国民生产总值而言)在其他条件相同的情况下,可以凭借其强大的军事力量更好地保护自己免受外国侵略。国防是一种公共品,人均国防成本随着国家规模的增大而下降。小国可以加入军事同盟,但一般来讲,国家的规模决定了军事力量的强弱。[14]

第三,国家规模影响经济规模。一定程度上而言,较大的经济规模和市场规模会带来生产率的上升,因此大国应该会更加富裕。然而,一个国家的市场规模,即人口的数量和消费的规模取决于这个国家对外贸易的开放度。[15]一个国家如果融入了世界经济体系中,那么它就可以把整个世界作为自己的市场。如果政治上的边界没有限制经济交往,那么一个国家的规模应该独立于其经济上的成功。然而在现实中,政治边界确实妨碍了经济交往,因此,规模的经济效益取决于国家的开放程度。

第四,大国可以提供区域的"保险"。以得克萨斯州为例,如果得州遭遇一场比美国平均水平更为严重的经济衰退,那它可能会得到来自其他地区的净财政转移支付。反之也是成立的,如果得州的境况比美国的平均水平要好,那它将成为美国其他州转移支付的来源。现在,假设得州是一个独立的国家,那它可能会遭遇更为显著的经济周期波动,因为在经济衰退的时候它不可能得到其他州的帮助,同时,在经济繁荣时期也不需要去补贴其他州。在美国,通过各种财政准则和支出项目渠道实施的地区间转移支付是相当可观的。[16]这种保险机制的好处在自然灾害时期格外明显。

第五,大国可以实施从富人到穷人以及从富裕地区到贫困地区的再分配方案,因此可以实现税后收入的再分配,这在地区间相互独立的情况下根本不可能。这就是为什么贫困地区常常寻求与大国包括富裕地区缔结联盟,而后者更倾向于独立的主要原因。[17]

如果规模只会带来好处,那么全世界应该趋向于组建一个单一国家。一般而言,当国家的规模变大时,管理和交通堵塞的成本可能会超过规模带来的好处。然而,实际上在超级大国中,这些成本也是有很大差异的,因此单就管理和交通堵塞成本而言,并不能决定国家规模的分布,至少我们知道在全世界的国家里面,有很多国家的规模都非常小。

更重要的是我们应该考虑到,国家越大,该国居民的偏好、文化和语言就越多样化。一个国家偏好的异质性会随着规模的扩大而不断增加,那为什么偏好的异质性如此重要呢? 同属一个国家就表明大家赞同同一套政策,比如再分配方案、公共品或者对外贸易。而异质性意味着再多样化的群体也应该在这些问题上达成共识。当然,某些政策可以委托给地方,以适应当地的特殊情况,但不是每一项政策都能以这种方式处理。随着异质性的增加,越来越多的个体和地区不满中央政府的政策。事实上,全世界与种族、宗教和语言异质性相关的国内暴力冲突确实威胁到了国家政府的稳定。[18]

关注大规模异质性社群的政治成本在哲学与政治辩论中由来已久。例如,亚里士多德(Aristotle)曾经有一个论断,认为一个政体的规模不应该大得让其中的每个人都不认识其他人。正如他在《政治学》(*The Politics*)中所写的,"经验表明,一个人口稠密的国家很难(虽然并非不可能)按照良好的法律运转"。达尔和塔夫特(Dahl and Tufte, 1973)也指出,在小的政体中,大家都彼此熟悉,这一希腊式观点经常被后来的哲学家重新提及,例如,孟德斯鸠(Montesquieu)在他的《论法的精神》(*The Spirit of the Laws*)中写道:

> 在一个大的共和国里,公共福利就成了千万种考虑的牺牲品;公共福利要服从许多的例外;要取决于偶然的因素。在一个小的共和国里,公共福利较为明显,较为人们所了解,和每一个公民的关系都

比较密切;弊端较少,因此也较少受到庇护。[19] *

在 1787 年的制宪会议上,美国的开国元勋们多次提到了孟德斯鸠的观点,因为他们担心这一新联邦政体的规模会"过度"膨胀。[20]正如达尔和塔夫特(Dahl and Tufte,1973,pp.9—10)所证明的,反联邦主义者"主张一个拥有广袤领土并居住着多样化人口的共和政体是'荒谬的、违反人类经验的'"。作为对这些批评的回应,麦迪逊(Madison)在《联邦主义者文集》第十号(Federalist paper 10)提出了一个著名的反驳观点,他指出,对于一个民主国家而言,大的国家规模不仅不是问题,实际上反而是优势。他的观点在于,国家的领土越大,政党和利益的多样性就会越大,因而就不大可能出现"大部分人都拥有侵犯其他公民权利的共同动机;或者,如果那样一种共同动机存在的话,将更难让所有感受到它的人去发现他们自身的优势,以及与其他人和谐共处"。换言之,根据麦迪逊的观点,在大国里面,企图"侵犯其他公民权利"的寻租集团很难克服集体行动的困境。此外,根据麦迪逊的观点,"喜好拉帮结派的领导可能容易在自己国家内部煽风点火,但很难把火引到其他国家去"。麦迪逊的这些论点可被视为对前文提到的关于"保险"的观点在政治领域的灵活运用,其中"喜好拉帮结派的领导"的存在就类似于自然灾害,比如飓风。一个人若是生活在一个小的独立国家中,而该国的权力不幸落入一个残暴且爱搞派系的领导手里,那他就没希望了。在一个由很多异质性的州所组成的大的联邦政府中,喜好拉帮结派的领导最多只能控制其中的一个州。而其他由别的集团控制的相邻州可以提供"保险"以应对被兼并的威胁,并将政治危机限制在当地的边界以外。麦迪逊的观点中蕴含了一些重要的真理,当我们研究政体最优规模的成本和收益时应该予以考虑。然而,源自众多异质性集团的"保险"收益,是否足以抵消与异质性相关的政治与经济成本

---

* 引文翻译节选自孟德斯鸠:《论法的精神》,张雁深译,商务印书馆 1959 年版。——编者注

是值得怀疑的。正如达尔和塔夫特(Dahl and Tufte，1973，p.11)指出的：“美国的经验是否推翻了经典争论是……值得怀疑的。”美国内战的爆发引发了针对麦迪逊关于大的国家规模的观点的严重质疑。我们的假说是，总的来说偏好的异质性倾向于带来政治经济成本，而这些成本能够被规模的好处所抵消，这一假说得到了大量经验证据的支撑。考虑一下极端情况。麦迪逊可能不得不承认，一个完全同质化的国家可能会运行得很好，因为不存在任何冲突的可能。另一个相反的极端是，当广泛的异质性催生出两败俱伤的战争时，公民社会将无法继续运转，换句话说，麦迪逊式的论点实际上要表达的是，在适当的水平上扩展某些形式的异质性，实际上可能会提高制度的质量。这正是我们要探索的点，但是我们并没有发现它违背基本的事实，即通常情况下，在大国和小国当中，同质性的政体并没有运转得更加和谐。

因此，我们得出了一个“均衡”国家规模的概念，它来自规模的收益与异质性人口偏好的成本之间的权衡。本书的主题在于分析这种“权衡关系”是如何受众多政治经济变量的影响的。[21]

1.3 最优与均衡规模：一个简单的方法论技巧

我们是如何定义一个国家的均衡规模的呢？与通常的经济和政治分析一样，在这本书里，我们将使用“均衡”的多种不同概念。

首先，我们拟采用约束条件下最优化的标准经济学工具来分析最优国家规模。一个国家的最优规模是在给定某些约束条件的情况下，能够实现最高水平的平均福利的状态。

把我们关于最优化问题的分析与达尔和塔夫特(Dahl and Tufte，1973)的研究进行对比，有助于更好地理解这一问题。他们讨论了有关政体规模的多种权衡关系，认为既然存在权衡关系，所以国家就不存在最优规模。用他们的话说:"不存在任何最优的单位类型或规模,能实现公民效能和体系能力的双重目标。"这一观点对我们而言很有价值,因为它强调了不可能同时完美地实现两个目标的绝对性。然而,如果我们想要知道一个目标在多大程度上能够被实现(或多或少的有效性和容量),即便目标之间有权衡关系,依然可能存在着权衡关系的最优解。假设一个人同时重视闲暇与消费,但他必须工作以支付这些费用。他可以完全不工作以最大化闲暇时间,但他得不到任何消费,因为他没有任何收入去购买消费品。或者他也可以每天工作 24 小时以最大化消费,但这样的话他就没有任何闲暇时间。然而,这并不意味着就不存在最优的闲暇与劳动的组合。一个人可以选择工作到这样一个时刻:他工作的最后一个小时为他赚来的额外消费与他在最后一个小时能享受的闲暇相比,给他带来的效用是相同的,这就是他的"最优"解。类似地,国家的最优规模也可以被定义为规模所带来的收益与异质性所产生的成本之间的最优解。这就是我们分析的起点。

我们的目的是把规范分析与实证分析结合起来。我们不希望只计算出在一个理想世界里国家的最优规模是多大,把边境视作"应该"是这样的,我们更感兴趣的是分析为什么国家的规模是这么大。我们证明了权衡关系对于解释边界的布局具有重要作用,但是,那并不意味着我们必须要去测算最优规模究竟有多大。相反,虽然我们谈到了国家的最优数量,但我们并不认为每个月、每年或每十年都可以根据世界上的人口来计算出国家的最优数量和形状,进而相应地重新安排各国的边界。正如我们将证明的,边界的重新划分受到政治和经济势力的影响,因而可能会与任意一种最优配置相偏离。然而,从政治经济的角度来看,对效率和经济权衡关系的考量是有用的,主要有以下几方面的原因。

第一,我们可以证明,随着时间的推移,多种力量会推动制度(在我们的分析中主要指政治边界)走向高效。[22]对于那些对此观点仍有疑惑的读者来说,把国家规模看作经济效率当中的权衡关系可能有助于他们更好地理解。我们可以从这一视角出发,采用基于经济效率原理的模型预测来进行历史经验的对比。即便用效率来解释它可能会失败,我们也应该能理解为什么它会失败,并了解起作用的政治经济的力量。从定义上来讲,一个有效的边界配置可以让"馅饼的规模"最大化。一般来说,如果边界是以最优方式划分的,那么人口细分可能遭受的损失将由赢家来补偿,在有效边界的条件下,每个人的境况将变得更好。[23]因此,如果没有观测到有效的配置,那我们也必须明白为什么"馅饼的规模"没有使得每个人的福利最大化。事实上,正如我们将在本书中证明的那样,补偿方案很难或者几乎不可能通过政治制度来执行。更一般地说,一些系统的原因阻碍了国家规模实现最优水平,对此我们将在后文详述。

我们拟通过两个不同的均衡概念来对比最优解:(1)投票均衡,即边界由国内民主投票决定;(2)利维坦均衡,即由独裁式的利维坦决定均衡边界配置。[24]我们将看到,在投票均衡中,理想状态下的边界由多数表决(普通投票)投票决定。这一概念在历史上曾多次出现。然而,在直接投票尚未确定出边界的情况下,投票均衡可能有助于估计民主重划边界的结果。也就是说,投票均衡可以令人信服地估计出这样一种情形,即边界完全合理地反映了人民的意愿。均衡的另一概念(利维坦均衡)是基于一个更黑暗但却非常现实的假设,即在大部分的历史中,边界是由寻求自身净租金最大化的统治者决定的,他们很少关注大部分人的意愿。这个概念允许我们从更现实的角度来理解边界,比如它们在地图上如何显示。

投票均衡和利维坦均衡都揭示了政治制度在决定国家规模上的争议性角色。我们将会看到可供选择的民主规则如何带来不同的边界配置。实行独裁与民主制度的国家在配置上形成鲜明对比,使我们得以观察其中的某些联系。一个由独裁者执政的国家的最优规模显然不可能实现公民福利的最大化,但却可能使得统治者的财富和福利最大化。我们把最优化和均衡的概念作为分析的基准,以及进一步的理论与实证研究的方向。

　　一般地说,书可以分为两种类型,即那些在已被广泛研究的领域提供"权威性"内容的书,以及开辟新的领域并提出一些连他们自己都回答不上的问题的书。这本书属于后者,我们的目的是展示如何用经济学思维来研究国家规模的演化。我们非常清楚高度复杂的事件经常会导致不同的边界划分,而同一个边界可能会持续好几个世纪。改变边界的成本非常大,所以边界的变化并不频繁。更一般地说,边界形成的真实动态过程是很复杂的,当中可能包括多个变量的相互影响,其效应很难甚至基本不可能通过简化的均衡关系来厘清。然而,这并不妨碍我们去寻找国家形成与转变背后的系统性力量。边界很重要,同时边界也会改变。在历史的关键时刻,边界的重新划分屡屡牵动着全球政治。例如,在 19 世纪,民族主义和自由主义的联合运动聚焦于民族国家的建立和欧洲版图的重划。殖民帝国或多或少以和平的方式划分了大部分世界,将世界上大部分领土划分给他们自己。一战以后,各国领导人共聚凡尔赛,讨论重新设计欧洲国家边界的问题,但是由于争论不休,这一任务失败了。二战以后,各帝国的非殖民化使边界成为有争议的问题。很多非洲学者认为无效的边界是导致非洲经济失败的重要原因。[25] 20 世纪 90 年代早期,苏联的解体导致东欧和中欧国家数量激增。伴随着政治分权的压力,西欧经济一体化进程的深化使人们对民族国家的角色和功能产生了质疑,希望我们的分析对于理解与这些复杂事件相关的重要问题有所裨益。

　　最后,很多读者可能难以理解我们对模型最大限度简化的处理。我们仅提取真实世界中最重要的因素,目的是为了聚焦于我们想要表达的关键点。尽可能地保持模型简单和一般化的好处是受到维尔弗雷多·帕累托(Vilfredo Pareto, 1935, p.323)的启发,他写道:

　　　　经济学和社会学的科学理论常常被认为忽略了某些具体情况,这反而是一个优点。一个人必须首先掌握他所研究问题的一般概念,这些细节在研究之初是某种微弱的扰动。[26]

简化也为那些不使用正式模型的学者所推崇。比如,塞缪尔·亨廷顿(Samuel Huntington, 1993)在《外交事务》(Foreign Affairs)中写道:

> 当人们认真思考的时候,思考是很抽象的;他们的脑海里浮现出关于现实世界的概念、理论、模型和范式的简化图片。就如威廉·詹姆斯(William James, 1993)所说的,如果没有这种知识结构,那就只是一种"喧闹的嘈杂声"(bloom buzzin)。

当然,我们也很清楚,简化可能会走向极端。因此,最终对简化模型的检验就是看它能否为复杂世界提供有用的洞见,这就得由读者来判断我们是否实现了这一目标。

1.4 本书的结构和大纲

我们尽最大努力撰写一本既能让非技术型人群阅读,也能让那些偏好分析模式的人群阅读的书,在每一章我们都以非正式化的方式开始我们的论述,然后在下一节再提供规范化的分析,这些部分我们均以星号(*)标记。不想在这些技术性问题上费神的读者可以避开这些内容,这样依然可以跟上章节的论证逻辑。那些非技术性读者如果对实证结果的讨论和历史感兴趣的话,可以在读完本章的介绍之后,忽略第3章、第5章和第6章的非技术部分,再完整地阅读第10章至第12章关于历史事实的内容。接下来我们简单地描述一下本书的章节内容。

第2章介绍收益(在大的管辖区的条件下,以更低的人均税收来衡量)和对管辖区政策偏好的差异性(即异质性)成本之间的权衡。为了选择与这一权衡关系相对应的最佳安排,我们希望有规模较大的具有异质性的管辖区,这些管辖区提供的公共品和政策具有的规模效应(即规模经济)很大。或者,小规模的同质性管辖区,应该为那些拥有较高的偏好异质性和相对较低的规模经济的管辖区提供公共品和政策。因此,为什么一个人需要中央政府为他提供一系列的公共品和政策呢? 换言之,为什么要有国家? 为什么主流的组织形式是个体围绕一个提供大部分公共品和政策的单一的全国性政府实行自我管理? 正如我们刚才提到的,一个可供替代且更有效的组织,应该是一个在其中不同的人群与一些地区分享某些公共品,同时与其他地区分享另一些公共品的组织。例如,加利福尼亚州可能与新墨西哥州共享一种货币,与俄勒冈州共享军队,与内华达州共用最高法院。或者,两个相邻的城市共享一个学校体系而非军队。指导原则可能是,大的管辖区可能为拥有较大规模收益的地区以及异质性成本较低的地区提供公共品,反之亦然。

这一组织存在两大问题。一是重叠的管辖范围会产生更大的交通与通信成本,而事实上,这自然会增加一些行政机构的重叠,以及享受共同政策或管理的群体之间的距离。二是地区之间基本不可能只共享某一种公共品,而不共享一些其他物品,尤其是国防和强制垄断权。很难想象人们在不共同享有终极的强制垄断权,以及用于定义一个"国家"的暴力的合法使用权时,还能够共享公共品、公共财产和政策。因而我们可以把一个国家想象成是一个政治组织,其政府集成了大量而且重要的政策功能,包括国防和强制垄断权。[27]

关于国家的基本原理已经构建好了,其中国家提供一系列的公共品和政策,同时也提到了规模收益与异质性成本之间的权衡,现在我们将目光转向另一个问题,即伴随着这一权衡关系,各种政治经济力量是如何决定国家规模的均衡选择的。第 3 章讨论在那些边界由多数投票决定的国家中,其民主制度是如何形成的,以及那些宣布独立的地区是如何形成的,着重检验了最优国家规模的演化与由多数投票决定其边界的国家之间的差异。最优规模是指能使平均福利最大化的规模,一般来说,一个民主的均衡是否可以复制最优的边界配置并无定论。在一人一票的规则下,每个人对边界的决定起着同等的作用。然而,远离国家管理中心(即在优待与位置方面远离政府管理中心)的人们可以通过投票分裂一个国家,因为他们没有享受到与更接近政策制定中心的人们同等的公共服务。尤其是,拥有同样收入的人们无论他们离政府有多"远",都不得不支付同样多的税收时,由投票均衡所决定的国家数量会超过最优数量。换言之,如果边界是由投票所决定的,则可能会存在很多的分裂和解体,由此产生很多低效的小国家。如果那些身处遥远地区的人们能够得到补偿,那么平均福利可能会增加,这一方法将使得国家免于被解体。

第 4 章中我们将讨论引向区域间转移支付方面。我们考虑一个远离政府中心的地区,该地区与公共政策的偏好不同,正如在第 3 章中分析的,可能每个人都有兴趣通过优惠的财政政策补偿偏远地区,以避免无效的分裂,我们从经济和政治的角度讨论了这些转移支付方案的可行度。

第 5 章的内容为租金最大化的政府(利维坦)。利维坦对于从其民众中榨取最大可能的租金非常感兴趣,因而他们更偏好大的国家规模,以便有更多的人缴税。一个专制的利维坦不受国民喜好的约束,如印度帝国、奥斯曼帝国,其目的正是为精英阶层提供租金和权力。只有暴动的威胁才会限制一个专制帝国的规模。因此,即便是独裁者也必须保证其部分国民享有最低福利。随着帝国规模的扩大和异质性的增强,这种策略会愈发困难,因而均衡的国家规模会下降,直至其政府能够满足大部分人民的需求,在这种情况下,利维坦也可以变得民主化。在另一个极端情况下,当人们能够自由地选择国家边界时,会产生小的乃至具有同质性的单位。在这种情况下,统治者不会榨取租金,而会引导相对同质化人口的政策偏好。因此,民主化应该会催生很多新的国家,这恰恰是我们在苏联解体之后所观察到的事实。

第 2 章至第 5 章强调了国家规模的好处,即在公共品提供方面带来的规模经济。在第 6 章考虑经济体的规模。任何国家的市场规模均取决于其贸易制度及国际经济关系的状态。想象一下,在一个完全自给自足,而且边境被关闭的世界里,每个国家的市场规模相当于是由其国家的规模所决定的。考虑一个没有国际贸易的世界,由于市场规模有助于经济增长,因此大国应该更有优势。在另一个相反的极端情况下,全球的商品、生产要素和金融工具贸易完全开放,政治边界对市场的划分没有任何影响,因此,国家的政治规模与其市场规模也没什么关系。小国与大国在同一个市场里竞争,这个大市场就是整个世界。政治规模与经济的成功没什么关联。当今世界介于这两个极端之间。自给自足的体系并不多见,而政治边界的确会对经济交易产生影响。然而,正如全球化所取得的进展,我们可以期待全世界在自由贸易上取得更大的成功,而大国的规模优势将逐渐消失。因此,经济一体化应该与政治分离主义长期共存。

第7章和第8章讨论国际冲突的问题。其中,第7章提出一些基本的事实和一个简单的模型,第8章则从多个维度对模型进行了扩展。在这两章中分析国防开支的选择,以及国防开支数量如何影响冲突的解决。然后,分析不同的冲突类型如何影响国家的规模,反之亦然。接下来我们讨论了规模在应对外部侵略威胁上的优势。在和平的世界中,任何分离的区域都可能感到自己不会遭到侵略,但是,随着独立国家数量的增加,更多的边界必须由更多的军队来守卫,仅这一点就可能导致世界范围内更频繁的局部冲突。事实上,冷战的结束大幅度降低了两个超级大国核对抗的频率,创造了一个更加和平的世界,但地区之间的军事冲突并没有消失。有人甚至可能会说,平均来讲,地区的军事冲突实际上是在增加的。

第9章讨论非集权化,或者一个国家政府向地方分权。在这一章里,我们并没有把主题转向财政联邦主义这个广阔的领域,而是引用了一些有助于理解关于政治边界形成问题的文献。我们讨论了非集权化如何能够在一定程度上替代分离,以及不同的政治制度如何经历或多或少的非集权化。特别地,我们论述了集权的独裁制度是如何形成的。

第 10 章和第 11 章为前述章节的论点提供经验证据。第 10 章为我们模型的两个重要含义提供了统计证据,其一是关于规模经济的,我们发现政府规模实际上与国家规模呈负相关,意味着小国的政府支出占 GDP 的比重更大;其二是关于国家规模与经济成功之间的关系,我们发现规模效益取决于贸易体制,小国能从自由贸易中获得繁荣发展,而大国则需要在封闭经济中才能实现兴盛。

第 11 章从历史的视角讨论国家的演化,时间起点可追溯到意大利和低地国家的城邦。我们借助于理论分析,讨论了历史上民族国家的演化。在第 6 章理论部分和第 10 章经验证据的基础上,我们认为经济一体化和贸易自由化相伴而生,共同促进了 1945 年以来各国的崛起。我们经常听到关于一个国家经济上可行规模大小的说法,不管这个规模有多大,随着全球市场的扩张,它将变得更小。这恰恰是为什么在今天更加自由化的贸易条件下,那么多规模很小的国家能实现繁荣的原因。为了看清这一点,想象一下像新加坡这样小的国家,在贸易保护主义时期可能会面临什么困境。在当今自由贸易的世界里,那些相当小的民族地区能够维持小规模和单一性,而这在贸易保护主义的世界里需要付出极大的成本。更一般地,在第 11 章我们指出,我们的理论分析有助于从历史的视角阐明国家形态与规模演化的几个方面。

第 12 章分析当前的欧洲一体化。欧盟并非一个民族国家,而是一个超越民族的国家联盟。我们可以通过此前所使用的工具来观察这一制度。从效率的角度来看,欧盟可以提供一系列的公共品和政策,而由此带来的规模效益很难在国家内部产生效果,因为在小的规模经济和高的偏好异质性条件下,特权不可能用于公共品和政策。与第 5 章和第 9 章的分析一致,我们发现在过度集权的地区,问题的根源在于民主的缺失。欧盟的例子帮助我们解决了一个更普遍的问题,即在一个高度一体化且有时候拥有很多小国家的世界中,超国家制度的必要性和局限性。

第13章概括了我们的主要观点,即民主化、贸易自由化和战争的减少与小国的形成有关,而在历史上,自由贸易的终结、独裁、战争又往往与大国有关。本章最后提出了一些有待进一步研究的问题。

注释

1. 无另外说明的情况下,我们以人口(居民总数)衡量一个国家的规模。考虑一个国家的经济规模时,我们按惯例以国民总收入(国民生产总值,GNP)及国内生产总收入(国内生产总值,GDP)来衡量。

2. 截至2002年1月,联合国已有189个成员国。2002年3月,瑞士投票成为第190个成员国。2002年5月,东帝汶独立,联合国总成员数达到191个。梵蒂冈城选择继续不加入联合国。所以目前国际认可的国家数量是192个。

3.《法篇》,见《柏拉图对话》(*Dialogues of Plato*),引自Dahl和Tufte(1973)。

4. 例如,最近的重要贡献包括Henderson(1983)和Tilly(1990)。

5. 如Findlay(1996)所指出的:"在经济学中根本没有考虑到这一点,给定的经济体系的边界……通常被认为是给定的。"

6. 例如,见Sachs和Werner(1995);Gallup,Sachs和Mellinger(1998)以及Sachs,Mellinger和Gallup(2001)。

7. 马克斯·韦伯(1958年,最初写于1918年)给出了经典的现代国家的定义即"(成功地)宣称在特定领土内合法地垄断使用武力的人类社区"。Tiny(1990)将"国家"定义为"明显不同于家庭和家族,并在某些方面明显优先于实质领土内的所有其他组织的强制性组织",而将"民族国家"定义为"通过集权化、差异化和自治结构管辖多个连续区域和城市的国家"。从历史的角度来看替代性制度中现代"主权国家"的出现,见Spruyt(1994)。

8. 见Connor(1978)。

9. 见Connor(1978)所引用的Plano和Olton(1969)。

10. 最近在《华尔街日报》发表的一篇文章中,Robert Barro(1991)简洁概括了这种权衡:"我们可以将一个国家的最优规模看作是从这种权衡中产生的:一个大国可以将公共品的成本,……分摊给许多纳税人承担,但一个大国的人口也可能是多元的,中央政府难以满足所有人的要求"。

11. 根据定义,这对于"纯粹的"公共品而言是正确的。公共品的标准经济定义是一个代理人的使用不会妨碍其他代理人使用它。如,见Samuelson(1954)和Laffont(1988,第2章)。

12. 我们在第10章中从经验上证明了这一事实。另见Alesina和Wacziarg(1998)。

13. 这个证据和解释在Easterly和Rebelo(1993)中讨论过。

14. 关于国防的实证文献的调查,见Sadler和Hartley(1995)。

15. 我们在第10章中证明了这一影响。另见Alesina,Spolaore和Wacziarg(2000)。

16. 见 Sachs 和 Salad-i-Martin(1992)。

17. 然而,正如我们将在第 4 章中看到的那样,再分配转移的存在有可能会导致更贫困的地区选择分裂。另见 Bolton 和 Roland(1997)。

18. Easterly 和 Levine(1997)已经令人信服地证明了种族异质性经常干扰促进增长的政策的执行。Mauro(1995)、LaPorta 等(1999)和 Alesina 等(2003)表明在一些具有典型性的国家,各种衡量其政府质量的措施往往与种族分裂呈负相关。Alesina, Baqir 和 Easterly(1997),Alesina 和 La Ferrara(2000, 2002),Alesina, Baqir 和 Hoxby(2000)记录了美国地区异质性成本的各个方面。

19.《论法的精神》(*Spirit of the Laws*),第 1 卷,第 8 册,引自 Dahl 和 Tufte(1973)。然而,孟德斯鸠(Montesquieu)认识到小国在提供关键公共品方面处于不利地位,如国防。他写道:"如果一个共和国很小,它会被外在的力量毁灭,如果它很大,它会被内部的罪恶毁灭。"(《论法的精神》,第 1 卷,第 9 册)

20. 如,汉密尔顿在《联邦党人文集》第 9 卷写道:"反对提议计划的人以极大的殷勤,引用并传播了孟德斯鸠所观察到的共和政府有契约领土的必要性。"

21. 长期以来,偏好异质性也可能取决于政治边界的布局和政府采取的行动。虽然我们不会形成一个完成成熟的内生异质性理论,但我们将会在第 5 章谈到这个问题。

22. North 和 Thomas(1973)在根本上从效率驱动的角度对长期制度变迁作出了解释。然而后来 North(1981)放弃了制度的效率观。要深入讨论这些问题,见 North(1990)。

23. 从技术上讲,如果每个潜在的输家都可以得到补偿,那么切换到高效率的边界布局将实现帕累托改进。如果不需要成本就能得到全额赔偿,边界最优布局将是唯一的帕累托效率解——它是唯一不能得到帕累托改进的配置。然而,正如本书中所说的那样,一般来说补偿机制是困难的或者是不可能通过政治机构实施的。

24. "利维坦"来自《圣经》,它最初是指"海怪"。自 Hobbs(1651)的经典作品之后,"利维坦"已经意味着"专制统治者"。当代经济文献中,"利维坦"经常被用来表示任何将最大化自己收入作为主要目标的政府(如,见 Buchanan, 1975;Brennan 和 Buchanan, 1980)。

25. 中东是另一个这样的地区,它那些低效且武断的边界——由奥斯曼帝国崩溃后的殖民势力划分——已经成为政治和经济动荡的源泉。有关讨论见 Cleveland(1994)。

26. Powell(1999,第 1 卷)在他对国际关系的正式模型的解释中引用了帕累托的这段话。将模型作简化比喻,另见 Krugman(1995)。

27. 然而,国家政府(不包括在很小的国家中)通常不是对所有公共政策负责并提供所有公共品。一定数量的职能被授予国家下面的各级政府,情况在每个国家都不相同。权力下放问题及其与国家规模和国界配置的关系在第 9 章有更具体的讨论。

第 2 章 重叠的管辖区与国家

2.1 引言

当很多人共同享有同样的公共品和政策时,他们可以利用规模带来的多方面的好处,比如规模经济、更大的市场、互助保险、共同抵御外国侵略、在国际组织中的势力与影响。另一方面,如果大量不同的人共同分享同样的公共品和政策,则他们会面临不断上升的异质性偏好成本,因为他们不得不相互认同并分享相同的政策。我们将从这一基本的权衡关系开始展开对国家规模决定因素与影响的讨论。

对于某些公共品和政策而言,规模收益较大,而异质性成本较低;而对其他公共物品和政策而言,情况正好相反。此外,地理上的毗邻有助于共享某种公共品,而这对其他偏远地区的人来说却没有任何意义。假设在给定规模与异质性之间进行权衡,人们可以为每一种公共品和政策而组合成任意规模的辖区,以实现福利最大化。这可能会导致形成一个复杂的重叠管辖网,其中一部分人共享某些公共品,而另一部分人则分享其他公共品。在没有交易成本、范围经济和组织成本的情况下,这可能是一种理想的政治组织形式。然而在现实中,这些成本和范围经济不仅存在,且规模很大,从而催生了政治管辖区(民族国家),掌握了大部分公共品和政策的生产特权。

然而,虽然中央政府承担了某些政策特权的责任,但它们在公共政策上并非完全垄断,因为地方政府仍然是公共品的重要提供者。一国内权力的分散化实际上可被视为两个极端世界的中间步骤,即无约束的重叠管辖世界以及由单一管辖区控制每一项政策和提供每一项公共品之间的中间步骤。我们将在第 9 章讨论这一问题。相比之下,超国家组织能够提供具有规模经济和外部性的公共品和政策,而这些在国家内部难以实现。历史上,国家常常作为整体加入国际组织。我们没法看到加利福尼亚州加入联合国(UN)而不加入世贸组织(WTO),马萨诸塞州加入北美自由贸易区(NAFTA)而不加入联合国这样的种种事例。因此,在政治管辖权上存在一个"金字塔"。在第 12 章我们将着重分析一个重要的国际组织——欧盟。

实际上,一个民族国家可以说是以一个这样的组织形式出现的,即在考虑复杂的重叠管辖区带来的交易成本和组织成本的前提下,能实现在公共品和政策的规模与异质性之间最优化的权衡关系。

2.2　规模与异质性之间的权衡关系

规模有很多方面的优势。本章我们仅关注其中一个,即公共品的供给。我们将从广义上考察公共品,比如,货币与金融体系、税收与财政制度、司法体系、基础设施、通信系统、法律秩序、公共图书馆、国家公园和大使馆等。在大多数情况下,这些公共品的供给包括固定成本,即某些公共品供给的总成本中有些部分与纳税人的使用和使用数量无关,于是,纳税人的人均成本会随着纳税人数量的增加而下降。

关于每个政权该如何使用税收收入,不同的人有不同的观点。[1]对于一个既定的总税收收入,有些人偏好更多的总税收收入分配到国防建设中,而有些人则偏好更多总税收收入分配到公立学校建设中。此外,人们可能也并不认同公共品的数量以及随之而来的公共政策。例如,两个公民可能在公共教育的支出上达成共识,但他们可能在课程表的安排上存在分歧,政策偏好(如果你愿意,也可以说成是意识形态)因人而异。

公共品不仅具有意识形态的维度,而且还具有地理的维度:接近公共品(比如学校)就能使出行成本最小化。此外,一些公共品(如通信系统、政府机构等)往往集中在同一个地区——首都,因此,靠近首都有很多方面的优势。这一优势可能因一个国家的集权程度不同而有所差别,例如,法国的集权化比美国更严重,故居住在巴黎周围就很有优势;而在美国,对大多数人而言,居住在华盛顿周围与住在其他地区并无显著区别。在意大利,关于选择在米兰还是罗马建设主要国家航线枢纽"中心"的决策,直接影响到扩建哪一个机场,进而对意大利不同地区出行成本的分布有着重要的影响。在西班牙,有关选址建设第一条快速铁路的提议也引发了很多政治讨论。

因此,我们可以思考异质性的两个维度:地理(即人们离公共品有多远)和意识形态(即人们的偏好与公共品和公共政策有多近)。在现实中,这两个维度都很重要。假设地理上的距离无关紧要,那么政治管辖权就不可能由地理接近度来界定。也就是说,碰巧与日本人就学校政策达成一致的爱尔兰人将建立一个联合公立学校制度。然而,这样一个制度的交易成本可能会非常巨大。事实上,管辖区通常在地理上紧密相连;虽然一些政府职能并不要求在地理上毗邻,但几乎所有国家在地理上都是相连的。[2]从建模的角度来看,我们可以假设,那些国内领土不相邻的国家会产生管理成本;如果成本足够高,我们就会看到由地理上较为紧凑的国家形成一种格局。然而,这并不是国家内部领土相邻的主要或唯一原因。

关于管辖区为什么在地理上是相邻的,可能存在另一个更加关键的原因:在空间上相互靠近的人们可能拥有更加相似的偏好,这主要有三方面的原因。一是从分类来看,拥有相似的态度、思想、偏好、收入、宗教和种族的人们,往往生活在相近的圈子里。二是数百年的亲近感产生了一致的信仰和偏好,共同语言就与地理邻近性密不可分,同时它也是"民族性"的重要决定因素。三是异质性程度本身可能也受到明确的政策决定的影响。国家和政府通常都会制定增强文化同质性的政策,或通过和平的方式,或通过民主说服的方式,抑或通过其他充满争议的独裁方式。在各国内部,地理和偏好似乎也是相互关联的。大量关于美国区位的文献从理论和实证两个角度表明按收入、种族和族裔进行分类的情况。[3]由于对人群分类所依据的特征与他们对公共政策的偏好有关,因而地理和意识形态两方面的因素都是非常重要的。例如,考虑在美国某个城市选址建设一所公立学校时,该城市里的非裔美国人可能希望学校建在他们社区附近,而且还会希望设立一些强调非裔美国人文化的课程。同样,居住在该城市的拉丁裔美国人则可能希望把学校建在离他们更近的地方,并开展双语(英语和西班牙语)教学。而居住在郊区的白人可能不希望学校建在城市里面,同时他们也不希望进行双语教育。

从这一点上来讲,我们有足够的理由作出如下有用的假设:地理和意识形态上的邻近是正相关的。在极端情况下,我们可以把正相关看成是完全相关关系。由此,可以把整个世界模型化为一个空间,其中两点之间的距离同时包括意识形态维度和地理维度。更具体地,为了进一步简化正式分析,我们把整个世界模型化为一个一维空间,即一条线段,结论并不要求完全相关,最关键的是要正相关。本书的一名审稿人写道,作为"一个为了更好的学校而生活在大部分邻居都是共和党的地区的自由民主党人",他(或她)"在政治上与邻居们几乎没什么共同点"。这个例子说明,在现实世界中地理位置和意识形态的相关关系是不完全的,但这个例子确实表明在美国地理和意识形态上分群的严重程度:据该审稿人自己坦言,他(或她)的大部分邻居确实生活在同一地区,并且拥有非常相似的政治偏好。同时,该审稿人和他(或她)的邻居们对好学校有相同的偏好,并愿意为此付费。

我们的假设的最大问题在于,当我们考虑国家的数量和形状时,不能只简单地抓住一个国家中人种、种族、宗教或文化上的少数群体。在我们模型的语言中,这些群体将被其他拥有完全不同偏好的群体所包围。根据我们的分析框架,拥有"少数"偏好的人们(即与中间偏好较远的偏好)必须处在离管辖区中心很远的地方。我们将在下文回到这一问题上来。

让我们考虑一下,在一个政治管辖区中,人们应该如何依据边界所定义的方式实现自我组织,即边界确定了谁来为某一具体的公共品支付税收,只有这些纳税人才能使用该公共品。我们假设一个管辖区的政策不会影响到另一个管辖区,用经济学的语言来说,就是在这些管辖区之间不存在外部性——不管是正的还是负的。[4]

假设不同的公共品在规模与异质性之间的权衡形式上存在差异,在这种情况下为了使福利最大化,人们可能想要较小的管辖区,以低规模经济和高异质性成本的方式提供公共品,反之亦然。因此,举例来说,一个人可能想要大的管辖区以共享货币,以及更小的管辖区以共享学校系统。

在理论上,我们潜在地拥有一个重叠管辖的复杂网络。为了更清楚地认识这一点,假设有两个人,i 和 j,彼此住得很近,并共享一个能以"低规模经济和高异质性成本"方式提供公共品的小的管辖区,例如,一所公立学校。同时,i 和 j 可能又属于两个不同的大的管辖区,每个管辖区均以高规模经济和低异质性成本提供某种公共品,如统一的货币。也就是说,这两个人可能共享一个学区,但却使用不同的货币。当然,这是一个荒谬的管辖区配置结构,因为在那种情形下人们需要在学校设立一个货币兑换中心以购买午餐。

在现实中,我们观察到小的管辖区(如学区、自治市)并没有跨越大的管辖区(国家、货币联盟)的边界。也就是说,一个大的管辖区通常包含了小的管辖区。一些极少数例外情况可能会出现在国家内部的地方政府中,但不可能出现在国家之间。两个不同国家的居民不可能分享由各自地方政府所提供的公共品,比如自治市和县。在一个同心的形式中,一些政府的功能被分配给地方政府,整个国家可以属于超国家组织。

同心的组织形式之所以流行,是因为可供选择的重叠管辖区可能存在超额的组织成本。相反,一个同心的系统则可以使生产公共品的范围经济内部化。范围经济表明两种活动如果由同一实体来进行,则总成本更低,范围经济在私人物品的生产中很普遍。例如,麦当劳同时生产汉堡和炸薯条的平均成本可能比由两家不同公司分别生产的成本要低,因为麦当劳为汉堡和炸薯条提供相同的食品储藏和准备设施。多产品公司,如普罗克特(Proctor)和甘布尔(Gamble),可以雇用顶级的图形设计师和市场营销专家,并将他们的技术传递给不同的生产线,从而降低平均总生产成本。相似的范围经济例子也存在于公共部门中。例如,军事力量既可以用于外部防御,也可以用于维护国内的法律和秩序。显然,两种不同公共品之间的范围经济,并不足以证明它们由单一的政府集中供给是有效的。范围经济必须大到足够抵消中央集权所带来的损失,因为中央集权减弱了政府满足异质性偏好的能力。交易成本也遵循同样的逻辑,共享一个地区政府而不是一种货币或一支军队将效率极低。

马斯格雷夫(Musgrave,1971)描述了一个没有交易成本和范围经济,并按如下重叠管辖方式进行组织的世界:"一个居住在某地的居民可能是很多致力于为其提供各种服务的俱乐部的会员,其中某些服务他/她可能跟近邻共同享有,而对于另外一些服务,邻域概念可能会扩展到以10英里、100英里或1 000英里为半径的区域。这一系统将会非常复杂。"马斯格雷夫(Musgrave,1998,p.175)指出在这一系统中,"绘制详细的地图需要一系列错综复杂的服务单位,从而产生极大的管理成本以及超越行政的可行性".[5]弗雷和艾肯伯格（Frey and Eichenberger，1999）提出，至少在欧洲，重叠管辖被视为最优的组织结构。但是他们忽略了对这一结构的交易成本和范围经济的现实讨论，同时也没有较好地处理不可分割物品的问题，比如使用合法强制权的垄断性。[6]

最起码的一点是，我们可以从范围经济和交易成本的视角，把一个国家看成是一个政治管辖区，它垄断某些重要的公共品和政策（如国防）的供给，并在其他许多功能上拥有特权。国家的某些功能被下放给地方政府，国家的边界完全覆盖了地方政府的管辖区，而地方政府的边界不能越过国家的边界。在中央政府的职权中，对合法使用强制权的垄断在其中扮演了一个特殊的角色；根据马克斯·韦伯（Max Weber）以及最近一些学者如赖克（Riker）和诺思（North）的观点，在某种程度上它定义了一个国家的本质。

*2.3　一个关于专有管辖权的模型

2.3.1　重叠管辖区

出于简化的目的，并给定上述关于管辖区的讨论，我们把整个"世界"模型化为一条长度标准化为 1 的线段上的线性分割。[7]一维的空间模型在经济学和政治经济学方面有很久的历史，一直可以追溯到霍特林（Hotelling，1929）。这类模型被经济学家广泛地用于经济地理、区域经济和地区公共财政方面的研究。[8]显然，土地是二维的。然而，采用二维分析将使得复杂性大幅提高，而由此在现实性方面取得的收获却非常有限。[9]为了简化，我们假定该线段上的个体分布是均匀的。在第 3 章，我们将对这一假定进行简单的归纳。

假设存在 M 种公共品，标记为 $j=1, \cdots, M$。每种公共品在一个关于类别的连续统中，均可获得，而每一种类型都由线段上的一个点标记。

如果公共品 j 位于 1/4 之处，或者等价地，是取值为 1/4 的类别，这就意味着这个公共品位于前半段的中间点处。

公共品 j 的管辖区由分段上的三个点来定义：例如，A、B、C 三点，且 $A<B<C$。中间点 B 就代表供给品的位置，另外两个点代表管辖区的边界。在图 2.1 中我们对此进行了描述，$A=0$，$B=1/4$，$C=1/2$。管辖区包括了分段的前半部分，而由该管辖区供给的第 j 种公共品正好位于管辖区的最中间。

我们将供给公共品 j 的管辖区定义为一个 j—层级管辖区。第 j 种公共品管辖区的分布是定义不同管辖区的那三个点的一个集合。因此，如果存在两种 j 型管辖区，那么每种管辖区的规模就是 1/2。

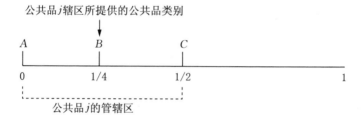

图 2.1　一个管辖区的例子

每个人属于并且只属于一个为其提供公共品 j 的管辖区。个体从其消费中获得效用，该效用等于他的收入 y 减去税收 t_i 和一个由于其与公共品之间的距离而产生的负效用。我们用 l_{ji} 表示个体 i 和第 j 种公共品之间的距离，当个体恰好位于公共品 j 的位置时，这一距离的成本为 0。该关系式可写成：

$$u_i = y - t_i + g - \sum_{j=1}^{M} a_j l_{ji} \qquad (2.1)$$

其中，a_j 是一个正参数，用以衡量离公共品 j 的距离的边际成本。来自所有公共品的总效用为 $g - \sum_{j=1}^{M} a_j l_{ji}$。[10]

在一个管辖区中,每一个第 j 种公共品的总成本 c_j 可表示为:

$$c_j = k_j + \gamma_j s \tag{2.2}$$

其中,s 是管辖区的规模,k_j 是一个独立于管辖区规模的固定成本,γ_j 是一个正参数。在一个以 A 和 C 为边界的 j—层级管辖区中,总税收必须等于 c_j:

$$\int_A^C t_i \, \mathrm{d}i = c_j \tag{2.3}$$

该式显然表明对每一个管辖区的预算均是平衡的。

因此,每一个人的总效用可以表示为:

$$\int_A^C u_i \, \mathrm{d}i = y - \sum_{j=1}^M \left(k_j N_j + \sum_{x=1}^{N_j} \gamma_j s_{jx} + a_j \int_0^1 l_{ji} \, \mathrm{d}i \right) \tag{2.4}$$

其中 N_j 是 j—层级管辖区的数量,s_{jx} 是一个 j—层级管辖区 x 的规模,$x=1, 2, \cdots, N_j$。考虑一个功利的社会规划者的问题,该问题旨在使上述定义的个体效用之和最大化,我们在本章的附录中证明了以下的命题。

命题 2.1　对于每一种公共品 j,社会规划者将世界分为 N_j 个规模相等($s_j = 1/N_j$)的辖区,并且将每一种公共品 j 置于每个辖区的正中间。N_j 是接近于 $\sqrt{a_j/4k_j}$ 的整数。

为了不失一般性,假设所有公共品都可以按下列方式进行排序:

$$\frac{a_1}{k_1} < \cdots \frac{a_j}{k_j} < \frac{a_{j+1}}{k_{j+1}} < \cdots < \frac{a_M}{k_M} \tag{2.5}$$

根据命题 2.1,又有:

$$N_1 < \cdots N_j < N_{j+1} < \cdots < N_M \tag{2.6}$$

每个辖区的规模与 a_j/k_j 负相关,也就是说,辖区规模随着距离的边际成本的上升而下降,随着公共品生产的规模经济的上升而上升。因此,对于那些异质性成本与规模经济比率较高的公共品,社会规划者选择设立很多小的辖区;反之,对于那些情况相反的公共品,社会规划者则选择较少大的辖区。

接下来,让我们来考虑一下只有两种公共品 j' 和 j'' 的情形,其中 $N_{j'}=2$, $N_{j''}=3$。辖区的最优配置正如图 2.2 所示:公共品 j' 由两个规模均为 1/2 的独立辖区提供,其中第一个 j' 型辖区提供类别为 1/4 的公共品 j',而第二个 j' 型辖区提供类别为 3/4 的公共品 j'。

公共品 j'' 由三个规模均为 1/3 的辖区提供,其中第一个 j'' 型辖区提供类别为 1/6 的公共品 j'',第二个 j'' 型辖区提供类别为 1/2 的公共品 j',第三个 j'' 型辖区提供类别为 5/6 的公共品 j''。在这个例子中,值得注意的是辖区之间可能会很好地"重叠":一些同属于某个 j' 型辖区的个体(如,第一个 j' 型辖区)可能会从不同的 j'' 型辖区(如,一些是来自第一个 j'' 型辖区,另一些则是来自第二个 j'' 型辖区)获得他们的公共品 j''。相反,一些属于同一个 j'' 型辖区的个体可能会从不同的 j' 型辖区获得他们的公共品 j'。[11]

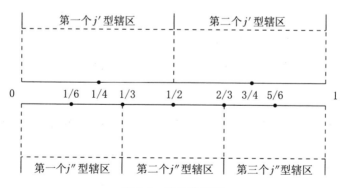

图 2.2　重叠的辖区

2.3.2　范围经济与国家

以上所描述的关于辖区的配置印证了马斯格雷夫(Musgrave,1971)

提出的边界"迷宫"。通过把公共品的供给集中到同一个"辖区"内,可以较低的价格提供公共品,但这可能并不是最佳的选择。联合生产带来的低成本可能来源于多种渠道。例如,如果不同公共品的供给需要某些形式的协调,则多重重叠辖区可能会给那些在重叠区拥有一定权力的政策制定者带来交易成本。一般地说,当生产公共品的种类增加时,如果总的生产成本是下降的,那么我们就认为在这些公共品的生产上存在范围经济。

让我们正式考虑两种商品(商品 1 和商品 2)的情形,这两种商品分别由两个不同的政府供给,其成本分别为 k_1 和 k_2。如果它们由一个政府来提供,其总成本满足:

$$k_c < k_1 + k_2 \qquad (2.7)$$

为了简化分析,我们假设 $\gamma_c = \gamma_1 = \gamma_2 = 0$,因而这类分析可以很容易地推广到 $0 < \gamma_c < \gamma_1 + \gamma_2$ 的情形。

正如我们之前所看到的,如果两种公共品是由不同政府分别供给的,那么如果由 N_1 个政府来提供公共品 1 和由 N_2 个政府来提供公共品 2,将使得平均效用最大化,其中 $N_1 = \sqrt{a_1/4k_1}$,$N_2 = \sqrt{a_2/4k_2}$。为了解决问题,我们把这称为"专门的"解。相反,如果两种公共品都由同一个政府提供,平均效用将通过形成 N_c 辖区而实现最大化,其中 $N_c = \sqrt{(a_1 + a_1)/4k_c}$。[12]我们把这一结果称作"集中的"解,将在下面进行详细论述:

命题 2.2　当且仅当以下条件成立时,集中解比专门解更有效:

$$\sqrt{k_c} < \frac{\sqrt{a_1}}{\sqrt{a_1 + a_2}}\sqrt{k_1} + \frac{\sqrt{a_2}}{\sqrt{a_1 + a_2}}\sqrt{k_2} \qquad (2.8)$$

这一命题的证明详见本章的附录。

因此,当范围经济足以抵消掉集中化所产生的异质性成本时,我们就能拥有集中化的辖区。一个数学上的例子可能有助于我们证明这一结论。出于简化的目的,我们假设两种公共品在由不同政府分别供给时,各自的总成本是相等的:$k_1 = k_2 = 1$。但是,不同社区在公共品 2 的种类上的偏好差异比在公共品 1 的种类上的偏好差异要大:$a_1 = 16$,而 $a_2 = 144$。换句话说,公共品 2 比公共品 1 更加"本地化",因为来自公共品 2 的收益随着与政府距离的增加而下降得更快。因此,如果两种公共品由不同政府分别供给,则公共品 2 将由更小,因而更同质的辖区提供,而公共品 1 将由更大、同质性更小的辖区提供。结果是,就这些参数值而言,两种公共品分开供给将形成 4 个规模相同的辖区以提供公共品 2,形成 2 个辖区以供给公共品 1。

假设两种公共品的供给能够实现更低的成本 $k_c < 2$,这种统一的供给会不会发生呢? 根据命题 2.2,仅当 $k_c < 8/5$ 时才可能发生。例如,如果 $k_c = 10/9$,当存在 $N_c = \sqrt{(16 + 144)/4(10/9)} = 6$ 个辖区时效用实现最大化,每个辖区同时提供公共品 1 和公共品 2。

在本例中,辖区的数量就等于最优的辖区数 N_2,而且公共品 2 应该被分开供给。当然,这并不是一个一般性的结论。一般来讲,如果 k_c 足够低,则我们有 $N_c > N_2$;而如果 k_c 较高,则有 $N_c < N_2$。

我们已经证明了在两种公共品供给中,范围经济所起的作用,这一分析很容易扩展到更多种公共品的情形。在极限范围内,如果在公共品的全面范围内的范围经济足够大,那么联合生产所有公共品的成本满足:

$$k_c < \sum_{j=1}^{M} k_j \tag{2.9}$$

令 $\bar{k}$ 表示所有公共品的总成本:

$$\bar{k} \equiv \sum_{j=1}^{M} k_j \tag{2.10}$$

$\bar{k}$ 的值越高,规模经济在公共品供给中的作用就越大。定义 ξ 满足:

$$\xi \equiv \frac{k_c}{\bar{k}} \tag{2.11}$$

其中 $0<\xi<1$。参数 ξ 度量范围经济的程度，ξ 越高，则范围经济在公共品供给中的作用就越大。令 $\bar{a}$ 满足：

$$\bar{a} = \sum_{j=1}^{M} a_j \tag{2.12}$$

因此，$\bar{a}$ 度量了提供不同种类公共品的总异质性成本。

命题 2.2[13] 可直接拓展为：

命题 2.3　当且仅当下式成立时，一个有效的辖区配置由 N_c 个辖区产生，其中每个辖区为其居民提供所有 M 种公共品：[14]

$$\sqrt{k_c} < \sum_{j=1}^{M} \frac{\sqrt{a_j k_j}}{\sqrt{\bar{a}}} \tag{2.13}$$

最优的辖区数量由下式给定：

$$N_c = \sqrt{\frac{\bar{a}}{4\xi\bar{k}}} \tag{2.14}$$

命题 2.3 的含义十分直观，异质性成本 ($\bar{a}$) 越大，说明辖区越集中，更高的规模经济 ($\bar{k}$) 和范围经济 (ξ) 将导致集中化辖区的数量减少。在这些参数值的条件下，理想的组织是拥有一定数量的辖区（被称为国家），其中由一个政府来提供所有公共品和政策。

我们在这里强调了范围经济在消除重叠管辖权上的作用，然而，其他力量如组织和交易成本也起着类似的作用。[15]

2.4　结论

一个辖区的最优规模是在生产公共品、公共服务、政策上的规模经济与人口异质性之间的权衡的结果。在这种权衡关系中,最优的"点"一般对每种公共品、公共服务或公共政策都是不一样的。这可能会在重叠辖区上产生复杂的"迷宫"。然而,在存在范围经济时,这个"迷宫"可能是次优的。我们推导出了关于范围经济规模的条件,以使得一个"集中化"的辖区体系成为最优解。如果范围经济足够高,那么这个世界将在一系列非重叠的集中化辖区中进行最优组织,其中每个辖区为其居民提供所有必需的公共品和公共服务。

我们将这些集中化的辖区视为国家,每个国家的中央政府提供所有的公共品和服务。在这种情况下,从多种公共品转向只有一种公共品时并没有失去一般性。在第 9 章中,我们将看到那种可被视作辖区迷宫的"同中心的"分权与万金油式的单一集中化辖区之间的中间解决方案。在第 12 章中,借助于对欧盟的具体分析,将讨论特权从中央政府转向跨国组织的问题。

2.5　附录:推导

命题 2.1 的证明

效用加总的最大化条件如下:

$$\int_0^1 \mu_i \, di = y - \gamma - \sum_{j=1}^M \left[k_j N_j + a_j \int_0^1 l_{ji} \right] \qquad (A2.1)$$

对于公共品 j 和一个给定的辖区数量 N_j,当公共品位于每个辖区的正中间位置时,总的距离 $\int_0^1 l_{ji}$ 实现了最小化。因此,总的距离由式子 $\int_0^1 l_{ji} = \sum_{x=1}^{N_j} s_{xj}^2 / 4$ 给定,其中 $\sum_{x=1}^{N_j} s = 1$。当每个辖区的规模都相等,即 $s_j = 1/N_j$ 时,平方和实现最小化。因此,每一个 N_j 的解是正整数,并且满足:

$$\min_{N_j} k_j N_j + \frac{a_j}{4N_j} \qquad (A2.2)$$

由 N_j 的一阶条件(忽略 N_j 必须为整数的约束条件)可得:

$$N_j^* = \sqrt{\frac{a_j}{4k_j}} \qquad (A2.3)$$

总的来说,总效用通过一个接近于 N_j 的正整数实现最大化。

命题 2.2 的证明

命题 2.1 表明,集中化的辖区是最优的,当且仅当这些辖区所提供的总效用由式(A2.4)给定:

$$u_c = y - k_c N_c - \frac{a_1 + a_2}{4N_c} \qquad (A2.4)$$

从整数约束条件中进行提取,并从 N_c 中减去它的最优值 $\sqrt{(a_1 + a_2)/4N_c}$,可得:

$$u_c = y - \sqrt{k_c(a_1 + a_2)} \qquad (A2.5)$$

类似地,对于专业化的辖区,总效用由式(A2.6)给定:

$$u_{12} = y - k_1 N_1 - k_2 N_2 - \frac{a_1}{4N_1} - \frac{a_2}{4N_2} \qquad (A2.6)$$

当把 N_1 和 N_2 替换成它们的最优解时,式(A2.7)变为:

$$u_{12} = y - \sqrt{k_1 a_1} - \sqrt{k_2 a_2} \qquad (A2.7)$$

通过对比 u_c 和 u_{12},可以得到命题 2.2。

注释

1. 可以肯定的是,关于政府应该收多少税的意见也有很多分歧,但我们在这里不强调这一点。

2. 不考虑由岛链组成的国家,美国(包括阿拉斯加)是领土不连续的少数例子之一。

3. 一个非常不完整的清单包括 Epple 和 Romer(1991),Cutler 和 Glaeser(1997),Alesina,Baqir 和 Hoxby(2000)。

4. 关于跨管辖区的外部性如何可能导致组建多国联盟的讨论,见 Alesina,Angeloni 和 Etro(2001a)。

5. 在不同的情况下,Dahl 和 Tufte(1973,第 141 页)提出了一个相关观点,认为理论上存在不同和不断变化的管辖区的可能性——取决于"手头的问题"——但总结道:"就像专门器官不断改变规模和形状所需要的增殖会使中枢神经系统迅速变得超负荷,如果公民面对无限变化的单位,受到控制的沟通和信息成本会变得无比高昂。事实上,在复杂的政治体系中,这些成本似乎是如此之高以致严重损害公民的效益。"

6. 强制管制在这方面尤为重要,因为个体可能选择搭便车,并在缺乏公共品提供者(即国家)强制管制的情况下拒绝付款。

7. 我们也可以考虑一个循环,结果没有实质性的变化。

8. 最近有一本很好的书对空间一维问题进行了很好的分析,见 Fujita 和 Thisse(2002)。

9. 若有兴趣将这种类型的模型扩展到二维,见 Tam(1999)。

10. 参数 g(用于衡量个体从公共品中获得的最大效用,该个体享受所有他最喜欢的类型)可以设置为零并且不会丢失一般性。我们将在接下来的分析中做到这一点。

11. 这一点将在第 9 章进一步讨论。

12. 为了简单起见,我们将从管辖区的数量必须是整数的限制中取数。在命题 2.1 中,考虑该限制后,可以重新用公式表述这个分析。

13. 在这个命题中,为了简单起见,我们也从整数限制中取数。

14. 为了使统一政府提供最优的 M 种公共品,该条件是必要的。如果我们排除当政府集中提供了很多种公共品,大于 1 而小于 M 时,范围经济可能增加的可能性,该条件是充分的。分析可以很容易地扩展到这种一般情况。细节可要求作者提供。

15. 虽然范围经济意味着同时做不同事情的成本更低廉,组织和交易成本意味着分别做不同事情的成本更为昂贵。显然这两个观点是密切相关的,在专门和交叉的管辖区内的相关的组织和交易成本可以在正式模型中代表集权管辖区内的范围经济。

第 3 章 关于边界的投票

3.1 引言

我们认为一个"国家"是由范围经济以及与重叠辖区相关联的交易成本所催生出来的。现在假设所有公共品均由一个单一的中央政府提供,而且所有政策是有特权的。第 9 章讨论中央政府向地方政府分权的一般情形。我们从描绘辖区的数量和形状开始入手,就好比存在一个仁慈的世界规划者,试图使每个人的效用最大化。在给定规模收益与异质性成本之间的权衡条件下,"最优"国家数量能够实现最高的社会总福利。

然而,即便存在一个最优的边界配置,这也并不代表它能够自动实现。我们在本章所讨论的主要问题是,在一个不协调的均衡中,我们是否可以得到相同的最优国家数量。也就是说,最优国家数量是否产生于一个人们可以选择组织边界的系统?答案是"未必"。如果边界可以通过多数投票重新划定,而且单边的分离是被允许的,那么总的来讲,很难保证能通过一个非中心化的计划均衡来实现社会最佳状况。

影响这个问题答案的一个重要因素是,是否允许每个国家内部不同公民之间存在一个单边转移支付或转移计划的体系。该体系安排如下：假设存在一个最优的边界配置实现了社会总福利的最大化，但福利分配不均。也就意味着，在这一假设条件下，有些人处境非常好，而另一些人的处境则相对较差。这些处于不利地位的人可能想要去改变边界的配置。然而，恰恰是由于国家的最优配置实现了总福利的最大化，所以可以带来足够高的收入，使得处于有利地位和不利地位人群之间的转移计划能够维持最优的国家数量。[1]

　　然而在现实中，这些转移计划往往很难实施，主要包括以下将要讨论的一系列原因。因此，问题在于最优的边界配置是否可以产生一个能使边界本身保持稳定的福利分配机制。在本章我们研究了不存在转移支付和单边转移支付的情形，我们将证明在同一个国家中，如果公民之间不存在转移支付的话，最优的边界将不可持续。在第 4 章我们将考虑存在转移支付的情况。

　　之所以说最优边界不可维持，主要原因在于一国公民之间的福利分配是不均等的。考虑边界的最优配置情形，如果每个人都拥有相同的收入，那么一个不允许转移支付的财政体系将对每一个人征收相同的所得税。但是居住在国家中心位置（即在优先权和地理位置上更接近于由中央政府提供的公共品和公共政策）的人们将比居住在边境地区的人们更加有利。因而，后者拥有通过投票要求分离并重新划定边界的激励。如果没有从中心向边界进行转移支付的体系，那么后者将反对现有的最优边界。"反对"的形式可能有好几种：一种是单方面分离，组成新的国家或加入其他国家；另一种是通过公民投票的形式来重新安排边界。结果就是，当实现均衡状态时，国家的规模将比最优条件下要小。换言之，最优边界配置表明，如果没有从中心地区向边界地区转移支付的制度，则国家的规模太大，以至于难以持续。

3.2 民主均衡条件下的国家规模

为了便于分析,我们假设世界由一条长度为 1 的线段所代表。显然,土地是二维的,然而从现实的角度来看,从一维转换到二维将加大数学上的复杂性,不值得这么做。基于第 2 章所讨论的原因,我们假设两个群体之间的位置包括了意识形态和地理两个维度,而且群体之间的位置是固定的。也就是说,两个群体相互之间离得很远,意味着他们在地理上住得很远,而且具有非常不同的政策偏好。

一个国家由两条边界(即线段上的两点)和对公共品以及公共政策的选择来识别。为了简化分析,我们假设每个国家有且仅有一种公共品,其成本是固定的,用 k 表示。[2]这说明范围经济和交易成本非常高,以至于不可能拥有重叠辖区的多层机构。

用于负担这一公共品的人均税收等于其总成本 k 与人口总规模 s 的比率,即 k/s。很显然,国家规模越大,人均税收就越低,因为有更多的人来负担一个固定的成本 k。这是实现规模经济效应最简单可行的方式。个人从公共品上获得收益,但是这一收益随着与公共品距离的增加而逐渐递减。记住,我们关于"距离"的定义包括了意识形态和地理两个维度。因此,"远离"某种公共品可被解释为居住得离它很远,而"远离"一项公共政策则可以被解释为相对于已享受的政策而言,更偏爱另一种公共政策。在所有必须缴纳的用以负担公共品的税收中,人们的净税收收入显然是递减的。

在第 2 章我们讨论了使全世界所有人福利最大化的最优国家数量问题,在本例中,这是一个很合理的标准,因为每个人都被假设为是完全相同的。我们再回忆一下得到的结论。第一,所有国家都拥有相同的规模,给定人口呈均匀分布以及每个人都是相同的假设,没有理由能解释为什么有些国家的规模应该要小,并且拥有高的税负和低的与公共品的平均距离,而其他国家的规模应该要大,并且拥有低的税负和高的与公共品的平均距离。当然,我们得出的国家规模相等的结论并不现实。但它的确表明,需要某些形式的"非均衡性"以获得不同规模的国家,比如世界上不同地区偏好分布的密度水平或"异质性"程度的差异。[3]在本章的技术分析部分,我们提出了一个关于人口非均衡分布的例子,并证明了如何获得不同规模的国家。第二,存在一个良好定义的"最优"国家数量(N^*)使得世界的总福利最大化。

从这一问题的解中我们得出以下两个重要的发现:

1. 最优国家数量随着公共品的成本 k 而递减。也就是说,公共品的成本越高,在更多纳税人之间共享的激励就越大。

2. 最优国家数量的负效用随着与公共品距离的增加而上升。也就是说,远离公共品的成本越高,人们就更加愿意为缩短这一距离而付出代价。这表明在小国中较小且可行的(平均)距离是获取较高税收的有效保障。

现在,我们从最优化的理想世界中脱离出来,思考以下问题:通过民主投票对公共政策和政治边界作出决策时结果会怎样?这些决策会导致出现有效的还是无效的边界?我们暂且可以继续假定所有个体拥有相同的收入,而且同一个国家中的每一个人都缴纳相同的税款。[4]

第一个需要讨论的问题是这些政治边界内"政府"该如何选址。我们暂且假定一个国家的边界是确定的,而且所有的公民都可以投票。我们的目标并非纠结于任何创新的或创造性的投票理论,而是通过一个广为流传的中间选民定理(median voter theorem)来展开讨论。公共品将位于一国中心的某个地区,该地区与中间选民所处的位置一致;该选民把全国的人口分成两个相等的部分。中间选民定理表明,中位数位置是唯一不会被多数投票所影响的地点,在我们的例子中多数投票的对象是关于公共品的不同区位。[5]将公共品定在中间位置可以最小化公民与公共品的平均距离(以及总距离),同时还可以最大化公共品的总福利。在我们的例子中,中间选民与分配的中心是一致的,也就是国家的中心。[6]

从世界地图上来看,显然那些首都所在的城市一般都是大量公共品的聚集地以及公共政策的制定地点,它们基本上位于国家的中心。当然,"中心"定在什么地方,取决于选择首都时的人口分布情况。比如,美国首都被永久性地选定在波托马克河边上,目的非常明确,就是要选一个联邦政府的中心地带,正如《联邦党人文集》第 14 篇(麦迪逊)中一段文字所记载的:"民主固有的局限在于离中间点的距离恰好允许最远的公民能够集合起来以完成其政治任务⋯⋯因此一个共和政体的固有局限在于,与中心的距离很难允许代表们经常碰面以处理必须的公共事务。"正如我们所指出的,把首都设在中心使得这个国家的人们出行距离最小化。事实上美国早期的政治争论充分支持地理距离与意识形态距离之间存在密切联系这一假说。通过了解一个居民的居住地区——波托马克河的北边或南边,以及距离有多远,我们就能够预测出他对联邦政府面临的每一项政策议题的观点。

在澳大利亚,首都(堪培拉)恰好就位于悉尼和墨尔本的中间位置,在澳大利亚建国的时候,这里就可被看作是人口分布的"中心"。[7] 1991 年尼日利亚首都从拉各斯迁到阿布贾,正是基于类似目的,把首都设立在这个支离破碎的国家的地理和民族语言的"中心"。当然,我们并不认为一个国家首都的位置仅仅是由其是否位于"中间位置"来考虑决定的。显然,还有其他多种因素,如该国的地理特征、海岸线、内外部安全问题、误判以及特定的历史事件等也在发挥影响。然而,大量"新"或"民主化"国家的经历都表明存在这样一个把首都设在国家中心的趋势。偏离中间位置可能反映出一国内不同地区的政治影响力的差异。

现在我们准备考虑国家的数量和规模问题。在不存在区域转移支付的情况下,从属于一个较大国家所获得的利益其分配是不均等的,其中在意识形态和地理位置方面离政府越近的人们将获得较大的收益份额。这部分人缴纳了与其他所有人一样多的税收,但却不用负担更高的异质性成本;事实上他们离政策选择的偏好更近,与公共品的距离也更近。相反,离政府较远的人们必须负担一个不对称的异质性成本份额,因而从属于大国的利益不能完全被内部化。当允许跨边界投票时,这些居住在离边界较近的人们可能会赞成分裂,即使由此带来的边界配置可能会导致总福利无法实现最大化。进而,我们可以得出一个更一般化的结果,即一人一票的多数性原则并不总是能够产生使所有人福利最大化的结果。

在第 3.3 节里我们启用了一些技术工具,虽然它很容易被一个非技术倾向的读者理解,但我们还是展示了一个简单的例子,其结果并不注重边界的最优配置,主要有两方面的考虑:

1. 大多数投票者可能会倾向于分裂国家,以形成两个国家,每个国家的规模都是原来的一半,虽然在新的均衡中总福利并没有实现最大化。

2. 分裂是受到居住在远离中央政府的人们想要创建接近他们自己偏好的政府的驱动而发生的,即使这意味着每个人都得负担更多的税收(包括那些受益于一个大国的人们)。

多数投票会导致“无效率”的分裂并非是第 3.3 节中的特例,在本章的剩余部分将讨论更一般的情形。特别地,我们将定义一个“民主均衡”,其中边界是通过普通投票自由决定的,而且我们将会看到“最优的国家数量”并不是一个民主均衡:当一个社会规划者想要对世界进行最优的分割时,每一个国家的大多数人都支持改变边界,特别是都支持建立更小的国家。当边界是由多数投票所决定时,“过多的国家”就出现了,即在“民主均衡”下所形成的国家数量要多于最优的国家数量。

让我们通过一个图形的例子来具体说明这一结果。在图 3.1 中我们拥有一个数量为 5 的最优国家数量,即 $N^* = 5$。

公共品位于国家的中心(线段的 1/2 处),其中每个人都支付相等的税收,即 $k/(1/5)$。拥有平均效用的人们位于国家中心和边界之间的中间地带,即在图中的 9/20 和 11/20 处。

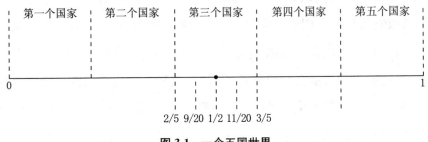

图 3.1 一个五国世界

那些处在 2/5 点和 9/20 点之间以及 11/20 点和 3/5 点之间的人们获得较少的平均效用,问题在于这些"平均水平以下"的人们是否还会选择留在这个国家。

一般来讲,正如我们将在下一部分正式介绍的,最优国家数量(在本例中 $N^* = 5$)将难以维持,而且在均衡状态下,可能存在数量更多的小国家,比如 $\tilde{N} = 7$。原因在于靠近国家边境,即位于 2/5 和 3/2 之间(或 11/20 和 3/5之间)的人们缴纳了与其他所有人一样的税收,但却没有把国家数量"N^*"的"最优化"利益全部内部化,因为他们远离公共品。这部分人可能偏向于重新划分疆界,以使得他们成为真正的"赢家"。当全世界被划分为无效的大量小国家时,均衡就结束了。

一个有趣的点是,虽然投票均衡所决定的边界不能最大化平均效用,但它们的确能最大化边界附近的个体效用。也就是说,民主结果最大化了远离政府的个体效用。由于这部分人拥有最低的效用,因此投票均衡满足了一个可供选择的"道德"标准:它最大化了最小的效用,即最弱势的人们的效用。这被称作罗尔斯标准(Rawlsian criterion),因为它是建立在约翰·罗尔斯(John Rawls, 1971)著名的《正义论》(*A Theory of Justice*)一书中所提出的哲学论据的基础上的。[8]投票均衡最大化了边界附近个人的效用这一事实,实际上也印证了这样一种直觉,即远离中心的个人面临着"有效率"的国家分裂,这种分裂主要来自退出的激励。

由于在投票均衡中平均效用没有实现最大化,因而就存在一种可供替代的潜在安排——如果能够引入转移支付——则可能会提高所有人的效用。[9]因为最优的边界配置(在本例中 $N^* = 5$)最大化了平均福利和总福利,故原则上赢家应该对输家进行补偿。[10]有两种补偿的方式,第一种是在政策的分散化方面,即公共品和公共政策可以被分散化(我们将在第 9 章详细讨论这一点;这里我们将继续聚焦于不能被分散化的公共品和公共政策类型)。第二种方式是一个支持边界地区的区域转移体系。在我们模型的标准中,这表明收入的税率可能与公共品的距离直接相关:靠近中心的人们将支付更高的税收,离得较远的人们将支付更低的税收。如果我们从地理的概念上来解释距离的话,那么就很容易设计这个转移体系或者差异化税收体系。[11]就距离在一定程度上捕捉意识形态而言,设计一个合适的转移体系可能会更成问题。我们将在第 4 章详细讨论。

总而言之,我们可以把一个国家的最优规模看作规模带来的利益与异质性的成本之间的权衡。规模经济越大,国家的最优规模也就越大;个人偏好的异质性越强,国家的最优规模就越小。在均衡状态下,我们并不一定能观察到国家的最优数量。一国之中净利益分配的不均等是产生这一结果的重要因素,并进而导致边界地区拥有脱离并重划边界的激励。结果就是,均衡配置下的管辖区比最优规模的管辖区要小。

*3.3　多数投票和有效率的(无效率的)规模:一个简单的例子[12]

请考虑以下的简单例子,在第 2 章中,我们假设世界人口为 1,并且在[0,1]区间里均匀分布,这一假设同时具有地理和意识形态的涵义。

假设只有一种公共品,其成本为 k。每个人 i 拥有收入 y,并且支付人均税收 t_i,该税收由国家规模决定(正如前面所讨论的,在一个规模为 s 的国家中,人均税收为 k/s)。因此效用取决于公共品所带来的好处,它随着人们与政府距离 l_i 的增加而下降,再加上居民的净收入,可以得到:

$$u_i = g - al_i + y - t_i \qquad (3.1)$$

假设世界是一个统一的国家(即 $N = s = 1$),同时每个人都支付相等的税收 k。[13] 由于人口在 0 和 1 之间均匀分布,而且政府位于线段的 1/2 处(即在正中间),那么与政府的平均距离就是 1/4。因此,在只有一个国家的世界里,平均效用为:

$$u_{N=1} = g - \frac{a}{4} + y - k \qquad (3.2)$$

如果世界被分割成两个规模都等于 1/2 的国家时会出现什么结果呢?那样的话,每个人将支付更高的税收(即 $2k$),而平均距离将缩短为 1/8,因为两个新的政府将分别处于 1/4 和 3/4 的位置上。因此在一个由两国所组成的世界里,平均效用变成:

$$u_{N=2} = g - \frac{a}{8} + y - 2k \qquad (3.3)$$

由此我们可以看到,只有一国的世界中的平均效用要高于有两国的世界中的平均效用,当且仅当:

$$k > \frac{a}{8} \qquad (3.4)$$

也就是说,当且仅当规模经济的好处(由 k 度量)大到足以抵消与政府距离更远所带来的成本(由 $a/8$ 度量)。

假设 $k > a/8$,那么在只有一国的世界中平均效用更高。当人们在选择究竟是居住在这个一国世界中,还是把这个国家均等地分成两个国家时,需要引入公民投票。显然,居住在 1/2 处(即这个统一国家的"首都")

的人不同意"国家"分裂,因为分裂之后他将支付更高的税收,而且最后他与政府的距离会变得更远(即从 0 上升到 1/4)。但那些居住在新国家的首都的人又会怎样呢? 他们的税收也会上升,但他们与公共品的距离将从 1/4 下降到 0。距离的下降将足以补偿更高的税收,当且仅当:

$$k < \frac{a}{4} \tag{3.5}$$

现在,如果 k 小于 $a/4$ 的话,我们会得到什么结果呢? 处于 1/4 和 3/4 之间的人们真的想要分裂国家吗? 如果是那样的话,所有处于 0 和 1/4 之间的人们,以及所有处于 3/4 和 1 之间的人们都会投票赞成分裂(他们离首都的平均距离也会下降 1/4,而税收则会上升 k)。换句话说,上面的不等式足以保证 50% 的人投票支持分裂,尽管分裂会减少平均效用。[14]换言之,当所有的参数满足以下关系式时,我们会看到多数人倾向于支持分裂一个"有效率的"国家:

$$\frac{a}{8} < k < \frac{a}{4} \tag{3.6}$$

正如我们在前面部分所讨论的,产生这一结果是因为在一个大国中利益分配的不均等。由于处在边缘的人们支付了一个不成比例的异质性成本,而且没有把相应的利益完全内部化,因此他们将在国家的分裂中获得好处,虽然在此情况下所有人都得支付更高的税收,而且所有人的平均效用都将有所降低。

* 3.4　国家的数量:一个形式化分析[15]

3.4.1　模型

我们继续把世界模型化为一段长度为 1 的线段。线段被划分成不同的间隔,代表"国家"。人口呈均匀分布并且总量为 1。每个国家需要一个单一的"政府"(相当于公共品)。关于"政府"一词,我们将其定义为提供所有公共品和控制所有政策的实体。一个国家的政府开支仅由其公民来负担,其所有好处也仅由其公民来分享。

全世界至少存在一个政府,因而 $N \geqslant 1$,其中 N 代表全世界国家的数量。为了使总量简化,且不失一般性,我们假设一个国家的政府成本为 k,不管国家的规模有多大。换句话说,我们假设在第 2 章方程式(2.2)中的 $\gamma = 0$。与前文一样,每个人拥有相同且外生的收入 y 并支付税收 t_i,其中下标 i 代表不同的人。假设不存在移民,因为线段上每个人的位置是固定的。第 i 个人的效用为:

$$\mu_i = g - al_i + y - t_i \tag{3.7}$$

其中 g 和 a 是两个符号为正的参数,l_i 是第 i 个人与政府之间的距离,因此在私人消费上,效用函数是线性的。参数 g 度量了在 $l_i = 0$ 时公共品的最大效用。参数 a 度量了当某人面对的政府与其偏爱的政府类型相差较远时所遭受的效用损失。在面对所有类型的政府条件下,要保证一个较高的 g 能使每一种类型的政府的效用都得到增加,其充分条件是 $a < 1$。对于我们的结果来说,这并不是必需的,但在下列情形下这是一个自然而然的假设条件:即当我们把 g 解释为对"政府服务"的度量,把 a 解释为政府服务"边际效用"的减少,该服务位于与人们偏好的地方相距 l_i 的位置时。基于上述原因,如果我们同时在地理和意识形态上对"线"进行定义,则 l_i 同时代表了地理和意识形态上的距离。

沿着上一章的讨论,我们可以马上得出一个最大化人们效用的社会规划者将会选择的国家数量[16]为:

$$N^* = \sqrt{\frac{a}{4k}} \tag{3.8}$$

在此情况下,公共品或政府将位于每个国家的正中间位置。

3.4.2　均衡的国家数量

首先,我们提出两个假设:

1. 每个国家公共品的位置由多数投票规则决定。对公共品类型的投票在国家边界确定之后进行。

2. 每个国家的税收与收入呈比例,而且每个公民的税率都是相同的。[17]

我们可以进一步假设没有人"被迫"加入某个国家:[18]

规则 A　边界上的每个人都可以选择加入哪个国家。

我们定义 N 个国家的配置为:

1. 如果 N 个国家的边界不受规则 A 支配,则为 A 均衡。

2. 如果存在 A 均衡而且在规则 A 下它是稳定的,则为 A 稳态。

我们使用下列关于稳态的标准概念:如果边界被扰乱,以至于小部分人从一个国家"转移"到另一个相近的国家,借助于规则 A 边界的均衡分布被重构,此时均衡是稳定的。我们发现稳态的一个必要条件是国家拥有相同的规模(我们在本章最后的附录中讨论这一问题)。因此我们所讨论的都是规模相同的国家,除非有特别说明。

现在我们准备考虑多数投票规则下的边界重构问题。如果受边界改变影响的国家的多数公民都支持这一改变,则边界可以被改变。

规则 B　在每一个受边界重构影响的现有国家中,如果多数投票赞成修改边界,则可能会创建一个新的国家,或者消除一个现有国家。

我们认为 N 个国家可能拥有以下配置:

1. 如果存在 A 稳态,而且在规则 B 下没有新的国家被创建,或者没有已有国家被消除,则为 B 均衡。也就是说,任何在 A 稳态下创建或消除一个国家的尝试,都会被至少一个受其影响的国家通过多数投票予以否决。

2. 如果存在 B 均衡,而且在规则 B 下是稳定的,则为 B 稳态。

这里的关键之处在于,公民仅被允许就 A 稳态下的边界重构进行投票。也就是说,对于那些不满足规则 A 的边界投票,我们不予考虑。[19]这里的直接含义是,只能对导致国家规模相等的边界重构进行投票。[20]这一结论是由我们之前所指出的,只有规模相等的国家能实现 A 稳态的观点中得来的。关于这一点的证明很复杂,因而我们在附录中进行详细的描述;由此我们可以得到如下结果:

命题 3.1 当且仅当国家的数量 $\tilde{N}$ 为小于下式的最大整数时,相同规模国家的配置实现 B 均衡:

$$\sqrt{\frac{a}{2k}} \tag{3.9}$$

现在我们得出了本章的关键结果:国家的均衡数量($\tilde{N}$)大于最优的数量(N^*)。这一结果的直觉在于我们之前所提到过的:在没有补偿计划的情况下,投票均衡是无效的。如果税收对所有人都是一样的,那么远离政府中心的人们将会获得较低的效用。这些远离公共品投票的人并没有合理地考虑超过最优国家数量所带来的总效率损失。

从"积极"的角度来讲,知道对一个边界配置进行投票并没有使得"蛋糕规模"的最大化有用。如果可以实行单边转移支付,则对边界进行重新配置可以产生盈余,如果可以使用边际支付,则可以以使每个人都富裕的方式进行重新分配。但是当单边转移支付无法实行时,一个有效的国家数量是否会令人满意呢?一个庞大的无效国家数量是否存在某些问题?无疑,一个"有效率"的均衡不会使得所有人的状况都变好。[21]正如我们之前所看到的,那些远离政府中心的个人在有效均衡条件下的状况会比在投票均衡条件下的状况更差。效用损失者的总效用损失可能会小于获利者的总效用增加量,但这并不会给损失者带来多大的安慰。

在社会福利理论中,关于"社会上"偏好有效解(即便结果导致出现获利者和损失者)的一个可能理由是海萨尼(Harsanyi, 1953, 1955)"无知的面纱"的观点。假设某人不知道其位于[0, 1]线段上的哪个位置,但是他又不得不基于他可能在该线段的任意位置的假设来选择边界的配置。考虑到自己可能位于任意位置上,他将尽可能地使其预期效用实现最大化。在此背景下,这相当于实现了平均效用的最大化。[22]因此,在无知的面纱背后,一个秉持效用最大化原则的人将选择有效均衡,而不是投票均衡。这为平均效用最大化提供了强有力的"规范"论证。[23]

然而,从伦理的角度来看,平均效用最大化并不是唯一合适的"社会目标"。约翰·罗尔斯(Rawls, 1971)在其著名的《正义论》中提出了另一种规范方法,该方法的一种实用主义解释认为,不应该最大化无知面纱背后的预期效用,而应该最大化那些在每一种选择中状况都最差的人的效用。换言之,罗尔斯主义的标准要求最大化每一种可能配置中的最小效用。

在我们的模型中,每一种配置中状况最差的人是那些居住在离首都很远地方的居民——也就是那些居住在边界地区的人们。假设如前所述,全世界被划分为 N 个规模相同的国家,$s = 1/N$,因为规模相等是最大化最小效用的必要条件。[24]状况最差的个人的效用转换为:

$$u_{\min}(N) = g - a\,\frac{s}{2} + y - \frac{k}{s} = g - \frac{a}{2N} + y - kN \qquad (3.10)$$

容易证明实现这一效用最大化的国家数量(提取整数)为:

$$N^R = \arg\max u_{\min} = \sqrt{\frac{a}{2k}} \qquad (3.11)$$

等于投票均衡的结果 $\tilde{N}$。

很显然,投票均衡并没有实现平均效用的最大化,但它的确实现了那些居住在边界上的人们的效用最大化。

如果一个人出于伦理的考虑想要使得那些"状况糟糕的人"的损失最小,那他应该选择投票均衡。这一结果印证了这样一种直觉,即在投票均衡中一个庞大的"无效"国家数量取决于让那些远离中心的人们摆脱困境的激励。

3.4.3　单方面的分离

我们现在考虑单方面分离的影响。我们感兴趣的是,如果我们允许一组公民单方面地脱离国家,那么国家的配置是否会实现均衡。我们从定义下列准则开始展开讨论:

规则 C　当属于某个现有国家的连通集上的人们一致决定成为其公民时,一个新的国家得以创立。

定义在规则 C 的条件下,对于任何 z,如果不存在任何规模为 z 的公民组想要分裂并形成一个规模为 z 的新国家,那么一个规模为 s 的国家实现了 C 稳态。

正如本章附录所示,下列命题将成立:

命题 3.2　一个规模为 s 的国家实现 C 稳态,当且仅当:

$$s \leqslant (\sqrt{6}+2)\sqrt{\frac{k}{a}} \tag{3.12}$$

命题 3.2 表明,N 个规模相等的国家的配置实现了 C 稳态,当且仅当:

$$N \geqslant \frac{1}{\sqrt{6}+2}\sqrt{\frac{a}{k}} \tag{3.13}$$

这一结果背后的直觉表明,如果国家的规模太大,则不利于边界上的居民组实现单方面脱离,甚至如规则 B 所表明的那样,缺乏一个由多数原则所推动的边界重构。

我们可以把一个更复杂的分裂类型加入这个结果中,即邻国的居民从他们的母国中分离出来。分析过程与我们对命题 3.2 的证明类似,而且会引出一个更加严格的条件,即:

$$N \geqslant \frac{1}{\sqrt{2}+2}\sqrt{\frac{a}{k}} \tag{3.14}$$

注意有效的国家数量 $\tilde{N}$ 和最优的国家数量 N^* 都满足条件式(3.13)和式(3.14)。所以不论是有效边界还是民主产生的边界都不会被单方面分离所破坏。[25]

3.4.4　不同规模的国家

均衡状态下,所有国家拥有相同规模(一个明显不现实的结论)是所有人均匀分布这一假设条件下的人为结果。在这一假设条件下,模型在封闭形式下易于处理。接下来我们简要地介绍一下如何把这一模型扩展到非均匀分布的情形。

定义全世界人口的累积分布为 $F(z)$。国家 x 的人口 $p_x = F[\bar{b}_x - F(\underline{b}_x)]$,其中 $\bar{b}_x(\underline{b}_x)$ 是该国边界的上限(下限)。如前所述,政府位于每个国家/地区线段模型的中间位置,除了国家/地区线段模型的中间位置与其中心地带不符。定义 $\underline{d}_x$ 为国家 x 的中间位置与其边界的下限之间的距离,$\bar{d}_x$ 为中间位置与边界上限之间的距离。规则 A 显示的边界中立条件如下:

$$\underline{d}_{x+1} - \bar{d}_x = \frac{k}{a}\frac{p_{x+1}-p_x}{p_x \cdot p_{x+1}} \qquad x=1,\cdots,N \tag{3.15}$$

N 代表国家的数量,而且所有国家都按递增的顺序从左至右进行编号,此外,还有 $\sum_{x=1}^{N} p_x = 1$。对于均匀分布的情形,式(3.15)将简化为 $s_{x+1} = s_x$,对于所有的 $x = 1$,$\cdots$,N。[26]对式(3.15)的一个简单检验表明,总体上国家将拥有不同的人口规模和地理范围。

对于规则 C,结果可以(至少在概念上)很容易扩展到非均匀的情形。同样,在此情形下分裂的威胁程度对那些位于边界上的人们是最高的。显然,类似于式(3.13)和式(3.14)的非分裂条件将取决于 $F(z)$ 分布的形状。最后,对规则 B 的应用无疑在计算上会有很高的要求。对于均匀分布的情形,我们只能允许对那些符合 A 稳态的提议进行投票,只是现在 A 稳态条件并不必然意味着国家具有相同的规模,但必须满足方程式(3.15)的条件系统。

3.5 结论

范围经济导致单个政府来提供每个国家的公共品和公共政策,在这一假设下,我们讨论在规模收益和异质性偏好成本的基本权衡下,国家的均衡配置问题。我们从"最优"的国家数量开始讨论,即在给定这一权衡的条件下,使得平均福利最大化的国家数量。接着我们提出一个问题——一个分散化的民主均衡是否总是会产生这样一个最优的数量呢?答案是:不一定。对于给定的国家规模,利益在其公民之间的分配事实上是不均匀的:那些离政府的偏好和距离较近的人拥有更高的福利;而那些离政府较远的人则具有通过一人一票的多数投票规则脱离国家并重划边界的激励。在一个国家的公民中,如果缺少一个合适的补偿转移支付体系,那么对边界的投票将打破最优国家规模的配置。我们还发现,投票均衡虽然没有实现平均效用的最大化,但在补偿制度缺失的情况下,它所形成的边界配置使得那些离政府最远的人损失最小。

在下一章我们将分析一个合适的转移支付体系是否会以及如何实现更优的结果。

3.6 附录:推导

3.6.1 相同规模的国家实现 A 稳态配置的推导

一个位于规模分别为 s_1 和 s_2 的两个国家之间边界上的人是中立的,当:

$$g - \frac{as_1}{2} + y - \frac{k}{s_1} = g - \frac{as_2}{2} + y - \frac{k}{s_2} \tag{A3.1}$$

该式成立的条件是两个国家拥有相同的规模,即:

$$s_1 = s_2 \tag{A3.2}$$

或者虽然国家规模不同,但它们的产品由下式精确地给定:

$$s_1 s_2 = \frac{2k}{a} \tag{A3.3}$$

打破均衡使得两个相邻国家的规模分别变成 $s+\varepsilon$ 和 $s-\varepsilon$,其中 ε 是一个任意小的正数。当且仅当位于新的边界上的人们严格偏好较小的国家而非较大国家时,那么有:

$$g - \frac{a(s_1+\varepsilon)}{2} + y - \frac{k}{s_1+\varepsilon} < g - \frac{a(s_2-\varepsilon)}{2} + y - \frac{k}{s_2-\varepsilon} \tag{A3.4}$$

最初的均衡实现了 A 稳态。

该式也表明,当取极限时,有:

$$\lim_{\varepsilon \to 0}(s_1-\varepsilon)(s_2+\varepsilon) = s_1 s_2 > 2\frac{k}{a} \tag{A3.5}$$

由于方程式(A3.3)和式(A3.5)不能同时满足,故而两个规模不同的国家无法实现 A 稳态。相反,当且仅当两个规模相同的国家($s_1 = s_2 = s$)满足条件式(A3.5)时,他们实现了 A 稳态。也就是说,当且仅当 $s^2 > 2k/a$,有:

$$N < \sqrt{\frac{a}{2k}} \qquad\qquad (\text{A3.6})$$

3.6.2　对命题 3.1 的证明

我们已经证明了只有规模相同的国家才能实现 A 稳态,现在我们将聚焦于这些配置。接下来"国家数量"这一概念将等同于"相同规模国家的数量"。令 $l_i\{N'\}$ 代表当国家数量为 N' 时,个体 i 离政府的距离。令 $d_i\{N, N'\} = l_i\{N'\} - l_i\{N\}$ 代表当全世界国家数量由 N 变为 N' 时,个体 i 与政府距离的变化。

当下式满足时,相对于 N',个体 i 更偏好于 N:

$$g - al_i\{N\} + y - kN > g - al_i\{N'\} + y - kN' \qquad (\text{A3.7})$$

即:

$$ad_i\{N, N'\} + k(N' - N) > 0 \qquad\qquad (\text{A3.8})$$

令 $d_m^x\{N, N'\}$ 表示国家 x 距离变化的中位数,其中 $x = 1, 2, \cdots, N$。当且仅当下式成立时,相对于 N',国家 x 中的多数人将偏好于 N:

$$ad_m^x\{N, N'\} + k(N' - N) > 0 \qquad\qquad (\text{A3.9})$$

我们定义规则 B1 和规则 B2 如下:

规则 B1　在每个领土受边界重构影响的现有国家中,经过多数投票的批准可以创建一个新的国家。

规则 B2　在每个领土受边界重构影响的现有国家中,经过多数投票的批准可以消除一个现有国家。

一个关于 N 个国家的配置是:

● B1 均衡:如果在规则 B1 下实现 A 稳态时没有国家被创建。也就是说,是指至少在一个受影响的国家中,那些被多数投票拒绝的人在任何 A 稳态下提出的以增加国家数量的修正。

● B2 均衡:如果在规则 B2 下实现 A 稳态时没有国家被消除。也就是说,是指至少在一个受影响的国家中,那些被多数投票拒绝的人在任何 A 稳态下提出的以减少国家数量的修正。

显然,正如第 3.4 节所定义的,当且仅当它同时实现了 B1 均衡和 B2 均衡时,国家的配置才实现了 B 均衡。

根据上述定义,我们可以得出,当且仅当至少在一个国家 x(其中 $x=1, 2, \cdots, N$)中,有 N 个国家的配置实现了 B1 均衡:

$$ad_m^x\{N, N+1\}+k[(N+1)-N]>0 \qquad \text{(A3.10)}$$

正如我们在下面所展示的,对每个 N 和 x,

$$d_m^x\{N, N+1\}=\frac{1}{2}\left[\frac{1}{N+1}-\frac{1}{N}\right] \qquad \text{(A3.11)}$$

因而,把式(A3.11)代入式(A3.10)中,我们得到 N 是一个 B1 均衡的结论,当且仅当:

$$N(N+1)\geqslant\frac{a}{2k} \qquad \text{(A3.12)}$$

同样,我们也可以得出 N 是一个 B2 均衡,当且仅当在至少一个国家 x(其中 $x=1, 2, \cdots, N$)中有:

$$ad_m^x\{N, N-1\}+k[(N-1)-N]>0 \qquad \text{(A3.13)}$$

也就是:

$$d_m^x\{N, N-1\}>k \qquad \text{(A3.14)}$$

由于每个国家中必须有多数人支持改变边界，因此 B2 稳态的一个必要且充分条件是在这个国家中，"受损"最多的中间选民（即经历了中间距离变化的人们）应该反对从 N 个国家转变为 $N-1$ 个国家。因此我们必须考虑每个 N 的最大距离，如下所示：

$$d_m^x\{N,\ N-1\}=\frac{1}{2}\left[\frac{1}{N-1}-\frac{1}{N}\right] \tag{A3.15}$$

把式（A3.15）代入式（A3.14）后，当且仅当以下条件满足时，可知 N 个国家是一个 B2 均衡：

$$(N-1)N\leqslant\frac{a}{2k} \tag{A3.16}$$

因此，一个同时满足 A 稳态和 B 稳态的"民主均衡"是 N 个相同规模的国家的配置，从而：

1. $N<\sqrt{a/2k}$（前文推导出来的 A 稳态条件）。

2. $N(N+1)\geqslant a/2k$，对于 $N+1<a/2k$［条件式（A3.12）］。

3. $N(N-1)\leqslant a/2k$，对于 $N-1<a/2k$［条件式（A3.16）］。

小于 $\sqrt{a/2k}$ 的最大整数是同时满足以上三条性质的唯一整数。　■

中位距离变化的推导

我们现在推导方程式（A3.11）。我们将证明中位距离变化 $d_m^x\{N,\ N+1\}$ 是如何由 $(s'-s)/2$ 所给定的，其中 $s=1/N$，$s'=1/(N+1)$。

假设存在一个规模为 $s=1/N$ 的国家 x。令 M 为最中间的点。当 $N+1$ 个国家得以形成时，国家 x 的公民被分派到两个规模为 $s'=1/(N+1)$ 的新国家中。令两个新国家的中间点为 M' 和 M''，再令 A 和 B 分别为位于 M 左边和右边的两点。从而，在 A 和 B 两点上的人们经历了中位距离变化。即：

$$d_m^x\{N,\,N'\}=|AM'|-|AM|=|BM''|-|BM| \qquad (A3.17)$$

和:

$$|AB|=\frac{s}{2} \qquad (A3.18)$$

方程式(A3.17)定义了距离的变化,而式(A3.18)则保证了 A 和 B 代表中间点。

有:

$$|M'M''|=|M'A|+|AB|+|BM''|=s' \qquad (A3.19)$$

通过简单的代数运算可以得到:

$$d_m^x\{N,\,N+1\}=\frac{s'-s}{2} \qquad (A3.20)$$

相似的几何解释也可以用来推导方程式(A3.15),即证明最大化的中位距离变化 $d_m^x\{N,\,N-1\}$ 是由 $(s''-s)/2$ 所给定的,其中 $s''=1/(N-1)$ 和 $s=1/N$。[27]

3.6.3　扩展:规则 B 的替代选择

规则 B 要求在现有的 N 个国家中,每个国家都实行少数服从多数原则,以使它们能够改变国家的边界。在这一节里,我们将证明我们关于稳定的国家数量的描述与另一个替代规则 B′下的结论是一样的,即要求在现有 N' 个新国家中每个国家也实行少数服从多数的原则。假设在 N 个国家中,N' 个新的国家形成的条件是,在每个新的国家中有大多数人支持这一改变。根据我们之前的讨论,我们定义 B1′均衡、B2′均衡以及 B′稳态的概念如下:

如果在 B1′(B2′)下实现 A 稳态时,没有新的国家被创建(消除),那么国家的配置就是一个 B1′均衡(B2′均衡)。也就是说,任何在 A 稳态下提出的为了增加(减少)国家数量而作出的改变都被至少一个领土受此影响的国家所拒绝。

如果某一配置同时实现了 B1′ 均衡和 B2′ 均衡,而且在规则 B1′ 和规则 B2′ 下实现了稳态,那么它就是一个 B′ 稳态均衡。

接下来的结果显示,规则 B′ 意味着与规则 B 相同的稳态国家数量:当且仅当其数量满足上述条件 1 至 3,并且等于 3.4 节所定义和描述的国家数量的稳态配置时,规模相同的国家的配置是 B′ 稳态的。

证明 考虑形成 $N-1$ 个国家的提议。在国家 x(其中 $x=1$,2,$\cdots$,N)中,通过多数投票否决了这一提议,前提条件是满足:

$$ad_m^x\{N-1,\,N\}+k[N-(N-1)]>0 \qquad (A3.21)$$

但是从我们之前的推导中已经知道:

$$d_m^x\{N,\,N-1\}=\frac{1}{2}\left[\frac{1}{N-1}-\frac{1}{N}\right]$$

因此,当且仅当 $N(N-1)\leqslant a/2k$ 时[与式(A3.16)等价],从 N 转变为 $N-1$ 个国家的提议将被每个潜在 $N-1$ 个国家的大多数选民所否决。相反,我们将发现在至少一个潜在的 $N+1$ 个国家中,从 N 转变到 $N+1$ 个国家的提议将被多数投票所否决,当且仅当在每个国家中满足下式时:

$$ad_m^x\{N+1,\,N\}+k[N-(N+1)]\geqslant 0 \qquad (A3.22)$$

因此,通过代入

$$\max d_m^x\{N+1,\,N\}=\frac{1}{2}\left[\frac{1}{N+1}-\frac{1}{N}\right]$$

我们可得到 $N(N+1)\geqslant a/2k$,与条件式(A3.15)是一致的。∎

3.6.4　命题 3.2 的证明

假设在一个规模为 s 的国家中相互连接的人群 z 考虑是否单边脱离该国家。显然,该人群永远不可能包括处在这个国家中心、愿意在一个较小的国家中支付较高税收的人,他们与政府的距离已经为 0,不可能再变得更近了,因而有 $z<s/2$。当且仅当每个人在支持脱离时所获得的福利最多时,这个规模为 z 的脱离方案才会在该集团内的全体成员中获得一致通过。模型结果表明,这样的个体位于原国家的 $s/2-z$ 处。当且仅当下式成立时,该个体不会支持脱离:[28]

$$g-a\,\frac{z}{2}+y-\frac{k}{z}\leqslant g-a\left(\frac{s}{2}-z\right)+y-\frac{k}{s} \tag{A3.23}$$

该式也可写为:

$$a\,\frac{s}{2}+\frac{k}{s}\leqslant a\,\frac{3z}{2}+\frac{k}{z} \tag{A3.24}$$

要想 s 对于单方面分离都保持稳健,那么上述方程必须满足每一个 $z<s/2$,即 z 必须使得 $a(3z/2)+(k/z)$ 最小化,其中 $z'=\sqrt{2k/3a}$。把 z' 代入式(A3.24)中解出 s,我们就能得到式(3.12)。

注释

1. 这是科斯定理的一个含义,后来随他本人(Coase, 1960)而命名(或者有些人说,误命名)。科斯定理的教科书版本基本上指出,没有交易和议价成本,人们应该有期望达成有效率的分配。在第 4 章中,我们将对科斯定理及其与我们分析的相关性有更多的了解。
2. 更具体地说,我们假设作为命题 2.1 结果基础的参数值有效。
3. 其他条件相一致的情况下,同质性更强的地区常分裂形成大国,而更异质性更强的地区将常分裂形成小国。
4. 在第 4 章中,我们将扩展我们的分析到转移和税收取决于个体位置的情况。在第 4 章中,我们也将考察不同国家内部个体的收入差距。

5. 对于中间选民定理的原始表述见 Black(1948)。

6. 公共品位于中位数的结果非常普遍。事实上中位数与国家线段模型的中间位置相吻合的事实来自人口均匀分布的假设。在任何对称分布中,中位数将与任何对称分布的中间值相符,均匀分布就是这样一种对称分布。对于更为一般的人口分布,公共品仍然处于中位数位置,但中位数不一定就位于分布的中间。

7. 类似但不太明确的例子是 1960 年巴西将首都从里约热内卢搬到巴西利亚。巴西利亚更接近巴西的地理中心,但不位于国家人口分布的中心。当时的巴西政府可能希望通过发展无人居住的巴西中心地带,使巴西利亚更接近人口分布的中心。创建巴西利亚是有效资本迁移的一个例子,还是——和许多人所认为的一样——是一个主要的经济过失直至今天依然还在巴西被激烈地辩论着。

8. 相比之下,平均效用的最大化可以根据由 Harsanyi(1953,1955)首先提出的期望效用的"无知之幕"的著名理论在道德上合理化。有关这些问题的技术细节见第 3.4 节。

9. 从技术上讲,每个人都获得的改进被称为"帕累托改进"。

10. 这是科斯定理的一个应用。

11. 然而,正如我们将在第 4 章中看到的那样,即使可以设计这样一个体系,结果也可能不可信。如果改变边界是昂贵的,远离中心的人们可能(理性地)期望,一旦确定边界,转移就不会在均衡下实现。

12. 非技术读者可以跳过本节,但提供的示例很简单,非常直观。

13. 这里 k 是个体所缴税款的比重。由于全部个体标准化为 1,总税收将支付公共品的总成本,事实上等于 k。

14. 请注意,不仅是在旧的作为一个整体的统一国家,而且也是在两个新成立的国家的每个国家,该条件确保了 50% 的个体赞成分裂。

15. 本节大量引用 Alesina 和 Spolaore(1997)。

16. 我们忽略整数问题,假设 $\sqrt{a/4k}$ 是一个整数。否则,有效数量的国家 N^* 由小于 $\sqrt{a/4k}$ 的最大整数或大于 $\sqrt{a/4k}$ 的最小整数给出。

17. 我们将在第 4 章中考虑放宽这一假设。

18. 我们知道这一假设在现实世界中没有得到验证。沿国家边界生活的人们通常不被允许选择加入哪个国家(虽然当地的公民投票是偶尔进行的)。在这一章我们研究的理想情况是,政治边界由个人自由决定而不是由中央政府之间的谈判或冲突来决定。在第 5 章我们会考虑现实的边界确定形式。冲突的作用将在第 7 章和第 8 章进行探讨。

19. 这一技术假设是为了使问题易于分析和获得封闭解。

20. 在本章的附录中,我们表明如果我们使用不同的规则 B,结果依然相同,也就是说,如果由边界改变而创立的新国家的大多数选民持支持态度的话,边界的改变是允许的。

21. 从技术上来说,从投票均衡向高效均衡的转变将不是帕累托改进。因此,投票均衡是帕累托效率。

22. 这对大多数法律来说是真实的。更一般地,见 Judd(1985)。

23. 然而,见 Diamond(1967)和 Sen(1970)。

24. 假设通过不同规模的国家配置使最穷的个体的效用最大化。通过使最大的国家变小,可以增加最穷个体的效用,这就产生了矛盾。

25. 关于替代分离规则作用的进一步讨论,见 Bordignon 和 Brasco(2001)。

26. 另一个解是 $s_i \cdot s_{i+1} = 2k/ag$;这是附录中讨论的规则 A 的不稳定解。

27. 有关推导的细节可以在 Alesina 和 Spolaore(1997)的附录中找到。

28. 我们假设存在漠不关心时,个人会选择维持现状(不分裂)。

第4章 转移支付

4.1 引言

在第 3 章我们看到,当边界由民主方式决定时,国家可能会"太小"。原因在于,远离政府的人们——即那些在偏好或位置上与国家的政治和地理中心较远的人——不得不与那些在政策偏好或公共品位置上与政府较近的人支付一样多的财税。因此那些远离政府的人可能拥有动机去打破现有的国家配置,即使当下的配置使得每个人的效用都实现了最大化。但是,如果那些远离中心的人们能够得到补偿,以使他们继续留在与他们偏好存在一定距离的辖区,结果又会怎样呢?通过补偿计划让那些远离政府的人支付较低的税收,或者甚至得到净转移支付,国家的最优数量能否得以维持?这就是本章要讨论的问题。

我们可以想象几个边界地区获得相对有利待遇的例子。一个经常被引用的例子是加拿大魁北克;而在意大利,有 5 个地区拥有"特殊身份",即北部边界的小语种地区,或者岛区,它们比其他地区的人们获得多得多转移支付;瑞典北部地区也获得有利的财政待遇。

问题在于,转移支付是否以及如何实现均衡的国家数量,使其比在没有转移支付的时候更有效。答案是,它通常就是事实。其中有两个因素在起作用,一是可能性:这些转移支付制度的实施在经济上来讲代价高昂,包括几个方面的原因。比如,它们需要对部分人征收高税收,从而导致税收扭曲(例如税收不公平,即抑制工作、储蓄或投资)。第二点更微妙,而且与转移支付制度的可靠性有关。假设一个地区在优越待遇的诱使下准备加入(或保持留在)一个国家,一旦这个地区同意了,那么中央政府就可以打破它的承诺。

当人们不仅在偏好和位置上,而且在生产率和收入上也存在差异时,跨区域的转移支付可以承担一个额外的维度。正如博尔顿和罗兰(Bolton and Roland,1997)所指出的,在这种国家的配置中,均衡更多地受到转移支付制度设计的直接影响。

4.2　从中心到外围的转移支付

在前一章我们解释了当所有人支付相同的税收时,福利分配是如何不均等的。那些离政府较近的人的经济状况要比处在外围的人好。现在我们讨论从中心到边界实施补偿性转移支付的可能性。一些简单的几何学理论有利于这一讨论。想象一下世界被描述为一条长度为 1 的线段,如图 4.1,人们在这条线段上均匀地分布。

假设这个世界被分为两个国家,边界在线段的 1/2 点处,再假设这就是最优的国家数量,也就是说使世界的平均和总效用最大化。每个国家的公共品(政府)位于该国的中心。这意味着位于 1/2 点左边的该国政府将处于 1/4 点处,而位于右边的该国政府将处于 3/4 点处。为了使我们的思路更加清晰,我们暂且只考虑左边的国家。这个国家中哪些人的福利会高于或低于平均水平呢? 由于我们假设每个人都支付相同的税收,则那些与公共品的距离小于平均距离的人们,将获得高于平均水平的福利,反之亦然。很容易发现那些处在平均距离的人们位于线段的 1/8 和 3/8 点处。[1]

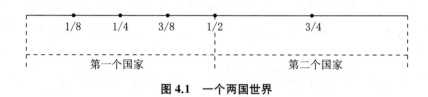

图 4.1　一个两国世界

现在我们考虑那些获得低于平均效用水平的人们。显然,这部分人位于线段的 0 点到 1/8 点之间以及 3/8 点到 1/2 点之间。由于我们举的例子是两个国家实现全世界福利的最大化,因此必须拥有足够多的资源来补偿"弱势群体"。具体而言,在我们的例子中,人们可以发现,资源足够支持从位于线段 1/8 到 3/8 之间的人们向弱势群体之间的转移支付,以实现最优的国家规模(在我们的例子中是 1/2),同时确保没有公民会偏好其他的国家配置。换言之,要让资源能够从靠近公共品的人们的手中转移到较远距离的人们的手中,以对他们进行补偿。科斯定理(the Coase theorem)预言,如果这些转移支付没有成本,那它们应该会得到全体人民的一致赞成,从而产生一个有效的边界配置。[2]

然而,科斯定理的一个重要假设在于,这些转移支付制度的执行和管理是没有成本的,因而也就不存在浪费。但这一点在现实中不存在。这些重新分配计划表明了财政资源的转移支付,因而有些人要为税收扭曲的成本付出代价。的确,标准的财政理论表明税收扭曲会比税率增加的幅度更大。扭曲(即抑制工作动力)是由收入税带来的,税率越高,扭曲就越严重。因而,在中心附近的"地区",额外的税收扭曲会多于对外围税收扭曲下降的补偿。

此外,对这些转移支付体系的管理也会很复杂。如果与异质性相关的维度只有地理上的距离成本,那么地区间的转移支付体系建设相对较容易。土地价格可被当作是一种确保合理分配成本和收益的市场机制。靠近公共品的土地和房地产价格会更高,因为那些高度重视亲近性的个人愿意为靠近公共品的土地支付更高的价格。然而,当人们在偏好方面存在差异时,补偿制度的执行相对更加困难。由于偏好的不可观测性,因而很可能没法计算对不同的人应该补偿多少。[3]中央政府也不大可能知道某些地区到底有多"不幸福",进而很难合理地补偿它们。地方上夸大它们不满的激励也是显而易见的。在现实中,国家内部不同地区之间的转移支付问题常常充满政治气息,比如加拿大、意大利和西班牙。当复杂的文化或语言把不同地区分割开来的时候,情况变得尤其困难。

　　关于这些转移支付制度还有另外一个困难。单方面分离或公民投票所引发的国家分裂代价高昂,而且过程漫长。为了得到财政上的优待,一个地区可能会被诱导放弃这一过程。正如地区的"迁入"假说所描述的,中央政府可能会食言,这主要取决于分离的成本和难度。换句话说,对使一个边界地区留下来的优待承诺并非总是可信的。意识到这种可能性,该边界地区可能会选择脱离。同样的道理,如果一个潜在的进入者并没有发现优待承诺是可信的,那么一个小的地区或国家可能会勉强加入一个大的国家或国家集团,从而变成一个新的更大的国家。[4]

　　这一可信度问题是否能够被克服取决于具体的制度安排。总的来说,在同一个策略性情境中,可信度问题可以通过在不同代理人之间的重复互动中建立一种声誉来克服。然而,很难想象一个地区和该国其他地区之间的"重复博弈":对一个博弈理论家而言,"分离博弈"的"重复"序贯可能是一个有趣的概念,但它并不现实。

　　更现实点说,如果一个国家的政府想要保留某个地区,或者吸引某地区加入,那它应该建立一些制度结构来维持承诺。例如,随着美国联邦的发展,和西部新成员的加入,它们的权利如何得到联邦政府的有效保障引起了广泛讨论,比如,参议院的结构保证了人口较少的西部州的权利。在欧盟,由于同样的原因,较小的国家拥有不均衡的高投票权。

如果我们考虑不同地区之间收入差距问题,那么对转移支付问题的讨论就显得更加重要了。地区间的收入差距从根本上来讲可能是公共政策的差距。博尔顿和罗兰(Bolton and Roland,1997)研究了人们对政府类型的偏好不存在差异,但在收入上进而在再分配政策的偏好上存在差异的例子。那些比较穷的人和比较穷的地区往往投票支持高税收,这说明一个更大的再分配政府,以及更富裕的人和更富裕的地区将拥有相反的偏好。在其他方面也一样的情况下,各地区在中央政府再分配政策上的偏好不同将诱发分裂的动机,中央政府可能会选择税率和再分配方案以避免不受欢迎的分裂。尤其是,分裂在一定程度上代价很高,较穷的地区从较富裕地区获取再分配具有一定的杠杆效应。德国、意大利和西班牙等国的例子表明,贫富地区间的再分配规模可能相当大。然而,在地区政府内部可能很难实施这种再分配政策。比如在美国,内陆城市郊区的低移民成本和低脱离成本使得贫困地区很难从富裕地区获取再分配福利。这就是为什么在联邦制国家中再分配政策更多地由联邦政府而非地方政府负担。

请注意从富裕地区向贫困地区的再分配并不一定需要直接和明确的区域间转移支付。从富人向穷人的再分配在某种意义上也相当于从富裕地区向贫困地区再分配,因为富人大多集中在富裕地区。然而,恰恰是再分配政策的本质决定了富人和穷人之间的分配。[5]

总之,区域之间的转移支付体系大体上支持了最优国家配置,但它要想成功实施必须克服三个主要障碍。其一,税收的转移支付制度可能会引发无效的经济扭曲和较高的管理成本。其二,税收转移支付制度需要了解人们为公共品支付的偏好和意愿。其三,可信度问题可能会产生一个次优的均衡,其中各地区会因为缺乏补偿的财政承诺而脱离中央。正如在第 3 章中所说明的,国家的最优规模不大可能通过区域间或人们之间的转移支付而变得可持续。

*4.3 转移支付的一个形式化模型

在第 3 章中,我们假设人们是均匀分布在线段 $[0,1]$ 上的,而且每个离政府距离为 l_i 的人 i 的效用由下式给定:

$$u_i = g - al_i + y - t_i \tag{4.1}$$

在第 3 章中,我们假设每个人拥有相同的收入 y。[6]然而,与第 3 章不同的是,我们现在设定的税率取决于人们所处的位置。正如我们在前面所讨论的,如果我们从纯粹的地理意义上来解释距离,这其实并不是什么问题。而如果我们从度量偏好这一维度来解释距离,那么增设依赖于人们偏好的税率将会更成问题。尤其是,我们将考虑一个线性的补偿"制度",让那些远离公共品的人们能够支付更低的税收:

$$t_i = \bar{q} - ql_i \tag{4.2}$$

其中 $\bar{q}$ 和 q 为非负的参数,而且 $0 \leqslant q \leqslant a$。

与现有文献一样,我们假设转移支付代价高昂。特别地,我们假定给某人转移支付 1 美元,政府需要付出 $[1+(\gamma q/2)]$ 美元。参数 γ 度量了这一无谓损失的程度。也就是说,转移支付的成本("无谓损失")与补偿 q 的水平呈比例。因而政府从每个人 i 身上获得的净收益即净转移支付成本为:[7]

$$r_i = \bar{q} - q\left(1 + \frac{\gamma q}{2}\right)l_i \tag{4.3}$$

在第 3 章中,我们假设政府必须以成本 k 提供一种公共品。因而一个国家基于边界 b 和 b',以及规模 s 的预算约束为:

$$\int_b^{b'} r_i \, \mathrm{d}i = k \tag{4.4}$$

通过把式(4.2)代入式(4.3)并重新整理,我们可得到:

$$\bar{q} = \frac{k}{s} + \left(q + \frac{\gamma q^2}{2}\right)\bar{l}_i \tag{4.5}$$

其中 $\bar{l}_i$ 代表平均距离,即

$$\bar{l}_i \equiv \frac{\int_b^{b'} l_i \, \mathrm{d}i}{s} \tag{4.6}$$

因而与政府相距 l_i 的个体 i,其效用函数为:

$$\mu_i = g - a l_i + y - \frac{k}{s} - \left(q + \frac{\gamma q^2}{2}\right)\bar{l}_i + q l_i \tag{4.7}$$

在继续进行讨论之前,先依次快速浏览以下条件:

1. 如果 $q=a$,则补偿是彻底的,并且每个人都实现了同等水平的效用。当 $0 \leqslant q < a$ 时,补偿是不彻底的。尤其是,当 $q=0$ 时,不存在任何的补偿,而且此时的模型等价于第 3 章的模型。[8]

2. 对于任意正的 γ,一个对总效用最大化感兴趣的社会计划者将选择 N^* 个相同规模的国家,每个国家的政府都位于该国的中心位置,而且没有任何补偿,即 $q=0$。

紧接着第二点,任何补偿制度都会减少总的资源数量,而且那样的效用是线性的。

现在的问题是,大多数选民是否会同意这样一种补偿制度呢? 也就是说,选民会选择一个 $q>0$ 吗? 要回答这个问题,我们必须知道关于参数 q 的决策是什么时候作出的。假设关于 q 的决策是在国家的边界确定之后作出的。那么这一假定是合理的,因为相对于国家分裂或者合并,税收规则可以调整得更频繁(通过多数投票),而且成本和延期更少。换句

话说,如果少数人同意加入(或留在)某个边界范围内,那么多数人总能
"承诺"补偿少数人。然而,事后税法可被轻易地改变。在这一假设条件
下,我们可以证明当人们均匀分布时,以下命题是成立的:

命题 4.1 对于任意正的 γ,$q=0$ 而且政府位于国家的中心位置。

证明非常简单,每个人理想的 q_i 可通过选择 q 对式(4.5)求最大化
求得:

$$q_i = \max\left\{0,\ \min\left(\frac{l_i-\bar{l}_i}{\gamma l_i},\ a\right)\right\} \tag{4.8}$$

该式的含义非常直观:如果一个人离政府的距离小于平均距离,那么
他将倾向于没有"补偿制度"。另一方面,如果他的距离大于平均距离,那
么他会倾向于有补偿。在极限水平下,如果他离政府足够远,而且无谓损
失足够小,那他会偏好完全补偿($q_i=a$)。

容易证明个体 i 对 q 的偏好在 q_i 时达到顶峰。我们可以采用中间选
民定理来获得位于与政府距离的中间值处的人们所偏好的均衡补偿制
度。[9]令 l_m 表示与政府距离的中间值,则我们有:

$$q_m = \max\left\{0,\ \min\left(\frac{l_m-\bar{l}_i}{\gamma\,\bar{l}_i},\ a\right)\right\} \tag{4.9}$$

在均匀分布的情况下,有 $l_m=\bar{l}_i$,而且 $q_m=0$。更一般地,我们将看
到当 $l_m\leqslant\bar{l}_i$ 时不存在任何补偿制度。

因此,在我们第 3 章的模型中增加线性补偿制度并没有为弥补效率
和稳定之间的鸿沟提供多少帮助。在上述线性制度下,超过 50% 的人口
以一个正的 q 而不是等于 0 的 q 支付更多。因此,当少数人接受留在某
个国家时,唯一的多数投票解是 $q=0$。

如果某人能够预想到一套制度以实现对某种转移支付制度的事前承
诺,那么他就可以维持一个不同(更少)的国家数量。在那种情况下,他能
否支持最优国家数量是一个均衡?这一问题的正式答案需要首先解决一

个相当复杂的多维多数投票问题,其中三个方面非常关键:公共品的位置、补偿制度和国家边界。总之,没有理由解释为什么答案总是肯定的。例如,如果再分配制度或类似的税收扭曲成本中的"无谓损失"太高,那么可能无法(即成本太高)建立再分配制度以实现最优的国家数量 N^*。如果我们再多考虑人口偏好的启示,那么问题将变得更加复杂。

4.3.1 转移支付和两极分化

以上讨论的补偿制度是一种在人口均匀分布下的线性税收转移体系。海曼克、勒布雷顿和韦伯(Haimanko,LeBreton and Weber,2000)以及勒布雷顿和韦伯(LeBreton and Weber,2001)的两篇文章已经对这个问题进行了概括。

我们以人口的非均匀分布为例,其中中位距离(l_m)不同于平均距离($\bar{l}_i$),尤其是我们假设 $l_m > \bar{l}_i$。与文献中的通常做法一样,我们把中位值和平均值之间的偏差叫做极化。[10]这一形式来源于罗默(Romer,1977)以及梅尔泽和理查德(Meltzer and Richard,1981)关于收入线上再分配制度的一个类比。在阶梯收入的背景下,处在线段模型中间位置的人收入要低于平均水平(因而福利也更低)的假设是必然成立的,而且也符合现实世界的收入分配。类似地,关于线段模型中间位置的人距离比平均水平更远(因而福利也更低)的假设相对没那么明显。

海曼克、勒布雷顿和韦伯(Haimanko,LeBreton and Weber,2000)证明了在 $l_m > \bar{l}_i$ 的极化社会中,即便没有事前的承诺,人们也可以支持某些再分配制度。然而,仍然没法保证制定可行的再分配方案以实现最优的国家规模。通过回顾和略微修改海曼克、勒布雷顿和韦伯(Haimanko,LeBreton and Weber,2000)的一个例子,我们对这个问题进行了说明。

考虑以下关于世界位置的非线性分布(如图 4.2):

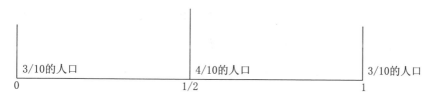

图 4.2　非均匀分布

3/10 的人口位于原点处；

4/10 的人口位于 1/2 点处；

3/10 的人口位于 1 点处。

显然在只有一个国家的世界中总效用由下式给定：

$$u_u = g - \frac{6}{10}\frac{a}{2} + y - k \qquad (4.10)$$

如果形成了三个独立的国家，外围每个国家的效用——即在点 0 处和点 1 处的国家——由下式给定：

$$u_p = g + y - k\frac{10}{3} \qquad (4.11)$$

而在中间的国家（即位于点 1/2 处的国家）的效用则由下式给定：

$$u_c = g + y - k\frac{10}{4} \qquad (4.12)$$

最后，如果一个国家的人们都位于 1/2 点处，没有人位于 0 或 1 点的位置，那么该国的总效用将由下式给定：

$$u_{cp} = g - \frac{3}{10}\frac{a}{2} + y - k\frac{10}{7} \qquad (4.13)$$

假设有效解是所有人都恰好居住在同一个国家，通过对比总效用，很容易证明：

1. 当且仅当 $k > 3a/20$ 时，一个国家的方案是有效率的。

在没有补偿的情况下,有效率的单一国家均衡是否稳定?稳定的一个必要条件是位于点 0 和 1 处的人们不愿意单方面分离(即第 3 章规则 C)。通过再次对比效用,我们容易证明:

2. 当且仅当 $k > 3a/8$ 时,在没有补偿的情况下,分裂可能会发生。

这两点共同证明了以下结论:

3. 在没有补偿的情况下,对所有的 $3a/20 < k < 3a/8$,一个有效率的国家就会解体。

结论 3 表明,对于这一非均匀分布的例子,在没有补偿制度的情况下,如果人们可以自由地划定政治边界,那么无效率的国家将被分裂。

现在的问题是:补偿制度能否阻止这样的分裂?答案是:不一定。在这个例子中,当全世界只有一个国家时,中位距离为 1/2,平均距离为 3/10。因而均衡状态下的补偿制度为 $q = \min\{2/5\gamma, a\}$。那样我们还能期待实现稳态吗?答案依然是不一定。一方面,如果 γ 非常高,那么补偿制度可能难以有效阻止位于点 0 和 1 位置上的人们实施分裂。另一方面,如果 γ 非常小,那么会产生的"过度"补偿可能会引致"中心分离"。例如,考虑 $\gamma = 0$ 的极端情况[11],我们有 $q = a$,即意味着完全的补偿。换句话说,处在边缘的人们由于离政府很远而得到完全的补偿,而且国家中的每个人都获得了与其位置无关的相同的效用。现在考虑位于中心地区的个人的效用问题。如果该国是统一的,这个人的效用将为 $g - 3a/10 + y - k$,而在一个独立的中心位置,所有位于点 1/2 处的人获得的效用为 $g + y - k(10/4)$。只要 $k < a/5$,中心就将脱离出来。

因此我们有如下结论:

4. 当 $a/5 < k < 3a/8$ 时,一个有效的国家将分裂,即便存在完全的补偿。

这个例子再次突出表明了在设计转移支付制度以实现最优国家数量过程中的困难,即便对人口的分布作出了更一般性的假设。

勒布雷顿和韦伯(LeBreton and Weber, 2001)举了一个例子,指出在一个最优规模的国家中,非线性的转移支付制度可以阻止单方面分离(第3章规则 C)。在他们描绘的均衡当中,部分补偿阻止了单方面分离。然而,这一解答无法解决上述所讨论的可靠性与承诺的问题。

4.3.2　收入差距和转移支付

到目前为止我们集中讨论了转移支付在补偿那些"远离"政府的人们方面的作用。我们作出了每个人拥有相同收入的假设,而且人们之间的主要差异来自对政府类型的不同偏好。然而,现实当中人们收入不同,而且国家内部不同地区之间的收入分配也不同。收入上的差异同样将导致公共政策上的差异,尤其在再分配方面。

关于地区公共财政的大量文献在固定国家边界的背景下讨论了这些问题。[12]在一篇重要文献中,博尔顿和罗兰(Bolton and Roland, 1997)探讨了不同的区域收入分配制度会如何导致分裂。他们分析了不同收入组居民对政府类型的不同偏好,以及对再分配政策的不同偏好。尤其是,如果税收与收入成比例,那么拥有不同收入的人们在他们最偏好的税收转移支付政策上会存在差异。因此,不同地区的中间选民可能会产生分裂的激励,即便在没有其他形式的异质性的情况下。

根据博尔顿和罗兰(Bolton and Roland, 1997),我们考虑在一个人口被标准化为 1 的国家中,两个外生定义的地区。地区 A 人口数量为 s_A,地区 B 人口数量则为 $s_B = 1 - s_A$,不同的人拥有不同的收入,以 y_i 代表第 i 个人的收入水平。地区 A 的收入分布由一个概率密度函数 $\phi_A(y_i)$ 表示,而地区 B 的收入分布则由概率密度函数 $\phi_B(y_i)$ 表示。在地区 A 加上地区 B 所形成的统一国家中,其收入分布为 $\phi_{AB}(y_i)$。地区 A 和地区 B 的平均收入水平由 $y_A = \int y_i \phi_A(y_i) \mathrm{d}y_i$ 和 $y_B = \int y_i \phi_B(y_i) \mathrm{d}y_i$ 定义,而整个国家的平均收入则为 $y_{AB} = \int y_i \phi_{AB}(y_i)\mathrm{d}y_i$。

在之前的分析中,我们一直坚持这样一个假设,即政府以固定成本 k 提供一种纯粹的公共品。因而在其他条件相同的情况下,两个地区的联合表明提供公共品的成本更低(规模经济)。然而,我们把政府的功能扩展到包括不同个体之间的收入再分配。也就是说,每一个人都获得转移支付 R。公共品的提供和转移支付开支来源于一个税率为 τ 的比例收入税。与前文提及的"补偿制度"例子类似,我们将假设征税是有成本的,而且包含"无谓损失":1 美元的税收收入仅提供 $(1-\gamma\tau/2)$ 美元用于转移支付和公共品。

在这部分我们将分离出关于不同类型公共品的偏好异质性,并聚焦在收入的异质性上。根据我们之前的标注,这表明所有人与政府的距离都是相等的,我们将其设为 0。因而可得到第 i 个人的效用:

$$u_i = g + y_i - \tau y_i + R \tag{4.14}$$

转移支付水平依赖于税率、全国平均收入以及国家规模。正如在梅尔泽和理查德(Meltzer and Richard, 1981)的研究中,我们考虑了这样一种税收——转移支付制度,其中按比例征收的收入税被一次性全部再分配。如果地区 A 是独立的,那么该地区的每个人将获得如下水平的转移支付:

$$R_A = \left(\tau - \frac{\gamma\tau^2}{2}\right)y_A - \frac{k}{s_A} \tag{4.15}$$

类似地,在一个独立的地区 B,我们有:

$$R_B = \left(\tau - \frac{\gamma\tau^2}{2}\right)y_B - \frac{k}{s_B} \tag{4.16}$$

在一个统一的国家中,转移支付由下式给定:

$$R_{AB} = \left(\tau - \frac{\gamma\tau^2}{2}\right)y_{AB} - k \tag{4.17}$$

我们假设在一个民主国家中,税率由多数投票规则内生决定。很容易看出,中间选民理论是适用的。在多数投票的情况下,处于国家中间收入水平的人们更偏好均衡税率。令地区 A、地区 B 和统一的国家 AB 中,中间收入分别为 y_A^m、y_B^m 和 y_{AB}^m。此外,为了简化记号,我们标准化 $\gamma = 1$。从现在起,假设中间收入低于平均收入(与通过的经验研究例子一样),我们可以得出,如果地区 A 和地区 B 都是独立的,那么它们的税率分别为

$$\tau_A = \frac{y_A - y_A^m}{y_A} \tag{4.18}$$

和

$$\tau_B = \frac{y_B - y_B^m}{y_B} \tag{4.19}$$

在一个统一的国家中(地区 A 和地区 B),税率为

$$\tau_{AB} = \frac{y_{AB} - y_{AB}^m}{y_{AB}} \tag{4.20}$$

人们会偏好统一还是分裂呢? 对于独立的地区 A 内的每一个人,答案取决于其效用差的符号,由下式给出:

$$u_A(y_i) = g + y_i + \frac{y_A - y_A^m}{2y_A}[(y_A - y_i) + (y_A^m - y_i)] - \frac{k}{s_A} \tag{4.21}$$

而在独立国家中,其效用由下式给出:

$$u_{Ab}(y_i) = g + y_i + \frac{y_{AB} - y_{AB}^m}{2y_{AB}}[(y_{AB} - y_i) + (y_{AB}^m - y_i)] - k \tag{4.22}$$

当且仅当地区 A 中处于中间收入的人们偏好分裂时,该地区的大部分人才会偏好分裂而不是统一,即当且仅当式(4.23)时才有以上结果:

$$u_A(y_A^m) - u_{AB}(y_A^m) > 0 \tag{4.23}$$

把 y_A^m 代入式(4.21)和式(4.22)后,条件式(4.23)可被重新写为:

$$\left\{ \frac{(y_A - y_A^m)^2}{2y_A} - \frac{k}{s_A} \right\} - \left\{ \frac{y_{AB} - y_{AB}^m}{2y_{AB}} \left[(y_{AB} - y_A^m) + (y_{AB}^m - y_A^m) \right] - k \right\} > 0$$

$$(4.24)$$

通过重新整理式(4.24),我们可以得到以下结论:

命题 4.2　当且仅当下式成立时,地区 A 的大多数选民会偏好分裂:

$$\frac{(y_{AB} - y_A^m)^2}{2y_{AB}} + \left[\frac{y_A - y_{AB}}{2} + \frac{(y_A^m)^2}{2y_A} - \frac{(y_A^m)^2}{2y_{AB}} \right] - \frac{1 - s_A}{s_A} k > 0 \quad (4.25)$$

命题 4.2 揭示了三个效应:[13]

1. 第一项 $(y_{AB} - y_A^m)^2 / 2y_{AB}$ 揭示了博尔顿和罗兰所说的政治效应,即地区 A 的中间选民和统一国家的中间选民在所期望的财政政策上的差异。这一效应总是为正(除非 $y_{AB}^m = y_A^m$):分裂将导致政策"更加倾向于地区 A 的人民(即中间选民)"。

2. 第二项 $\left[\frac{y_A - y_{AB}}{2} + \frac{(y_A^m)^2}{2y_A} - \frac{(y_A^m)^2}{2y_{AB}} \right]$ 揭示了税基效应。如果地区 A 比统一的国家更富裕($y_A > y_{AB}$),则本项为正;反之,如果地区 A 比统一的国家更穷,则本项为负。换言之,本项揭示了一种直观的效果,即在其他条件相同的情况下,一个富裕的地区不能从与另一个更穷的地区组合成的统一国家中获利,相反,一个较穷的地区可以从与另一个更富的地区组成新的国家中获利。

3. 第三项总是负的,即 $-[(1 - s_A)/s_A]k = -(s_B / s_A)k$,因为它揭示了与结成联盟有关的规模经济。从绝对值来看,k 越大,相对于地区 A 来讲,其他地区(地区 B)就越大。[14]

一个类似的方程对地区 B 也是有效的。

根据博尔顿和罗兰(Bolton and Roland,1997)的研究,我们可以进一步拓展分析,当面对一个可能的分裂时,是否可以通过调整国家的税收政策来阻止分裂。而全国的中间选民有时候可能会通过使用一种"补偿性的财政政策"来预先阻止分裂,两个地区在所需的政策方面的巨大差异可能会降低这一战略的可行性。

总之,当地区之间的收入分配不同(尤其是,中间选民的收入不同),从而对税收和再分配政策的偏好也存在差异时,地区当中大多数选民将会拥有建立政治联盟以获取更有利的财政政策的激励。由于税基效应的存在,在相对较富裕的地区,这样的激励将会更有力。然而,一个足够大的"政治效应"可能会导致贫穷地区的中间选民与相对富裕的统一国家决裂。通常,除非分裂的激励(所有地区的政治效应以及富裕地区的税基效应)被规模经济所抵消,否则分裂就会发生。因而,在这一框架下,税收和转移支付政策倾向于导致政治分裂而不是政治统一。

4.4 结论

转移支付制度可能不足以保证政治均衡下有效国家数量的稳定性。总的来说,我们可以期待事后(即边界决定之后)投票所产生的补偿制度并以此反映国家的政治均衡。只有当存在可靠承诺的条件下,转移支付制度才能合理地给弱势群体以承诺。

没有人能保证政治均衡能够提供合适的单边转移支付,以阻止某些人群从一个有效的国家中分离出去,并形成一个不同的辖区。如果一个国家极化不太严重,那么在均衡条件下将不存在补偿制度,而且即便在线性补偿制度下,第3章的分析仍然是成立的。在高度极化的情况下,一些补偿是可持续的,但可能不适用于维持有效的边界。如果允许不同人和地区之间的收入存在差异,那么补偿制度将会变得更加复杂。因而,除了对那些远离公共品的地区实施补偿外,再分配也将成为一个政策目标,而且这可能会成为导致国家分裂的另一种力量。

注释

1. 事实上 $\frac{1}{8}$ 是 0 和 $\frac{1}{4}$ 之间的中点，$\frac{3}{8}$ 是 $\frac{1}{4}$ 和 $\frac{1}{2}$ 之间的中点。

2. 科斯定理是基于科斯(Coase，1960)的经典文章，他在其中挑战了经济学家对外部性和税收的传统智慧。科斯通过例子来表达他的观点，从来没有提出任何正式的定理。因此存在对科斯结果的各种解释，称为科斯定理。总而言之，定理的标准教科书版本归结为以下命题，在没有交易和议价成本的情况下，个体将商定一个最大限度地增加资源总量的资源分配——也就是说，他们会同意有效的分配。有时科斯定理也意味着包括交易成本为正时，更现实的情况下科斯的结果(如，见 Glaeser，Johnson 和 Shleifer，2001)。关于科斯定理的介绍，见 Mueller(1989，第 2 章)。科斯方法对政治的适用性的关键讨论由 Olson(2000，第 3 章)给出。均衡下无法实现科斯效率的对集体行动的形式分析由 Dixit 和 Olson(1998)以及 Ray 和 Vohra(1999，2001)提供。

3. 经济理论的一个分支——机制设计——试图制定激励制度让个体揭示他们对公共品的真正偏好；如，见 Laffont(1987)。

4. 关于联邦这一信誉问题的更多讨论，见 Alesina，Angeloni 和 Etro(2001a)。

5. 见 Alesina 和 Perotti(1997)，Perotti(2000)以及 Persson 和 Tabellini(1999，2000)对此的讨论。

6. 这个假设在下一节将有所放宽。

7. 当然，对于离政府非常远的个体(高的 l_i)而言，t_i 和/或 r_i 可能是负数。

8. 值得强调的是，我们将分析限于参数值的范围在无补偿($q=0$)和完全补偿($q=a$)之间，下文我们将会见到，该定义是根据每个人都有相同的效用。人们可以想到转移制度从中心重新分配到边远地区，中心的个体比外围的个体情况更糟(过度补偿)。这是一个相当不切实际的 $q<0$ 的情况。我们为了使分析简单而排除这种情况，因为它将引入我们分析的复杂情况(如，对政府位置的偏好可能不再是单峰的)。我们在这里关注偏好是单峰的情况。

9. 当然，这样一个个体与不同类型政府的中间选民不同。例如，如果分段[0，1]中只有一个国家，政府类型的中间选民位于 $\frac{1}{2}$，但补偿机制的中间选民位于 $\frac{1}{4}$ 和 $\frac{3}{4}$。

10. 见，如 Alesina 等(1999)。

11. 这是 Haimakno，LeBreton 和 Weber(2000)的研究案例。

12. 我们将在第 9 章回到这个问题，关于这类文献的调查另见 Oates(1999)。

13. 方程式(4.25)与 Bolton 和 Roland(1997，第 1064 页)中的式(12)类似。然而，我们的方程式与 Bolton-Roland 方程不同，我们假设公共品提供部门存在规模经济。Bolton 和 Roland 认为，分裂按比例地减少了每个人的收入。我们将在第 6 章中看到，在充满国际贸易壁垒的世界中，分裂确实降低了税前收入。在这一节我们从这些成本中提取要点，然而我们维持了我们对规模经济的假设。我们的替代规范允许我们推导出命题 4.2 揭示的三种效应准确的封闭式分解。

14. 这种效应与 Bolton 和 Roland(1997)描述的效率效应类似：在所有其他情况一致时，统一增加了资源"蛋糕"的规模。

第 5 章　利维坦和国家规模

5.1　引言

在 20 世纪最后几十年里,独立国家的数量急剧增加,民主政治的比例也大幅上升。当然,最显著的分裂是东欧剧变之后苏联的解体。

人们可能想知道,在这一趋势下是否存在某些系统性的东西。我们是否应该一直期望民主化和分裂并存呢?为了回答这一问题,我们需要更多地思考这样一个问题,即在一个社会中,当政府可能会否决大多数国民的意愿(独裁者)时,边界是如何被决定的。这是我们在本章的主要任务。[1]

在这一章里,我们既不考虑那些追求社会福利最大化的理想主义社会规划者,也不考虑那些可以就政府政策和政治边界投票的自由公民。相反,我们假设决策是由那些追求租金最大化的政府所作出的,这些政府只关心自身及其利益共同体的福利,而不顾其公民的福利。根据托马斯·霍布斯(Thomas Hobbes,1651)以来的惯例,我们把这类政府称作"利维坦"。而利维坦并不直接关心他们的国民,他们的政策可能间接地受到人口福利的影响。[2]即便是一个不需要大多数人支持其掌权的独裁者,还是会给某些国民提供最低水平的福利,以保证其政治生存。

本章的观点在于,相对于小国家,独裁者更偏爱大的帝国。这是因为他们可以从更大的人口中攫取更多的总租金。然而,独裁者本身又不得不面对规模和异质性之间的权衡。随着规模的增长和人口异质性的增强,独裁者们会发现挫败暴乱代价愈发高昂。这种权衡决定了帝国的均衡规模。恰恰因为较大的异质性导致大的帝国变得不稳定,而且代价高昂,所以利维坦才要想方设法通过建立"联盟",宣传"统一"来减少异质性。通过这一方式,一些独裁者把自己扮演成狂热的民族主义者。通过宣扬爱国主义,他们可能会成功地降低阻止大量异质性人口叛乱和分裂国家的成本。

5.2   利维坦世界中的国家规模

5.2.1   利维坦的租金最大化

考虑一个由追求租金最大化的霍布斯式利维坦所掌控的世界,其中该利维坦的唯一目标是尽可能地从其国民身上榨取更多的资源,以充实它的政府小团体。正如布伦南和布坎南(Brennan and Buchanan,1980)指出的,我们假定该统治者以牺牲自己的人民为代价,以实现自己的财富或租金的最大化。从这一利维坦的视角来看,理想的解将会是什么呢?也就是说,使得利维坦的净租金实现最大化的边界配置是什么?

在没有约束条件的情况下,如果利维坦控制了整个世界,那么其租金将实现最大化,并且还会通过税收剥夺所有人的收入。换句话说,从利维坦的视角来看,"最佳"的情形是由一个帝国控制了整个世界。一个没有面对边界派生和(或)合理税收水平约束的利维坦,在最大可能水平上,将仅仅提供尽可能少的公共服务和税收。换句话说,如果独裁者们统治了大量的领土和人民,并提供很少的公共品,那么他们就能攫取巨额租金。[3]

　　然而,不可能所有政府都对其国民的福利完全不关心。即便是独裁者也不得不保证至少一部分人能达到最低的福利水平,以维持其执政地位。没有哪个独裁者有能力征服并管理整个世界,恰恰是因为帝国如果规模太大了,就变得难以管理,而且各种内外部挑战将导致其崩溃。[4]

　　随着帝国的扩大,并且包含越来越多的“远距离”人民(地理上和意识形态上)避免暴乱成为利维坦的棘手问题。独裁者要想维持大的利益就必须对这些地区作出大的让步,比如减税或者将更多收入用于军事警察上。

　　我们不妨令 δ 代表独裁者必须维持在一定最低福利水平以上才能继续统治的人口比例,这样独裁者才能维护其统治。为了简化,我们假设如果这部分(δ)人民获得高于某一水平的福利,那么暴乱就不会发生,而且利维坦可以自如地实现其统治。

　　也就是说,如果 δ 等于 0,那么利维坦根本不会面对任何约束。另一方面,如果 δ 等于 1,就意味着利维坦必须保证为其所有公民包括那些弱势群体提供一定的最低限度的福利。当 δ 远远小于 0.5 时,利维坦就可以被定义为一个真正的独裁者。也就是说,独裁者必须满足的人口比例远远小于 1/2。典型情况下,独裁者们与极少数特权阶层的精英一起统治,例如,想象一下旧制度里的贵族,或者伊拉克前总统萨达姆·侯赛因的朋友和家人。

　　在利维坦世界里边界是如何取决于 δ 的? 正如我们在前面章节中展示的,在一个利维坦世界中国家的数量随着 δ 的上升而递增。利维坦们不得不去“取悦”的人口比重越大,该利维坦集团的国家数量就会越多。关于这一结果的直觉如下:对于小的 δ,利维坦几乎没有约束,而且不太关心人们的(异质性)偏好。忽略了异质性成本,统治者们可以充分利用规模经济的优势。换句话说,利维坦们可能希望统治大国。在一个较低的 δ 均衡中,利维坦们将选择统治较大的国家,而不顾某些民众可能会因此远离公共品并因而获得较低的效用。[5]但如果 δ 上升呢？独裁者为了阻止暴乱而必须满足的人口比例越大，异质性成本相较于规模经济就会变得更重要：一个较大的 δ 表明，追求租金最大化的利维坦不得不考虑更多人的偏好。因而利维坦在管理大量人口时将获得较少的收益，而且可能会允许较远的地区分离出去，而不是面对暴乱和/或通过代价高昂的让步以减少这种机会，比如较低的税收。[6]

关键在于在一个利维坦世界中，对于 δ 小于 $1/2$，即独裁者可以"忽略"其国家中大多数人的福利时，国家的数量将低于有效数量。更不用说，独裁者控制下的国家规模要大于"民主"均衡条件下的国家规模。关于这一点的直觉显而易见：当不存在来自人们偏好的约束时，利维坦们更偏爱大国，因为他们可以向更多的公民征税，为每个人提供更少的公共品。另一方面，当 δ 大于 $1/2$，小于有效数量的"民主型"利维坦将实现对国家的统治。有意思的是，当 $\delta = 1$（即利维坦必须考虑每个人的偏好）时，利维坦的边界与全民公决下的边界一致，详见第 3 章的分析。总之，独裁总是与无效率的大国联系在一起的，而民主化又会导致帝国的崩溃与分裂。

利维坦们可能会设法影响（并且约束）人们的行为。例如，它们往往会通过公共教育，宣传，压制少数族群语言、宗教或文化等手段来努力减少异质性，而使人民变得更加"同质化"。历史上的例子不胜枚举，从镇压地区运动的西班牙弗朗哥独裁统治，到镇压其他宗教和种族集团的阿富汗塔利班。而且，通过对国内军事镇压的投入，利维坦可能会降低 δ，但仍然需要权衡取舍，因为利维坦将不得不使用它的部分租金来降低 δ。对利维坦而言，另一个替代的方案可能是权力下放；但这又违背了独裁政府的本质。有趣的是，阿德斯和格莱泽（Ades and Glaeser, 1995）发现，非民主化的国家倾向于拥有更大的首都或主要城市，这就是集权化的一大征兆，关于这个问题我们将在第 9 章讨论。

当"非暴乱约束"变得更加有约束力时,即随着δ的上升,利维坦将拥有更大的动机去投入资金支持那些增加同质性的活动。一个受威胁的利维坦不得不保证或多或少的和平活动,以争取所有少数群体。事实上,δ的增加可能是独裁者走向灭亡的开始,因为他们不得不拿出资源来满足那些更反叛的人。

在这一章中我们把δ视作一个参数。然而,我们的分析可以进一步扩展,通过一个成熟的暴乱理论函数将δ"内生化"。例如,阿西莫格鲁和罗宾逊(Acemoglu and Robinson,2000)就把19世纪越来越多的人掌握投票权力延伸为人们在追求绝对君王权力时所引发的暴乱的结果。请注意,投票权力的扩展可被解释为统治者为了维持执政而不得不去满足的那部分人数量的增长。事实上,随着拥有政治发言权的人不断增多,他们将拥有更多的政治影响力。我们可以设想一个关于规模/异质性权衡的动态版本——其中δ随规模而改变——正如大型独裁帝国瓦解的历史所揭示的:随着δ变大,可持续的帝国规模将下降。

总而言之,这一章的主要信息在于,当世界从霍布斯式的独裁者社会转向一个民主社会时,国家的平均规模应该会缩小。

5.2.2　利维坦如何变得强大?

竞争的利维坦们可能会以牺牲彼此为代价,设法扩张其疆域和人口。因此,应该如何达到一个均衡,使得在这样一个好斗的世界里,这些利维坦能够实现租金的最大化? 在一项原创性研究中,大卫·弗里德曼(David Friedman,1977)指出利维坦们将会获胜,因为在攻取领土和人民的过程中,利维坦还会得到更多的利益,而且它们将拥有更好的技术来实现这些目标,整个世界最终将会被"有效"地分配给这些利维坦们。请注意,与此处相关的效率标准是指在上述不存在暴乱的约束条件下,统治者财富的最大化。导致利维坦之间地域租金最大化分配的过程可能非常复杂。当然,这同时也受到其他众多因素、特殊冲击以及人为因素的影响。一个关键的要素是战争技术中的规模经济,我们在第11章中将对此进行探讨。在从所谓的黑暗时代到15世纪左右的封建社会中,领主能相对容易地对较小的领土实施控制,并从较少的人口中攫取租金。当时的战争技术拥有较小的规模经济和固定成本,给新领主设置了相对较低的进入门槛。根据产业组织理论中的企业区位理论,领主之间的竞争降低了他们的人均租金,导致出现大量的领主,每一个都部分地控制了很少的人口。

随着战争技术的发展,规模经济和固定成本变得更加重要,更多有影响力的领主巩固了他们所占有的财产,小领主消失了,进入门槛也更高了。最有权势的领主,即国王,最终建立了内部的垄断地位,而且参与和其他国王的战争。类似的产业组织理论同样有用:随着固定成本和规模经济阻止进入,国王建立了强权的垄断地位,他们的租金实现了大量的增长,因为他们控制了大片领土,正如垄断者控制了大部分或整个市场一样。由弗里德曼(Friedman,1977)正式提出,并在本章得到规范研究的均衡概念,可被解释为国王们在按照共同利益(即租金)最大化原则管理其领土"市场"和租金时实现的均衡。

*5.3 利维坦世界中的国家规模:一个形式化分析

5.3.1 基础模型

考虑第3章中的模型。回忆一下,人们在线段[0,1]之间均匀分布,而且拥有效用 u_i 等于:

$$u_i = g - al_i + y_i - t_i \tag{5.1}$$

其中 l_i 是第 i 个人离政府的距离, t_i 代表他的税负, y_i 为收入, g 和 a 是正的偏好参数。

　　现在我们假设边界由最大化政府的净收益所决定,如果某类利维坦(一群能够成为国家统治者的人们)能够在无成本的条件下交易,并且使用不受限制的选票交易,则将采用这种合作解决方案。

　　弗里德曼(Friedman,1977)认为,在追求租金最大化的政府中,这一假设对于预测长期均衡的边界是合理的。尽管统治者之间明确的合作行为可能很少见(而且主要局限于由相关的贵族所管理的社会领域),在合适的假设条件下,人们甚至可以预期即便是非合作行为也可能产生这样的解。其思路在于,通过和平的谈判、战争、王朝的联盟以及类似的方式,土地和人口将被分配给更看重它的利维坦,后者对其价值更高。该利维坦能够从这一收购中获得最高的净收益。因此,边界的划分与利维坦们共同利益的最大化是一致的。这是一个程式化的假设,但本章的基本信息并不取决于这一点,这实际上是获取模型普遍含义的一种最简单可行的方式。在第 7 章和第 8 章中,我们将讨论在冲突解决方式中的非合作行为,包括战争。

　　正如在第 3 章中我们所假设的,每个人都支付同样的税收 t。也就是说,利维坦没法把向人民征收的税收设计成人们对政府类型偏好的函数。[7]因而政府的共同收益 R 将由下式给定:

$$R \equiv \int_0^1 t_i - kN = t - kN \tag{5.2}$$

　　我们假设每个利维坦必须保证其公民中的 δ 部分至少可以获得 u_0 水平的效用。因而一个统治着规模为 $s = 1/N$ 的利维坦面临以下约束:

$$g - \frac{a\delta s}{2} + y - t \geqslant u_0 \tag{5.3}$$

　　这意味着一个处在与政府相距 $\delta s/2$ 的人的效用至少应该等于 u_0。很显然,如果满足约束条件式(5.3)的话,到少有 δs 的人将获得大于或等于 u_0 的效用,而且利维坦的“非暴乱”约束也会得到满足。同时政府与每个边界的距离都不能超过 $\delta s/2$。如果利维坦把政府建在国家的中心,那么每一个 $\delta \leq 1$ 都很容易满足这个条件。

显然,利维坦不会选择增加其公民的福利直至高于满足非暴乱约束的最低水平。任何额外的福利都是以利维坦的租金为代价的。因此方程式(5.3)将以不等式的形式成立。把它代入式(5.2)可以得到:

$$R = g - \frac{a\delta}{2N} + y - u_0 - Nk \qquad (5.4)$$

最大化的结果为:[8]

$$N_\delta = \sqrt{\frac{a\delta}{2k}} \qquad (5.5)$$

税收由下式给定:

$$t_\delta = g - \frac{a\delta}{2N_\delta} + y - u_0 \qquad (5.6)$$

由此可得到几个结论:

1. 最低水平的效用 u_0 影响均衡税收,但并不影响均衡的国家数量。

2. 在一个利维坦世界中,均衡的国家数量取决于目前为止我们所熟悉的异质性成本(由参数 a 度量)和规模经济(由参数 k 度量)之间的权衡:N_δ 随着 a 的增加而上升,随着 k 的增加而下降。

3. 在一个利维坦世界中,均衡的国家数量 δ 呈上升趋势,这表示国家数量越多,a 越大,k 越小。换句话说,更普遍的非保险约束带来了更多国家,当异质性成本较高或规模经济较小时,影响更大。

4. 当我们把 N_δ 与有效国家数量 N^* 以及投票均衡中的均衡国家数量 $\tilde{N}$ 进行比较时,我们可以得出如下结论:

如果 $\delta < \dfrac{1}{2}$,则 $N_\delta < N^*$

如果 $\delta=\dfrac{1}{2}$,则 $N_\delta=N^*$

如果 $\dfrac{1}{2}<\delta<1$,则 $N^*<N_\delta<\widetilde{N}$

如果 $\delta=1$,则 $N_\delta=\widetilde{N}$

请注意,上述结果中,对于任意值小于 1 的 δ,在追求租金最大化的利维坦世界中,国家的数量要少于民主世界。在利维坦是独裁的情况下,即它们的统治可以不需要获得多数人的一致同意$\left(\delta<\dfrac{1}{2}\right)$时,利维坦的国家数量要少于有效国家数量。其含义是,在一个独裁的利维坦世界中,国家数量会非常少;也就是说,国家的规模会大而无效率。

因而,如果我们将"民主"视作将国家的数量从 $\delta<\dfrac{1}{2}$ 的 N_δ 转变为 N^* 的过程,那么我们很可能得出了本章最重要的结论,即民主导致国家数量上升。

5.3.2　内生的异质性

假设现在利维坦可以投资资源以减少偏好的异质性,此处我们希望从意识形态的角度来考虑"距离"。当然,人们也可以从地理的角度来考虑距离,那样的话,利维坦的投资则可被解释为通过对交通进行投资,以更好地连接国家的中心和外围。在形式上,这意味着投资资源以降低 a 这一度量偏好异质性的参数。假设在一群人中,异质性参数 a 由下列函数给定:

$$a=a(m) \tag{5.7}$$

其中 m 是利维坦在"降低异质性"活动(教育项目、国家学校体系、抑制少数族群语言和文化、政治宣传与灌输等)中的公共支出。故而 $a(m)$ 将随 m 而递减:

$$a'(m)<0 \qquad (5.8)$$

我们也可以合理地假设降低异质性的活动存在非递增的收益——也就是花在降低异质性上的每一单位的额外资源对异质性水平的影响较小。这与利维坦将首先降低"容易"的异质性,然后才转向其国民当中更加根深蒂固的偏好的想法一致。从形式上而言,$a(m)$是一个凸函数:

$$a''(m) \geqslant 0 \qquad (5.9)$$

此时,利维坦面临一个新的预算约束,即财政收入不得不用于提供公共品和负担m。为了简化而又不失一般性,我们将作出如下函数形式的假设:[9]

$$a(m) = a_0 + \frac{a_1}{m} \qquad (5.10)$$

因此,通过对方程式(5.4)进行适当的修改,我们得到:

$$R = g - \frac{a_0 \delta}{2N} - \frac{a_1 \delta}{2mN} + y - u_0 - m - Nk \qquad (5.11)$$

从式(5.11)中我们对N和m有如下的一阶条件:

$$\frac{\partial R}{\partial N} = \frac{a_0 \delta}{2N_\delta^2} + \frac{a_1 \delta}{2m_\delta N_\delta^2} - k = 0 \qquad (5.12)$$

$$\frac{\partial R}{\partial m} = \frac{a_1 \delta}{2m_\delta^2 N_\delta} - 1 = 0 \qquad (5.13)$$

这些公式描绘了唯一的均衡国家数量N_δ和在降低异质性活动上的均衡投资水平m_δ。与更高水平的民主约束相关的比较静态学可通过下式推导出来:[10]

$$\frac{dN_\delta}{d\delta} = \frac{\delta}{N} \frac{2a_0 m + a_1}{4a_0 m + 3a_1} > 0 \qquad (5.14)$$

$$\frac{dm}{d\delta} = \frac{m_\delta}{\delta} \frac{2a_0 m + 2a_1}{4a_0 m + 3a_1} > 0 \qquad (5.15)$$

这些表达式显示出,更严格的"非暴乱"约束将导致:(1)更小的国家;(2)追求租金最大化的政府在降低异质性活动上的更大支出。

换句话说,由于约束包括不断增长的人口比例,我们应该期待两个结果:正如前文所预测的,利维坦将不得不减小国家的规模,而且它们将试图通过加大对其边界内那些能够产生同类偏好活动的投资,来降低异质性成本。原因很简单:对于一个追求租金最大化的利维坦来说,在那些大部分人口必须得到满足的国家中,异质性的成本更高。因此如果有可能的话,一个较高的 δ 增加了每个国家降低异质性的动机。相比之下,完全独裁的利维坦却不顾其公民的喜好,就可以在庞大的异质人群之上生存,而不会浪费资源来降低公民的异质性。

这一发现解释清楚了一些真实的历史发展。例如,一个传统的独裁帝国如奥斯曼帝国可以容忍分布广泛的异质并且多元化的少数民族,而 19 世纪和 20 世纪的民主化进程却往往伴随着民族国家的建立以及(相对较少)由中央政府实施的文化同质政策。

5.4 结论

在一个独裁者的世界里,我们能够观察到比民主世界中更大规模的国家。无约束的利维坦通过把少量的公共品分配给大量支付较高税收的人民,从而最大化利用了规模经济的优势。随着暴乱威胁的增加,利维坦可能会选择开展宣传或其他活动,以减少人民的不满情绪和异质性。但是源于民主化的主要长期效应包括现有帝国的解体以及更小规模国家的形成。

民主化的结果很重要,因为历史上现有的国家大多是在非民主的世界中形成的。随着世界变得越来越民主,我们应该能观察到国家"分裂",或者至少可以观察到在权力下放和地区自治方面面临的压力。

注释

1. 正如我们在第 1 章中提到的那样,在经济学文献中布坎南和他的合著者们使"利维坦"一词像"租金最大化政府"一词那样在经济学文献中被广泛使用,在这一点上,他们是有影响力的。

2. 更一般地说,利维坦可能需要获得至少部分人口的共识才能继续执政并继续追求其租金最大化的目标。关于这一点,见 Grossman(1991)以及 Acemoglu 和 Robinson (2000)的著作。

3. 如果平均收入是公共品供给的一个函数,结果将被适当修改。我们从这一点出发进行分析。关于最近的讨论,见 McGuire 和 Olson(1996)以及 Olson(2000)。

4. 见 Kennedy(1991)对于过度扩张的帝国的崩溃的讨论。

5. 在现实世界中,每个利维坦也必须面对希望统治大国的其他利维坦的存在所带来的任何限制。根据 Friedman(1977)的重要论文,我们的重点是利维坦最大化其加总的净租金时的均衡。弗里德曼认为,这样的结果也应该出现在一个利维坦为领土而战争的世界中。在这里我们忽略了利维坦明确使用的强制手段,不论是反对他的人口还是其他利维坦。我们会在第 7 章和第 8 章中讨论冲突和战争问题。

6. 当利维坦面对更高的异质性人口的要求时,保持大国的另一种方式是下放权力和允许某些形式的有限的少数民族自主权。我们在第 9 章会回到这个问题。

7. 这里我们没有证明的一个有趣的话题是,如果可以的话,利维坦是否会使用补偿计划。

8. 更准确地说,如果 N_δ 是正整数,那么解就是 N_δ。否则,解是最接近 N_δ 的正整数。

9. 我们也会假设 $m < a_0/a_1$。

10. 马上就能看出,当 $a_1 = 0$ 时,弹性 $(\mathrm{d}N_\delta/\mathrm{d}\delta)(\delta/N_\delta)$ 减小到 $\frac{1}{2}$,如式(5.5)所示。

第6章 开放、经济一体化和国家规模

6.1 引言

世界上最大的五个国家(按人口计算)分别是中国、印度、美国、印度尼西亚和巴西。其中,只有美国是富裕国家。相反,世界上很多最富裕的国家都很小。按人均GDP排名,在全球最富裕的10个国家中,只有4个国家的人口超过100万,分别是美国(2.6亿人)、瑞士(700万人)、挪威(400万人)以及新加坡(300万人)。在这4个国家中,有两个国家的人口低于平均水平。在20世纪60年代至90年代之间,新加坡创造了全球第二高的经济增长速度——年均6.3%。在同一时期,亚洲之外增长最快的经济体是博茨瓦纳(100万人口),年均增长率达到5.7%;马耳他(30万人口)是欧洲增长最快的国家,年均增长率达到5.4%。国家规模和经济繁荣并不一定紧密联系。更一般地,一国的规模何时以及如何影响经济的繁荣?小国是否在经济上更加"可行"?国家的规模和繁荣之间的关系将如何影响均衡的国家数量与规模?

在前面的章节中,我们坚持简化的假定,即一国的人均收入并不依赖于该国的规模。在本章中,我们扩展了分析,并探索国家规模、生产与经济增长的联系。本章的重点在于,国家规模对经济繁荣的影响是否取决于该国与其他国家的经济一体化程度。

我们着重强调国家的政治规模与其市场规模的区别,这两个概念的一致程度随国家对国际市场开放程度的变化而变化。在一个完全自给自足的世界中,这两个关于规模的概念是一致的。而在一个跨越国界经济完全一体化的世界中,这两个概念是完全独立的。因而"经济上可行"的国家规模取决于贸易制度,小国在有贸易壁垒的世界中可能无法适应,而在自由贸易和全球市场中它们可能会实现繁荣。

这表明规模和异质性之间的权衡受贸易制度的影响,随着贸易制度变得更加开放,相对较小的地区或集团寻求独立变得更加可行。另一方面,由于小国能够从自由贸易和开放中获得更多好处,因而在由小国组成的世界中,对自由贸易的支持会更多。自此,人们可以预期经济一体化与政治的分裂可能是紧密联系、相互促进的。

6.2 政治规模与市场规模

庞大的市场规模与经济的成功是否有关系? 由于专业化、外部性及其他机制的存在,大量人口之间的互动可能会提高生产率。[1]这些机制在人均收入与增长的文献中得到了广泛的研究。例如,罗默(Romer, 1986)、卢卡斯(Lucas, 1988)以及格罗斯曼和赫尔普曼(Grossman and Helpman, 1991)率先提出了增长模型,大的经济规模原则上可能会提升生产率。正如墨菲、施莱弗和维什尼(Murphy, Shleifer and Vishny, 1989)所指出的,市场范围在工业化模型中同样扮演了重要角色。在这些模型中,需要一定的市场规模(由需求规模定义)以引进企业家和投资者,克服固定成本并促进经济发展。[2]

当一国的经济实现了国内市场的完全一体化,而且完全关闭国际市场时,该国的市场规模才会与国内规模一致。换句话说,只有在完全封闭的世界中,即国与国之间没有任何的经济联系时,每个国家的市场规模才与其政治规模相一致。由此可知,只有在封闭的世界中,小国才拥有小的市场以及较低的产出需求和生产。但是,从市场规模的视角来看,重要的不是总人口而是总收入。

另一方面,在一个经济一体化的世界中,一国的市场规模较其政治规模更大,甚至大得多。在边界与经济交互作用完全不相关的极端情况下,每个国家的市场规模就是整个世界。在自由贸易的世界中,政治边界与经济是无关的。正如凯恩斯(Keynes,1920,p.99)所指出的:"在一个自由贸易、经济之间自由交流的组织形式下,矿石在一国境内而劳动力、煤炭、鼓风炉在另一国境内完全无关紧要。但是,人们却发明了如此使自己和他人穷困的方法,宁愿用集体的仇恨来替代个人的快乐。"*换句话说,在与贸易壁垒和经济交流壁垒相关的情况下,政治规模和政治边界扮演着经济的角色。总而言之,在一个极端(自给自足)下,市场规模与政治规模一致,而在另一个极端(完全自由贸易)下,政治规模并不影响市场规模,即由整个世界决定。一般来说,一个国家的市场将由其国内市场和部分国际市场决定,具体取决于这个国家的国际开放度。如果市场规模存在规模经济,在国际开放度低时,大国在经济上可能比小国取得更好的成绩(在其他条件相同的情况下),但随着经济一体化程度的上升,政治规模应该会变得更加不重要。因此,国家的"可行"规模会随着国际开放度的上升而缩小。

在真实世界中,我们很难看到国与国之间完全的经济一体化。即使贸易是自由的,不存在贸易保护政策,而且金融市场也是自由的,边界的存在也很重要。大量经验文献都证明了这一点。麦卡伦(McCallum,1995)分析了著名的美国与加拿大边境贸易问题,使用贸易引力模型把国家间的

---

   * 此处译文节选自凯恩斯:《和约的经济后果》,张军等译,华夏出版社 2008 年版。——编者注

贸易量与距离联系起来[3]，发现加拿大各省之间的贸易量远远大于加拿大与美国的贸易量。安德森和范·温库普（Anderson and van Wincoop，2001）最近的一项研究表明，边界效应小于麦卡伦的结果，但仍然很显著：这些作者发现边界减少了工业化国家约30％的贸易量。波特兹和雷伊（Porters and Rey，2000）研究了金融市场的边界效应，把这些效应的规模归因于信息成本。[4]总之，证据表明跨境的经济成本随着贸易限制的减少和资本管制的放松而降低，但它们不会归于0，即便在那些通过政策导致交易成本为0的边界上也是如此。

由于小规模的经济成本会随着经济一体化的发展而下降，我们也许能够观察到当国际开放度和经济一体化程度提高时，较大国家中的少数民族和边界地区可能偏好分离出去。而在一个封闭经济的世界中，规模的经济收益可能会让某些地区聚在一起，国际开放度减少了政治规模带来的利益。这可能会增加对政治自治权的需求。一言以蔽之，经济一体化应该与政治分裂是同时出现的。

由此，北美自由贸易协定（NAFTA）的存在使得魁北克分离主义变得更加活跃而且成本更低并非巧合。欧洲的区域主义似乎是被欧洲共同市场催生出来的，关于这一问题我们将在第12章中再次讨论。

尽管经济一体化可能会导致分离主义和更小的国家，但小国应该尤其热衷于维持自由贸易和开放的金融市场。这一过程因此变得自洽：更大的经济一体化有利于更小国家的形成，而小国又支持一体化，这两种效应相互强化。事实上我们可以考虑国家之间贸易和规模的两种不同配置。一种配置由大且封闭的经济体组成，它们不太愿意促进贸易自由化。另一种则由贸易自由化的小国构成。

回想一下，在第5章中我们曾指出，在一个独裁者的世界中，国家规模大，但效率极低下。把第5章和本章的观点结合起来，我们可以得出结论：独裁者所统治的大国不应该对促进自由贸易感兴趣。进而，民主化和国际市场开放应该都会伴随着政治分离主义和大国的分裂。尤其是,当自由贸易达到使小地区独立变得有吸引力而且可行的程度时,独裁者就很难再牢牢控制大且多样化的国家。过去的几十年里,我们经历了广泛的民主化、国家解体和深化经济一体化的进程。根据我们的分析,我们不应该对这三者同时存在而感到惊奇。我们将在第 11 章和第 12 章对这一问题进行实证分析。

我们强调经济一体化与政治分裂的关系与"功能主义者"的国际关系理论相反,他们强调政治和经济一体化的互补性。根据古典功能主义,经济一体化的加深可能会同时导致区域和全球层面的政治一体化。例如,米特兰尼(Mitrany,1966)认为在一个经济一体化的世界中,国家需要将更多的任务分配给国际机构,并形成大的且日趋集权的政治联盟。同样地,哈斯(Haas,1958a、b,1964)认为经济一体化的发展将导致更广泛和集中的治理机制以及更深的政治一体化。[5]这些观点都是基于这样一种思想,即国际经济一体化将赋予中央政府更大的作用,并促进政治合作,而同时它们淡化了不同群体之间的异质性成本和利益冲突。

我们并不否认一体化经济需要超越国家的机构,以保证市场的适当运行和开放。然而,政治集权或政府功能上密切的政策协调并非国际经济运行的必要条件,市场运行需要一套巨大的国内监督机构和国际政策协调的观点在很大程度上是站不住脚的。在这里,我们要强调的是自由贸易和开放的资本市场给予小国实现繁荣的机会。我们将在第 12 章继续讨论这一问题。

*6.3 关于国家规模和经济一体化的一个简单模型

6.3.1 基本框架

迄今为止我们一直把收入当成是外生的。而在本章我们将把收入当成是人力资本的一个函数。人力资本反过来将取决于国家的规模及其与外部世界的联系。

定义 H_j 为国家 j 的总的人力资本，y_j 为国家 j 的人均产出，其中 $j=1, 2, \cdots, N$。假设人均产出由生产函数给定：

$$y_j = A_j f(x_j) \tag{6.1}$$

其中 $f(\cdot)$ 是几种人均投入的函数，A_j 是全要素生产率。我们假设后者取决于经济体当中总的"知识"水平。这是与规模相关的唯一可能的形式。在这里的讨论中，"规模"与经济体中可用的思想以及所有累积的教育或知识有关。

我们可以举一个极端的例子，假设所有经济体与外部世界完全隔绝。在这个世界中，全要素生产率仅取决于国内的人力资本水平。关于自给自足世界的简单模型可表示为：

$$A_j = H_j \tag{6.2}$$

相反，在一个经济完全一体化与国际开放的世界中，每个人都可以向其他人学习，与政治边界无关。在经济完全一体化的世界中，对每个国家 j 有：

$$A_j = \sum_{m=1}^{N} H_j \tag{6.3}$$

即，每个国家都可以从全世界人力资本的生产率中获得收益。在这个世界中，同样不存在知识国际传播的障碍。[6]

为了简化，我们假设不同国家之间的开放度是一致的，即每个国家 j 与其他任何国家拥有相同的开放度。[7]令 ω 度量这一开放度，以使下式成立：

$$A_j = H_j + \omega \sum_{m=1; \, m \neq j}^{N} H_m \tag{6.4}$$

其中 $0 \leqslant \omega \leqslant 1$。当 $\omega = 0$ 时（没有开放），我们回到了自给自足的状态，其中只有国内的人力资本起作用。当 $\omega = 1$ 时，我们就处在一个完全一体化的世界里,其中每个国家的生产率只取决于全世界的人力资本存量。ω 的值位于 0 到 1 之间时代表了更现实的中间情形。

6.3.2 经济一体化与国家数量

让我们回到第 3 章的模型,不同的是,现在每个国家的人均收入由上述的生产函数给定。为了简便起见,我们可以假设在这个世界中的每个人都被赋予相同的投入向量 x,尤其是相同的人力资本量 h。为了标记的简化,我们将 $f(x)=1$ 标准化。进而我们可以得到居住在规模为 s_j 的国家 j 的人们的收入等于:

$$y_j = s_j h + \omega(1-s_j)h = h\omega + hs_j - h\omega s_j \tag{6.5}$$

方程式(6.5)显示了在一个政治上分裂($s_j<1$)且经济上没有一体化($\omega<1$)的世界中,我们可以得出每个国家人均收入会随着开放与国家规模的上升而递增,但国家规模的收益越小,国际开放的程度就越高,相反,开放的收益越小,国家的规模就越大。

政治规模收益随着国际开放程度提高而递减这一事实对国家的均衡数量和规模的决定具有重要含义。

我们现在准备探讨国家的形成。基于第 3 章和第 4 章指提到的原因,我们将只讨论拥有相同规模、每个人支付相同税收的国家,因而效用可以写成:

$$u_i = g - al_i + h\omega + h(1-\omega)s - \frac{k}{s} \tag{6.6}$$

延着第 3 章的思路,我们可以推导出在不完全的经济一体化影响下的有效的国家数量以及均衡国家数量。实现平均效用最大化的相同规模国家的数量为:[8]

收入,还取决于政府提供的公共品的成本与收益。对于较高的平均效用而言,较高的收入既不是必要条件,也不是充分条件。事实上,通过压缩国家规模而提升其开放度,可能会导致平均效用的下降,甚至平均收入的增长。经济一体化使得国家变得更小。在国家规模已经很小的情况下,由于压缩规模所导致的平均福利损失可能会超过较深经济一体化程度所带来的收入效应。这是对次优原理的一个应用。

形式上而言,当 ω 上升至 ω'(更高的经济一体化)以使得均衡的国家数量从 $\tilde{N}$ 增加至 $\tilde{N}'$ 时,将导致平均效用发生如下改变:

$$\mu' - \mu = \frac{a}{4}(\tilde{s} - \tilde{s}') + (y' - y) - k(\tilde{N}' - \tilde{N}) \qquad (6.13)$$

等式右边第一项 $\frac{a}{4}(\tilde{s} - \tilde{s}')$ 度量的是缩小国家规模所导致的与政府平均距离的缩小,第二项 $y' - y$ 度量的是收入的变化,第三项 $-k(\tilde{N}' - \tilde{N})$ 则度量了税收的增加。

收入 $y' - y$ 的变化由下列两式给定:

$$y' - y = (\omega - \omega')(1 - \tilde{s}')h - (\tilde{s} - \tilde{s}')(1 - \omega)h \qquad (6.14)$$

第一项 $(\omega - \omega')(1 - \tilde{s}')h$ 度量了更高开放度的直接效应,即国外人力资本的效应,由于开放度的上升,因而 $(1 - \tilde{s}')h$ 的影响更大。第二项 $(\omega - \omega')(1 - \tilde{s}')h$ 度量了因每个国家国内人力资本减少所导致的生产率的下降。

这些分析结果提出了以下两个方面的问题:

1. 在现实当中开放度的提升有多大的可能性会因为促进政治分裂而导致福利下降?

2. 这一结果有哪些政策含义? 如果可能会带来政治分裂,那人们应该反对促进经济一体化吗?

对于第一个问题,关键在于在一个关于边界的配置中,国家规模本来就已经很小且无效率的时候,分裂更可能降低福利。在缺乏转移支付制度而且边界是由投票决定的情况下,这是均衡的结果。历史上,边界都是通过非民主的方式确定的。在这样的情况下,正如我们在前面看到的,国家规模可以变得非常大。当国家规模过大时,通过压缩国家规模以提高开放度毫无疑问会增加福利。因此,在过去的利维坦社会中,提升开放度更可能会增加社会福利,即便它常常导致国家的分裂。

当民主和贸易自由化相伴出现的时候,它们都应该会引发国家的分裂并进而增加社会福利。在一个民主社会中,如果国家的初始配置继承了过去的帝国或者独裁形式,那么就存在经济一体化和(和平)政治分裂的机会,这两者在一定程度上会共同促进社会福利的增长。此后,如果分裂的过程仍然继续下去,那么政治分裂带来的负面效应将会抵消开放度提升带来的好处。在这样的情况下,政策重心就不是放慢经济一体化进程,因为福利损失是因为无效的政治边界,而非来自过度的经济一体化。对这样一种无效率的最佳回应是设计适当的机制(转移支付和其他补偿机制),以阻止有害的分裂,而不至于危害经济交往的自由。

*6.4 国家规模、贸易和增长

在上一节的简单模型中,我们的分析是建立在生产率溢出这一概念的基础上的;我们并没有明确地把贸易模型化。在这一节中,我们提出了一个新的模型,明确地把国家内部和国家之间的贸易考虑进来。[10] 这一节提出的模型为规模收益提供了微观基础。模型无疑是动态的,而且它将为第10章关于国家规模与开放度以及经济增长关系的实证分析提供一个很有用的框架。

6.4.1 贸易与生产

我们再一次假设个体位于区间[0，1]之间，而且世界人口被标准化为 1。我们再假设居住在地区 i 的每个人都按下式从消费中获得效用：

$$\int_0^\infty \ln C_i(t) \mathrm{e}^{-\rho t} \mathrm{d}t \qquad (6.15)$$

其中 $C_i(t)$ 代表时期 t 的消费，$\rho > 0$。[11] 在时期 t，地区 i 的总资本和总劳动分别由 $K_i(t)$ 和 $L_i(t)$ 表示，两种投入的供给均是无弹性的，而且不可流动。每一个地区 i 通过线性生产函数 $X_i(t) = K_i(t)$ 使用资本生产出具体的中间投入品。

这里存在一个独一无二的最终品 $\gamma(t)$。每个地区 i 根据下列生产函数生产 $\gamma_i(t)$ 单位的最终品：

$$\gamma_i(t) = (\int_0^1 X_{ij}^\alpha(t) \mathrm{d}j) L_i^{1-\alpha}(t) \qquad (6.16)$$

其中，$0 < \alpha < 1$。$X_{ij}(t)$ 表示地区 i 在时期 t 使用中间投入品 j 的数量。

在同一个国家内不同地区之间，中间投入品可以自由交易，且无成本（即，我们假设不存在内部的贸易壁垒）。相反，如果 1 单位的中间投入品 i' 被运往另一个国家的地区 i''，那么将只有 $(1-\beta)$ 单位的中间投入品被运到，其中 $0 \leqslant \beta \leqslant 1$。

令 $D_i(t)$ 表示在国内使用的投入品 i 的数量（即在同一个国家内的地区 i 或者类似的其他地区）。令 $F_i(t)$ 表示运送至不与地区 i 同属一个国家的某个地区的投入品 i 的数量。根据假设，只有 $(1-\beta)F_i(t)$ 单位的投入品将被用于生产。在均衡状态下，由于市场是完全竞争的，每单位的投入品 i 将以等于其边际产品的价格在国内与国际市场上出售。因此有：

$$P_i(t) = \alpha D_i^{\alpha-1}(t) = \alpha(1-\beta)^{\alpha} F_i^{\alpha-1}(t) \qquad (6.17)$$

其中 $P_i(t)$ 是投入品 i 在时期 t 的市场价格。在每一个时期 t，每种投入 i 的资源约束为：

$$s D_i(t) + (W - s_i) F_i(t) = K_i(t) \qquad (6.18)$$

其中 s_i 是地区 i 所属的国家的规模。

我们定义：

$$\omega \equiv (1-\beta)^{\alpha/(1-\alpha)} \qquad (6.19)$$

这意味着国际贸易壁垒越低，ω 就越高。因而 ω 可被解释为对"国际开放度"的一种测度。正如在前面章节中所描述的，$\omega=0$（即 $\beta=1$）意味着完全的自给自足，而 $\omega=1$（即不存在国际贸易壁垒：$\beta=0$）则意味着完全的开放。

上述方程表明：

$$D_i(t) = \frac{K_i(t)}{(1-\omega)s_i + \omega} \qquad (6.20)$$

和

$$F_i(t) = \frac{\omega K_i(t)}{(1-\omega)s_i + \omega} \qquad (6.21)$$

地区 i 的家庭净资产等于该地区的资本存量 $K_i(t)$。由于每单位资本将得到 1 单位的中间投入品 i，净资本回报率等于中间投入品的市场价格 P_{it}（出于简化，我们假设没有折旧）。根据标准的跨期优化，我们有：[12]

$$\frac{\mathrm{d}c_{it}}{\mathrm{d}t}\frac{1}{c_{it}} = P_i(t) - \rho = \alpha\left[(1-\omega)s_i + \omega\right]^{1-\alpha} K_i^{\alpha-1}(t) - \rho \qquad (6.22)$$

因而在一个规模为 s_i 的国家中，每个地区规定状态下的资本水平将等于：

$$K_i^{ss} = \left(\frac{\alpha}{\rho}\right)^{\alpha/(1-\alpha)} \left[(1-\omega)s_i + \omega\right] \qquad (6.23)$$

在规模为 s_i 的国家中,每个单位稳定状态下的产出水平为:

$$\gamma_i^{ss} = s_i (D_i^{ss})^\alpha + \sum_{j\neq i} s_i (1-\beta)^\alpha (F_j^{ss})^\alpha \qquad (6.24)$$

通过将 D_i^{ss} 和 F_j^{ss} 代入上述公式,我们可以得到:

命题 6.1 稳定状态下的人均产出为:

$$\gamma_i^{ss} = \left(\frac{\alpha}{\rho}\right)^{\alpha/(1-\alpha)} \left[(1-\omega)s_i + \omega\right] \qquad (6.25)$$

因而稳态的产出将随着 ω 和 s_i 递增,s_i 的效应越小,ω 就越大。

在稳态下,产出的增长率可被近似地表示为:

$$\frac{\mathrm{d}\gamma}{\mathrm{d}t}\frac{1}{\gamma} = \xi e^{-\xi}(\ln \gamma^{ss} - \ln \gamma(0)) \qquad (6.26)$$

其中,$\xi \equiv \dfrac{\rho}{2}\left[\left(1+\dfrac{4(1-\alpha)}{\alpha}\right)^{\frac{1}{2}} - 1\right]$

而且 $\gamma(0)$ 是初始收入。[13]因此,我们同时还能得出如下结论:

命题 6.2 在稳态下,人均收入增长率随着规模和开放度而递增,随着规模与开放度的乘积而递减。

这些结果表明,规模的经济效益是如何随开放度的上升而递减的,开放的经济效益又是怎样随规模的扩大而递减的。这些正是我们在第 10 章中所检验的模型的经验应用。

6.4.2 均衡的国家数量与规模

我们现在可以使用模型来推导均衡的国家数量和规模了。为了简化分析,我们将重点讨论稳态效用。同样,根据第 3 章的分析,我们假设国家的规模相等,国家中的公民所承担的税负也相同。因而对于居住在地

区 i 的人们而言,相应的稳态效用为:

$$u_i = g - al_i + \left(\frac{\alpha}{\rho}\right)^{\frac{\alpha}{1-\alpha}}\left[(1-\omega)s + \omega\right] - \frac{k}{s} \tag{6.27}$$

如果我们把式(6.6)中的 h 替换为 $\left(\dfrac{\alpha}{\rho}\right)^{\frac{\alpha}{1-\alpha}}$,则方程式(6.27)在形式上与方程式(6.6)是相等的。因此,我们在之前推导出来的所有关于国家数量与规模的结果都适用于这一模型。

特别地,我们有:

$$N^* = \sqrt{\frac{a - 4(1-\omega)(\alpha/\rho)^{\alpha/(1-\alpha)}}{4k}} \tag{6.28}$$

$$\widetilde{N} = \sqrt{\frac{a - 2(1-\omega)(\alpha/\rho)^{\alpha/(1-\alpha)}}{2k}} \tag{6.29}$$

$$N_\delta = \sqrt{\frac{a\delta - 2(1-\omega)(\alpha/\rho)^{\alpha/(1-\alpha)}}{2k}} \tag{6.30}$$

因此,我们再一次得出有效国家数量、投票均衡中的国家数量以及利维坦世界中的国家数量均随着国际开放度 ω 的上升而增加的结论。

6.5 结论

这一章得出两个重要结论。首先,我们讨论了国家规模、开放度和人均收入之间的关系,构建了一个发现国家的规模效益随着国际经济一体化程度的加深而下降的模型。相反,对于小国而言,贸易开放与经济一体化的收益更大。其次,我们认为经济一体化与政治一体化是相伴而生的。随着世界经济变得更加一体化,大国的其中一个好处(市场规模)就消失了。结果,规模与异质性之间的权衡转向了规模更小和同质性更高的国家。

人们可能还会考虑因果关系的反向来源：由于大部分的经济依赖于国际市场，因而小国对维持自由贸易拥有特别大的兴趣。的确，我们可以想到两个可能的世界，一个世界由大而相对封闭的经济体组成，另一个则是由许多小而开放的经济体构成。[14]

在第 11 章我们将证明，在过去的几个世纪里，这种广泛的相互关系模式与贸易和政治边界配置的演变是一致的。

注释

1. 对于市场规模与经济发展关系这一领域的一般化处理，见 Barro 和 Sala-i-Martin (1995) 以及 Aghion 和 Howitt (1998)。

2. Rivera-Batiz 和 Romer (1991) 提供了一个贸易对长期增长的边际贡献完全来自国家之间的知识溢出的国际贸易模型。在他们关于贸易和增长文献的调查中，Grossman 和 Helpman (1991) 强调跨越国界的知识溢出范围在决定贸易、增长和福利的长期关系中的关键作用。

3. 在这些类型的模型中，距离使用了各种代理变量，包括地理和政治的措施，如分享语言、货币和法律渊源。

4. Obstfeld 和 Rogoff (2001) 从国际市场的投资组合的分配问题得出了这些边界效应的结果。

5. Haas (1975) 后来否认了自己的新功能主义理论。最近关于国际关系的文献评论见 Gilpin (2001, ch.13)。

6. 更一般来说，跨国界的知识溢出可能既不是缺失的也不是完全的。经验文献发现国际知识存在溢出效应 (Coe and Helpman, 1994；lrwin and Klenow, 1993；Bernstein and Mohnene, 1994)，但在国际上既不是永久的也不是瞬时的 (Lichtenberg, 1992)。Eaton 和 Kortum (1994) 发现，政治边界内技术知识的扩散事实上比跨国界更加迅速，跨境溢出的规模将取决于国际经济一体化的程度。

7. 开始关注国际交换之前，我们都将排除优惠协议和其他不对称手段。

8. 如果 $\sqrt{[a-4(1-\omega)h]/4k}$ 不是一个正整数，那么有效的国家数量 N^* 由其中的最大值和最接近 $\sqrt{[a-4(1-\omega)h]/4k}$ 的整数给出。

9. 如果 $\sqrt{[a-2(1-\omega)h]/2k}$ 不是一个正整数，那么均衡的国家数量由其中的最大值和最接近 $\sqrt{[a-2(1-\omega)h]/2k}$ 的整数给出。

10. 该模型建立在 Alesina, Spolaore 和 Wacziarg (2000) 以及 Spolaore 和 Wacziarg (2002) 的研究上。

11. 通常,结果可以推广至 $\sigma > 0$ 的任何标准 CRRA 效用函数 $(C_{it}^{1-\sigma} - 1)/(1-\sigma)$。

12. 对于欧拉方程的推导,见,如 Blanchard 和 Fischer(1989, ch.2)或 Barro 和 Sala-i-Matin(1995, ch.2)。请记住,我们假设式(6.1)是效用对数的函数,因此跨期替代的弹性等于 1。此外,我们隐含地假设所有税收是一笔总和。

13. 关于这个结果的推导,见 Barro 和 Sala-i-Matin(1995, ch.2)。

14. Spolaore(1995)提出了明确的关于国家数量和开放内生性的多重均衡模型。

第 7 章 冲突与国家规模

7.1 引言

冲突、国防和安全等方面的问题自古以来就是决定和重划政治边界的重要因素。柏拉图曾写道:"居民数必须大得能在受到邻国的非法侵袭时保卫自己。"[《法律篇》(*Laws*),第 5 卷)在关于联邦制的研究中,赖克(Riker,1964)认为历史上外部的军事威胁和对国防的需要是美国及其他地区实行联邦制合并的关键条件。他指出政治家愿意放弃独立而实行联邦制的唯一原因在于他们面临"某些形式的军事—外交威胁或机遇,他们需要针对外部威胁的保护,或者需要参与联邦政府的潜在侵略"。类似地,吉尔平(Gilpin,2001)指出:"联邦制实验获得成功的少数案例主要是出于国家安全的考虑。的确,两个最成功的联邦共和国——瑞士和美国——都是为了应对强大的外部安全威胁而建立的……德意志帝国的建立则是其中的一个国家(普鲁士)征服了其他德意志政治实体的结果。"

本章分析了国家的规模如何受政府保护公民利益的需求的影响。即便在没有宣战的情况下,一国的军事力量对于国际争端的解决也是有影响的。反过来军事力量又取决于国防支出和其他可用于促进一国公民利益的防卫性资源。

　　国防与国家权力属于公共品,一般而言,大国可以为其公民提供更好且更便宜的安保。在一个更加好战的世界中,大国更有优势,但当国际上使用军事力量的需求减少时,则国防的作用下降,小国变得更加安全。

　　我们从国际冲突与国家的均衡数量及规模的关系中的一个方面开始讨论,即当与其他管辖区居民之间的争端无法通过"公平的"国际机构进行调解时,从属于强国的人们所获得的利益。[1]也就是说,一国的潜在实力对该国公民在国际事务中的地位有着正向的影响。例如,在不存在中立的国际机构的情况下,人们可以预料一个美国公民在解决与另一个国家(如巴拿马)公民的交易或资源争端时会更占优势。美国之所以在国际上拥有如此大的势力,其中一个重要原因就是它强大的军事实力。在这一章我们仅对双边冲突感兴趣,即仅对两个国家(公民)之间的冲突感兴趣。我们不考虑国家联盟或多边冲突与谈判。

　　本章的模型与我们目前所使用的国家形成空间模型密切相关。在下一章中,我们将介绍几个模型的扩展。

7.2　冲突与规模

7.2.1　军事支出与国际冲突

　　考虑不同国家的个人、企业或集团之间各种形式的互动。这些关系涉及商品、服务及生产要素的贸易,同时还包括贸易、金融交易及政治主动权。一国内部的互动与国家之间的互动存在本质上的差异。一国公民之间的潜在冲突可以通过同一个由本国政府强制执行的法律框架予以解决,在其境内该国政府拥有对法律强制权的独家垄断。相反,国际间的交易往往发生于缺乏规制的世界。换句话说,受益于合理完善的法律体系、规范以及对强权的垄断,国内个人之间的互动一般不会通过暴力或者个体或集团的"权力"来解决。相反,在国际层面上,由于不存在超国家的主权,国家军队为保护私人与国家利益提供了必要的支持。历史上某些特定国家曾在很长时期里拥有霸权地位,但一般来讲国际关系所依存的世界往往不存在对合法使用暴力进行垄断的主权国家。

如果两国国民之间产生了冲突,则无法保证它能够通过国际法和国际社会规范得到和平解决。在缺乏国际权威的情况下(或者某些可以不通过国家权力而解决国际冲突的协调方式),那么对每个国民利益的保护就取决于这个国家的相对实力了。在其他条件相同的情况下,某一国家所拥有的(军事)实力越强,在国际对抗当中它就能获得越有利的结果。因此,从国际层面来看,保护一国公民利益的需要是形成大的、拥有强大军事力量的国家的重要动机。当然,并非所有的国际事务都要通过武力来解决,但基本上,国际谈判桌上的利益分配都与国家的军事实力以及各种军事联盟直接相关或成正比。

因此,政府为其国民提供了额外的公共品:国际冲突中的国防和权力。一国军事实力越强,在国际冲突中保护其国民利益的力量就越强。也就是说,在其他条件相同的情况下,当与外国人发生冲突时,来自军事实力更强的国家的国民往往具有更大的优势。

国防是一种需要国家资源投入的公共品,是规模经济的重要组成部分。按人均计算,在大国当中"购买"国防更加便宜。从经验上看,国防支出与国家规模的关系比较复杂,因为存在各种国际联盟,而且一些大国可能需要为某些人均国防支出较少的小国提供国防支持。一个例子是美国在北大西洋公约组织(NATO)中的角色。美国国防支出占 GDP 的比例要高于欧洲国家,包括最小的国家,这是因为欧洲小国在美国的国防支出中"搭便车"。[2]在过去的 30 年里,美国国防支出从占 GDP 的 6% 下降到当前最低水平的 3.1%。而没有任何一个欧洲国家国防支出占 GDP 的比例曾经超过 3%。另一方面,凭借其军事开支的规模和比例,美国取得了霸权地位。在我们的形式化分析中,先不考虑军事联盟这一因素,并且假设每个国家不得不自己提供国防。在本章的结论中我们再简要地回顾军事联盟这一问题。

国防支出取决于通过使用国家力量解决国际间相互行动的可能性。在国际争端中,武力炫耀和军事干预的威胁为其赢得了有利的解决方案。冲突出现的可能性越高,人均国防支出较低的大国所获得的收益就越高。由此可见,国家的数量和规模将取决于冲突发生的概率。也就是说,在一个更加好战的世界中,规模经济与异质性之间的权衡更倾向于前者,因为国防支出特别有价值,而且在国防支出中存在规模经济。

7.2.2　国际冲突与国家规模

沿着前面章节的分析,我们考虑如下两种世界:

1. 其一,均衡的边界不是由武力决定,而是通过投票和协议确定的。类似地,关于辖区内公共品的决定(包括国防开支)也是协商决定的。我们将看到,即便在这样的理想情况下,一旦边界确定后,相对的实力和国防也是有用的,主要源自不同国家对保护本国国民免受潜在冲突性交易伤害的需要。

2. 其二,在利维坦世界中,公共品的提供和国防开支由追求租金最大化的政府决定。

考虑这样一种情形,第一,边界的形成和变迁如第 3 章所描述的那样。特别地,在均衡状态下,任何现有国家边界的改变都不是由多数投票决定的。第二,边界一旦形成后,在每个国家中投票者决定政府的类型和国防开支的数额。第三,来自不同辖区的人们之间存在互动,并产生了冲突。国际冲突通过使用国家权力("国防")来解决。

在一个经常发生国际冲突的好战世界中,人们更愿意生活在大国,主要有两方面的原因。一是在大国中国防成本更低(人均的形式),二是在我们的模型中假设军事冲突只发生在不同国家之间。也就是说,在一定规模的国家内部偏好异质性不变的情况下,我们正在进行的实验实际上是关于"跨境冲突"倾向的增加。当世界变得更加和平的时候,相反的观点也是成立的。当国际冲突的概率很小的时候,继续留在大国的动机将下降。因此,模型预测了在一个和平的世界里,大国也可能会发生分裂。

有趣的是,几乎可以确定,当国家分裂的时候,"国际"(跨境)交流的次数会上升。想象一下,一个国家被一分为二,则这两个新国家之间的贸易变成了国际贸易,而以前是区域贸易。在国际交流中,由于大部分个体之间的交流是国际性的,因而发生冲突的可能性将上升。换句话说,对于小国而言,发生冲突的潜在可能性更大,因为能在国内解决的交流更少。又或者换句话说,在中央政府的政治管辖区内可能会出现更少的交流次数。相反,那些不共享同一个垄断性强权(即中央政府)的人们之间的交流将上升。

冲突概率的下降(即通过武力解决国际争端的概率)是否意味着现实中观察到的国际冲突的次数在减少呢?答案是:不一定。事实上,不同辖区之间冲突概率的下降存在两种效应。对于一个给定的国家数量和规模,随着冲突概率的下降,国防和国家实力将变得不那么重要,因而将会产生更多的国家。这样较低的冲突概率将会增加国际交流的次数。然后,曾经发生在同一个辖区内的交流现在加总成国际冲突了。第二种效应可能会抵消第一种效应:冲突概率的下降可能会导致更多可观察到的冲突,因为当国家的平均规模很小时,更多的冲突变成国际性事件了。

基于同样的原因,花费在国防上的人均资源并不总是随着冲突概率的下降而减少。冲突概率的下降甚至可能会导致人均国防支出上升,因为小国的人口很少。更一般地,政治上的崩溃减少了冲突概率转化为国防开支减少的程度。

正如我们在第5章所看到的,在利维坦的世界里,当所谓的民主约束较少时,国家会变得更大。民主化导致形成小国。因而存在两种潜在相互关联的力量导致国家规模变小:民主化和战争概率的下降。到一定程度的时候,民主政体也会使得在国际对抗中不太可能使用残忍的暴力,因而民主化进程对于推动国家规模的缩小起到了直接和间接的作用。

总之,这一章传递了三个重要的信息:

1. 国际冲突是形成较大的管辖区的诱因。

2. 在国际关系中被迫使用武力的概率下降会导致形成更多的管辖区,因而这可能会引发需要通过冲突和国家实力来解决的国际事务的数量上升。

3. 民主化和减少在国际事务中使用武力是导致国家规模缩小的两种相关的力量。

这三个结论似乎与苏联解体所引发的事件是吻合的。苏联解体导致不仅在苏联内部,而且在东欧和南斯拉夫都形成了许多新的国家。北约虽然还没有解散,但它的作用也在迅速下降。

当冲突的"全球性"风险在下降时,地区性的对抗依然没有消失。在一些案例中,冲突是以独立国家(如伊拉克和科威特)之间的国际战争形式出现的,而在另一些情况下,冲突则是国家解体过程当中的结果,比如巴尔干半岛地区。

在接下来的形式化分析中,我们通过两种不同的形式得出了这些结论。在本章中,我们对冲突和战争做了一个非常简单的模型,对于国家的边界和数量则仍然维持之前所作的一般性假设。在第 8 章提出的另一个模型中,我们将对战争博弈进行更深入和精确的描述,但对于其他方面则做简化处理。

*7.3　冲突和国家规模

7.3.1　模型

我们对第 3 章的模型进行扩展,用以分析国防支出在国际冲突中的

作用。正如在前面章节中所描述的,整个世界被模型化为一条长度等于
1 的线段。世界总人口也等于 1,并均匀地分布在线段[0，1]之间。假设
每一个个体 i 的效用由下式给定:

$$u_i = g - al_i + z_i - t_i \tag{7.1}$$

其中 g 和 a 是两个符号为正的参数,l_i 为个体 i 与政府之间的距离。
同样地,l_i 同时代表地理上和意识形态上的距离。每个个体都拥有资源
z_i,并支付税收 t_i。与第 3 章至第 5 章相反,个体所拥有的资源不是外生
的,而取决于冲突的解决。[3]具体而言,我们假设个体的资源 z_i 可以分解
成两部分:

$$z_i = y + e_i \tag{7.2}$$

其中 y 是个体的收入(对每个人都相等),在冲突之后仍然是安全
的,而 e_i 则是冲突解决之后个体 i 所拥有的资源数量。

冲突源于资源的分配。国家的辖区为其公民提供了清晰界定的控制
权,但当军事力量影响冲突的解决时,辖区之间的交易就会发生。具体而
言,假设个体之间进行随机配对,当一对 (i, j) 相遇时,这两个个体所产
生的资源就等于 $2e$,这些资源需要在两者之间进行分配。存在两种可能
的情境:冲突 (c) 和不冲突 (nc)。在 nc 的情境下,资源将和平与平等地
分配:

$$e_i = e_j = e \tag{7.3}$$

在冲突的情境下,个体 i 的份额取决于其国家的"实力",即由该个体
所在国家的国防支出 d_i 与另一个个体所在国家的国防支出 d_j 之间的对
比来衡量:[4]

$$e_i = \frac{d_i}{d_i + d_j} 2e_i \tag{7.4}$$

而且类似地，

$$e_j = \frac{d_j}{d_i + d_j} 2e_i \qquad (7.5)$$

在本章的剩余部分，我们假设当同一个国家中的两个人相遇时，他们总处在无冲突状态。也就是说，我们排除了国内冲突的情况。对于这一假设，我们可以解释为它意味着每个政府在自己的辖区内完全掌控了各种形式的威权。

相反，当两个不属于同一国家的人相遇时，他们既可能不发生冲突[方程式(7.3)所描述的]，也可能发生冲突[方程式(7.4)和方程式(7.5)所描述的]。在本章的剩余部分，我们假设两个来自不同国家的人之间发生冲突的概率等于 p。

有必要回忆一下，本章所说的"冲突"是指在任意情形下，国际法和社会规范无法保证以一种和平的方式使资源在不同国家的成员之间进行分配，而是通过两国之间"相对实力"的较量实现的。通过相对实力解决冲突状态并不意味着一定要直接使用武力，更多的是与军队相关的"武力炫耀"或者国际谈判桌上的分量，这些本质上都来源于一国的实力。因此两个个体之间潜在的冲突可能源于贸易关系，或来源于自然资源以及/或者其他经济与非经济问题上的利益冲突。

参数 p 与不涉及国家实力的多种方案的可行性有关，比如由国家团体共同执行的国际法的适用性，或者具有自我强制力的社会规范。换句话说，p 与国际关系的制度有关。在具备有效的国际法和共享的社会规范的世界中，p 的值很小；在一个无秩序的世界里，如果人们在国际交流中的结果主要取决于一国的相对实力的话，则 p 的值会很大。

国防支出的代价非常高，而且它是通过普通税收的形式支付的。在第 3 章中我们假设所有居住在相同国家的人支付同等的税收。例如，居住在同一个规模为 s_x 的国家中的所有人都支付相同的税收 t_x，对这个国

家而言,如果它的国防支出等于 d_x ,则该国政府面临的预算约束为:

$$s_x t_x = k + d_x \tag{7.6}$$

基于第 3 章所讨论的原因,在本章的剩余部分我们将集中讨论具有相同规模的国家。在本章附录中,我们将从均衡和稳定条件规范地推导出相同规模条件下的结果。

7.3.2 国防支出的选择

如果世界被划分为 N 个具有相同规模 $s = 1/N$ 的国家,居住在国家 x 的个体 i 的收益将由下式给定:

$$u_i^x = g - a l_i + y + [1 - (1-s)p]e + ps \sum_{x' \neq x} \frac{d_x}{d_x + d_{x'}} 2e - \frac{k + d_x}{s}$$

$$x = 1, 2, \cdots, N \tag{7.7}$$

国家 x 中每个个体对国防支出需求量的一阶条件可通过下列效用函数得出:

$$ps \sum_{x' \neq x} \frac{d_x}{d_x + d_{x'}} 2e = \frac{1}{s} \tag{7.8}$$

式(7.8)表明,新增 1 单位国防支出的边际成本($1/s$)必须等于其边际收益(以冲突情况下更高的"代价"来衡量)。

在均衡状态下,每一个规模相等的国家将选择相同的国防支出水平,即由下式给定:

$$\tilde{d} = \frac{s(1-s)pe}{2} \tag{7.9}$$

其中我们用到了 $N = 1/s$ 这一条件。由此可得出几个结论:其一,国防数量随着冲突概率 p 的上升而增加。不足为奇,个体的收益也会随着冲突 e 的上升而增加。其二,当全世界只有一个国家时,国防支出将等于 0,因为

从定义上可知,此时不存在冲突。其三,人均国防支出由下式给定:

$$\frac{\tilde{d}}{s}=\frac{(1-s)pe}{2} \tag{7.10}$$

该变量随着国家规模的扩大而下降。[5]其四,从全球效率的视角来看,国防是纯粹的浪费,因此,人们的效用将在 $\tilde{d}=0$ 时最大化。所以,在这个模型中,国防支出是一个"囚徒困境"式的结果。

7.3.3　均衡的国家数量

接着第 2 章的步骤,我们可以推导出通过多数投票决定的均衡国家数量:[6]

$$\tilde{N}=\sqrt{\frac{a-pe}{2k}} \tag{7.11}$$

而均衡的国家规模则为:

$$\tilde{s}=\frac{1}{\tilde{N}}=\sqrt{\frac{2k}{a-pe}} \tag{7.12}$$

均衡的国家数量随着冲突概率的上升而下降,而均衡的国家规模则随着冲突概率的上升而扩大。

这是本章的关键结果之一。它表明冲突概率的下降将导致国家的分裂。两种力量是 p 和 $\tilde{N}$ 之间呈现反向关系的原因。第一,如果 p 上升,那么人们希望居住在较大的国家,以降低与外国人共处一国的概率。第二,由于国防支出与 p 正相关,而且人均国防支出与国家规模负相关,因而规模收益将递增。

7.3.4　国家规模与可观察的国际冲突

可观察的冲突数量 M 可定义为如下形式:

$$M(p) = p[1 - \tilde{s}(p)] \qquad (7.13)$$

也就是说,国际冲突的数量是由国际关系引发冲突的概率与国际交流比例的乘积所给定的。因此有:

$$\frac{\mathrm{d}M}{\mathrm{d}p} = 1 - \tilde{s}(p) - p\frac{\mathrm{d}\tilde{s}}{\mathrm{d}p} \qquad (7.14)$$

带入 $\tilde{s}(p)$ 和 $\mathrm{d}\tilde{s}/\mathrm{d}p$ 表明如下结果:国际冲突的数量随着 p 的上升而上升,当且仅当:

$$\tilde{s}(p) < \frac{a - pe}{a - pe/2} \qquad (7.15)$$

式(7.15)给我们的直观感受在于,p 的下降存在两种效应。对于一个给定的国家规模,p 的下降降低了国际冲突的数量。直接效应越大,$\tilde{s}$ 的值将越小,即相对于国内融合而言,国际融合的数量将更大。第二个效应相对比较间接,p 的下降将减少国家规模,因而将增加国际交流的数量,进而可能潜在地引发冲突。因此,对于较小的 $\tilde{s}$,直接效应将占支配地位;对于较大的 $\tilde{s}$ 则相反。显然,如果全世界是由少数大国构成的,那么 p 的下降将导致形成很多新的国家,进而可能会提升可观察的冲突数量。

一个类似的直觉表明,p 的下降将对人均国防支出产生影响。根据方程式(7.10)有:

$$\frac{\mathrm{d}(\tilde{d}/\tilde{s})}{\mathrm{d}p} = \frac{(1 - \tilde{s})\mathrm{e}}{2} - \frac{pe}{2}\frac{\mathrm{d}\tilde{s}}{\mathrm{d}p} \qquad (7.16)$$

式(7.16)的第一项是 p 的变化对人均国防支出产生的直接正向效应:较低的 p 将导致较低的防御水平。第二项与之相反,是间接效应,源自 p 的变化对国家规模的影响。上述等式与 M 条件相同:人均国防支出随着 p 的上升而增加,当且仅当:

$$\tilde{s}(p) < \frac{a - pe}{a - pe/2} \tag{7.17}$$

因此，p 的下降实际上可能会导致人均国防支出的上升，因为国家变得更小了。更一般地，人们可以通过借用"和平红利"的概念来对这些观点进行总结，即当国际冲突减少时人们对"和平红利"的期待将因为冲突减少导致小国出现（更多的人均国防支出）这一事实而降低。

*7.4　利维坦世界中的冲突和规模

接下来考虑对第 5 章所提出的利维坦模型进行扩展。边界一旦形成之后，每个利维坦将选择使其租金最大化的国防支出。由于它必须满足其非暴乱约束（δ 部分的人口必须获得高于或等于 u_0 的效用），因此利维坦可以按如下公式对每个人征税：

$$t = g - a\frac{\delta s}{2} + z_i - u_0 \tag{7.18}$$

它将获得如下的人均净租金：

$$R = t - \frac{d + k}{s} \tag{7.19}$$

因此，均衡状态下利维坦将选择：

$$\frac{\tilde{d}}{s} = \frac{(1-s)pe}{2}$$

在一个利维坦世界中，均衡的国家规模将最大化总租金，由下式给定：

$$R = g - a\frac{\delta s}{2} + y + e - u_0 - \frac{(1-s)pe}{2} - \frac{k}{s} \tag{7.20}$$

从而规模将等于：

$$S_L = \sqrt{\frac{2k}{a\delta - pe}} \tag{7.21}$$

因此，正如在第 5 章中所描述的，较高的 δ（民主化）意味着较小的国家。

请注意：

$$\frac{\partial^2 s_l}{\partial \delta \partial p} < 0 \tag{7.22}$$

这意味着当冲突程度较高时，民主化对国家规模的影响很小，反之亦然。换句话说，在一个冲突程度很高的社会，民主化对于缩小国家的规模"并不重要"，而在一个拥有更广泛民主的社会里，冲突对于决定国家的规模不太重要。

7.5 结论

外部威胁导致国家的合并。在一个不太和平的世界中，大国为其公民提供了"更好"的保护。因此，在一个世界中，如果国际交流经常直接或间接地导致武力的使用，则大国往往更有优势。故此，国际冲突可能性的降低（由不同国家之间的互动引发冲突的概率来衡量）具有两方面的效应。一方面，在给定国家边界的情况下，它减少了冲突。另一方面，它诱使小国的形成，进而使得更多的互动变成跨境活动。结果是，能观察到的冲突实际上可能会增加。

在国际关系领域，民主与冲突之间的关系是大量文献分析的核心问题[7]，而民主化、冲突与国家规模之间的关系较少被讨论到。[8]本章聚焦于冲突与民主化的影响、它们之间的相互影响，以及对国家规模的影响，我

们朝着对这些重要问题的规范分析又前进了一步。然而,我们依然保持
国际冲突概率与不同政府"民主响应能力"程度相互独立这一假设。对这
一问题进行扩展,以挖掘冲突与民主化之间的内生关系将是一个有趣的
研究方向。

此外,我们还极大地忽略了军事联盟和多国联盟的问题。[9]几个小国
可能会形成一个军事联盟,以分享共同的国防政策,并在其他政策领域保
持独立。因此,当我们提及这一领域的"国家分裂"时,我们也可能指的是
"军事联盟的分裂"。将来的研究可能会涵盖这两部分。在第 12 章我们
再对多国联盟进行讨论,并以欧盟为例进行具体分析。

7.6 附录:关于均衡与稳定的讨论

拥有相同规模的国家,其政府位于国家的中心,而且每个国家拥有相
同的国防支出,以保证位于边境上的民众在选择归属于哪个国家上没有
明显倾向。

稳定性如何? 正如我们在第 3 章所阐述的,我们将某一种关于国家
的结构定义为 A 稳态,当且仅当经历一场小的边境动乱之后,原来的均
衡将重新被建立。

下述结果将成立。

7.6.1 结果 7.A

给定一个关于 N 个相同规模国家的结构,如果所有 $N-2$ 个不受边
界改变所影响的国家保持其国防水平不变,则在稳态下最小的国家规模
是 $p(p>0)$ 的函数,即 $s(p)$:

$$s(0) \leqslant s(p) \qquad (A7.1)$$

而且有:

$$\frac{\partial s(p)}{\partial p} \geq 0 \qquad \text{(A7.2)}$$

上述结果表明,最小的稳态规模随着 p 的上升而(微弱地)增加。如果 p 比较高,则小国是不稳定的。原因在于,如果一场动乱使得国家规模变大,则相邻小国的公民将希望加入这个较大的国家,因为在小国中国防成本太高。因而,撇开多数投票的因素,冲突的增加将提高最小稳态规模。冲突的增加需要大国以保持边境"稳定"。

为了证明这一结论,我们需要推导一个引理。定义 d_1' 和 d_2' 分别为经历一次小规模动乱 ε 之后,国家 1 和国家 2 的国防支出。根据定义,$s_1' = s - \varepsilon$,$s_2' = s + \varepsilon$,而在其他所有规模为 $s = 1/N$ 的国家中,国防支出为 $d = s(1-s)pe/2$。

引理 在较小的国家中,总的国防规模较小,但人均国防支出却较大,即:

$$d_1' < d_2' \qquad \text{(A7.3)}$$

同时有:

$$\frac{d_1'}{s_1'} < \frac{d_2'}{s_2'} \qquad \text{(A7.4)}$$

证明从国防决定因素的一阶条件可得出如下两个方程:

$$(s+\varepsilon)\left[(1-2s)\frac{d}{(d_2'+d)^2} + (s-\varepsilon)\frac{d_1'}{(d_1'+d_2')^2}\right] = \frac{1}{2pe} \quad \text{(A7.5)}$$

$$(s-\varepsilon)\left[(1-2s)\frac{d}{(d_1'+d)^2} + (s-\varepsilon)\frac{d_2'}{(d_1'+d_2')^2}\right] = \frac{1}{2pe} \quad \text{(A7.6)}$$

对两边同时关于 ε 求微分,并在 $\varepsilon = 0$ 处对两个式子求解,可得:

$$\frac{\partial d_1'}{\partial \varepsilon} = \frac{(2s-1)d}{s(1-s)} > 0 \qquad \text{(A7.7)}$$

及

$$\frac{\partial d_2'}{\partial \varepsilon} = -\frac{(2s-1)d}{s(1-s)} < 0 \tag{A7.8}$$

结合式(A7.6)和式(A7.7),并在 $\varepsilon = 0$ 求解,可得:

$$\frac{\partial (d_1'/s_1')}{\partial \varepsilon} = -\frac{d}{s(1-s)} < 0 \tag{A7.9}$$

及

$$\frac{\partial (d_2'/s_2')}{\partial \varepsilon} = \frac{d}{s(1-s)} > 0 \tag{A7.10}$$

由此证明了上述引理。

现在我们准备对稳态结论 7.A 进行证明。通过第 3 章我们已经知道对于 $p = 0$,稳定的规模 $s(0) = 1/N$ 必须满足 $N < \sqrt{a/2k}$。根据稳态的定义,在 $p = 0$ 处,在经历动乱之后,小国的人民更愿意迁移到大国中去。现在考虑 $p > 0$ 的情形。我们能否有 $s(p) < s(0)$?答案是否定的,那样会出现矛盾,因为在小国中总的国防支出偏少,但人均国防支出偏多。当 $p' > p$ 时可以得出类似的观点,因而 $s(p)$ 是关于 p 的弱增函数。

7.6.2 投票均衡

如果我们限定对相同规模国家的结构进行投票,则可以采用第 3 章关于中位距离变化的结果。我们知道当所有国家拥有相同规模($s = 1/N$)时,人均国防支出由 $(1-s)pe/2 = (N-1)pe/sN$ 给定,而当 $s' = 1/(N+1)$ 时,则由 $(1-s')pe/2 = Npe/2(N+1)$ 给定。因此,当国家的数量从 N 增加到 $N+1$ 时,经历了中位距离变化 $d_m\{N, N+1\}$ 的人,他们的效用改变由下式给定:

$$ad_m\{N, N+1\} + K[(N+1) - N] + \frac{pe}{2}\left[\frac{N}{N+1} - \frac{N-1}{N}\right]$$

$$\tag{A7.11}$$

正如第 3 章附录所显示的,由于 $d_m\{N, N+1\} = -1/2N(N+1)$,所以当且仅当下式成立时,式(A7.10)为正(多数群体不支持分裂):

$$-\frac{a}{2N(N+1)} + K + \frac{pe}{2N(N+1)} \leqslant 0 \qquad (A7.12)$$

该式表明:

$$N(N+1) \geqslant \frac{a-pe}{2k} \qquad (A7.13)$$

注意这就是 B1 稳态的条件。

同样地,要想在这一框架下得出 B2 稳态的必要充分条件,我们可以借助相同规模国家从 N 个减少到 $N-1$ 个时,最大的中位距离变化等于 $1/2N(N-1)$(第 3 章附录中所描述的),以及在 $N-1$ 个国家的情况下人均国防支出等于 $[1-(1/N-1)]pe/2$ 这两个结论。

因此我们有:

$$N(N-1) \leqslant \frac{a-pe}{2k} \qquad (A7.14)$$

进而可以知道,同时满足式(A7.13)和式(A7.14)的国家数量是接近下式的整数:

$$\sqrt{\frac{a-pe}{2k}} \qquad (A7.15)$$

这实际上就是我们在本章中所使用的"均衡"国家数量。

注释

1. 如果争议由公正的超国家机构解决,则双方各自的国籍与争端的解决无关。但是,这将意味着存在一些超国家管辖区提供超国家公共品(国际法公正的执行者)。在这一章中,我们摒弃国际法并假设在无政府状态的世界里,国际交流的发生跨越了政治边界,此时只有国力是重要的。我们将在第 8 章回到执行国际法的问题。

2. 对于规模与军费之间关系的早期讨论,见 Dahl 和 Tufte(1973)。有关概述,见 Hartley 和 Sandler(1995)。

3. 在第 6 章,资源是由生产和贸易内生决定的,并且不存在冲突。

4. 函数 $d_i(d_i+d_j)$ 明确给出了冲突解决技术,是竞赛成功函数 $\phi(d_i, d_{i'})$ 的一种特殊情况,在有关冲突的正式文献中得到广泛使用;如,见 Tullock(1980),Hirshleifer(1989,1991,1995a, b),Grossman(1991),Skaperdas(1992) 和 Powell(1999)。$\phi(d_i, d_{i'})$ 有时被解释为国家 i' 的获胜概率。我们的情况也是如此,个体 i 所得的份额将被解释为期望值。由于我们假设线性偏好(风险中性),这种替代解释不会有任何区别。

5. 正如我们上面讨论的,经验上看,这种关系受到存在的国际联盟和搭便车现象的影响。

6. 同往常一样,我们忽略 $\widetilde{N}$ 必须是整数的事实。

7. 如,见 Levy(1989),Bueno de Mesquita 和 Lalman(1992),Maoz 和 Russet(1993) 以及 Bueno de Mesquita 等(1999)。

8. 政治科学文献中的一个例外是 Dahl 和 Tufte(1973)。

9. 对于与本书所强调重点相同的国家联盟的讨论,见 Alesina,Angeloni 和 Etro(2001a)。

第8章 战争、和平与国家规模

8.1 引言

本章进一步讨论冲突、国防和规模的关系。一方面,我们将侧重于更普遍的解决冲突的技术方法,以明确模拟国家之间的国际和平谈判和战争冲突,从而使模型中的冲突和规模因素复杂化。另一方面,我们将摒弃个人分布在连续体上的基本空间模型,从而简化我们的框架。我们假设离散的地区可能加入政治联盟并与其他政治联盟发生冲突。虽然本章的结果是通过对冲突的解决进行更广泛详细的分析而获得的,但它们与第7章所研究的冲突对国家形成和分配的影响是一致的(只关注主要直觉而非技术细节扩展的读者可以完全跳过本章)。特别是,我们将再次看到,在国际关系中被迫进行防御的概率越大,就越有可能形成更大的国家。在这一章中,我们将看到,这种效应分为两个部分:(1)即使冲突得到和平解决并且均衡中没有战争,面临国际冲突的概率的提高也会增加形成更大国家的激励,因为一个国家的议价能力取决于其军事能力;(2)如果冲突可能恶化(战争发生),即其概率为正时,则会进一步增加形成更大政治联盟的动机。在分析的第一部分,我们将假设国家之间的关系完全

是"无政府状态",完全依赖于潜在或实际使用的武力。在分析的第二部
分,我们将介绍根据国际法(由超国家当局或国际规范执行),通过相对军
事力量独立解决国家之间的一些冲突的可能性。如果国际法的执行毫无
差错,国防开支就会变得无关紧要,冲突也不会对国家的形成发挥作用。
但是,国际法的实施其实是不完善的,所以国防和冲突也会影响到国家的
形成。我们会发现,国际法的"管制力"越强大,国防越无关紧要,故处于
均衡状态的国家规模就越小。因此,更强大的国际法使国家分裂。有趣
的是,这种分裂增加了国家数量,由此增加了独立政治单位之间可能发生
的潜在冲突的可能性,因而可能导致战争。当然,矛盾的结果是,更加有
效和广泛地执行国际法可能会增加均衡时的冲突和战争。这样的结
果——在不同的背景下——与第 7 章研究的结果极为相似。

　　在本章末尾,我们讨论了冲突、国际贸易和政治边界决定之间的联
系。[1]其中心思想是国际冲突与国际贸易之间的反向变动关系。冲突减少
了国家之间的贸易,因此冲突的成本源于贸易中失去的收益。[2]我们的讨
论探讨了这种关系对国家形成和分裂的影响。得到的主要结论是,一个
由较大国家组成的世界应该实行保护主义并会面临更多的冲突,而一个
由较小国家组成的世界应该采取自由贸易并面临更少的国际冲突。

*8.2　战争与谈判

　　在本节中,我们提出了解决两国之间冲突的简单模型。本节的目的
不是给出一个合理的战争理论,而是建立一个解决冲突的简单模型——
其中军事能力发挥了关键作用——本章其余部分基于此探讨边界的形
成。我们模拟的冲突分布在经济价值资源分配有争议的地方。更具体地
说,我们假定当某些有价值的资源的国际控制权没有具体规定或无法强
行执行时,国际冲突可能增加。虽然这个能导致战争的具体原因并不罕

见,我们的冲突模型仍然可以被更为一般性地进行解释,即以"意识形态"解释,见本章末尾附录 A。

考虑两个国家 j 和 j'。假设两个国家都对资源 R 提出声索,如位于两国之间国际水域的石油储量。这些国家可能会以战争或谈判的方式解决潜在冲突。战争的代价是高昂的:如果国家 j 发起战争,其总成本由 $c_j \geqslant 0$ 给出。为了简化且不失普遍性,我们假设战争的成本对不同的国家都是一样的,$c_j = c_{j'} = c \geqslant 0$。

为了简单起见,我们还将在此模型中假设信息完全对称。也就是说,我们假设两国政府知道对方的偏好、制约因素和军事能力。这在本书中经常提到,我们做这个假设并不是因为它切合现实,而是为了简化分析。我们知道,有大量关于国际关系的具有影响力的文献似乎已经合理证实,不确定性和不对称信息应该发挥核心作用以合理解释战争爆发。[3]我们同意这种评价,但我们认为通常在经济学中,通过建立简化的确定性模型,能得到对"不确定"现象的重要洞见。特别是,我们将给出一个模型,即使不确定性和不对称信息都不存在,在该模型中战争也能在均衡状态下发生,因为这是履行承诺的问题:即便在不发生战争会对双方均有利的情况下,国家也许并不能履行不发动战争的承诺。在这方面,我们与费伦(Fearon,1995)的分析是一致的,费伦(Fearon,1995)认为只有两个机制可以将经验相关性用于解释为什么被理性领导的国家可能会为了争夺可分割的资源而进行战争:"(1)体现意向或能力的国家保密信息与伪装这些信息的激励的共同作用,(2)国家在具体情况下无法承诺维持交易。"(Fearon,1995,p.409)。[4]我们的模型运用了第二种机制。

每个国家都有含有两个要素的策略集:$\sigma_j = \sigma_{j'} = \{$发起战争;讨价还价$\}$。[5]收益如下。当两国决定开战时,两国的净回报分别是:

$$u^j_{ff} = \frac{d_j}{d_j + d_{j'}} R - c \tag{8.1}$$

$$u_{ff}^{j'} = \frac{d_{j'}}{d_j + d_{j'}} R - c \tag{8.2}$$

其中 $d_j (d_{j'})$ 是国家 $j (j')$ 的军费。

如果两国都选择讨价还价,我们就采用纳什议价方式分配资源。若两国达不成共同意见,战争便会发生。在这些假设下,纳什议价解决方案意味着两国各分到 α_j^* 和 $(1 - \alpha_j^*)$ 的资源,使得,

$$u_{bb}^j = \alpha_j^* R \tag{8.3}$$

$$u_{bb}^{j'} = (1 - \alpha_j^*) R \tag{8.4}$$

其中,

$$\alpha_j^* = \text{argmax} \left[\alpha_j R - \frac{d_j}{d_j + d_{j'}} R + c \right] \left[(1 - \alpha_j^*) R - \frac{d_{j'}}{d_j + d_{j'}} R + c \right] \tag{8.5}$$

使得　$\alpha_j R \geqslant \dfrac{d_j}{d_j + d_{j'}} R - c, \ (1 - \alpha_j^*) R \geqslant \dfrac{d_{j'}}{d_j + d_{j'}} R - c \tag{8.6}$

得出[6]

$$\alpha_j^* = \frac{d_j}{d_j + d_{j'}} \tag{8.7}$$

对于 $c = 0$,无论发动战争还是纳什议价,两国都获得相同的净收益。对于任何 $c > 0$,讨价还价策略帕累托优于战争策略。然而,这种结果(讨价还价,讨价还价)可能不是一个均衡。为了说明这一点,我们需要指出(讨价还价,发起战争)和(发起战争,讨价还价)的国家收益。当国家 j 选择发动战争时,国家 j' 选择讨价还价,我们将其各自的收益表示为

$$u_{fb}^j = \frac{d_j}{d_j + d_{j'}} R + E_j - c \tag{8.8}$$

$$u_{fb}^{j'} = \frac{d_{j'}}{d_j + d_{j'}} R - e_{j'} - c \tag{8.9}$$

这个逻辑在于,一个国家发起战争的决定总是会引发公开的冲突,最终两国均会参与其中,首先发动战争的国家可以享有"先发优势"。$E_j \geq 0$ 表明了先发者的优势:它衡量了当国家 j' 打算谈判时国家 j 可以通过战争获得的额外收益。[7] 相反,$e_{j'} \geq 0$ 则表示国家 j' 的"突发损失",意味着如果国家 j' 提出讨价还价,而另一个国家却发动攻击时,它所受到的损失。

E_i 应为三个部分的总和:(1)由突袭而获得更高的获胜概率;(2)更低的战争成本(因此 E_i 可能是 c 的函数);(3)其他的经济政治利益。类似地,e_i 包括三个方面的成本:(1)当另一个国家选择"突袭"时其获胜概率降低;(2)更大的战争伤害;(3)其他的经济政治成本。也就是说,如果国家 j 决定讨价还价,但国家 j' 选择"突袭"时,各自的回报是:

$$u_{bf}^j = \frac{d_j}{d_j + d_{j'}} R - e_j - c \tag{8.10}$$

$$u_{bf}^{j'} = \frac{d_{j'}}{d_j + d_{j'}} R + E_{j'} - c \tag{8.11}$$

可以立即验证:

结论 8.1 (发起战争,发起战争)总是纳什均衡。[8] 当且仅当 $\max\{E_j, E_{j'}\} > c \geq 0$ 时,其为唯一的纳什均衡。当且仅当 $\max\{E_j, E_{j'}\} \leq c$ 时,(讨价还价,讨价还价)才会是纳什均衡。

也就是说,当且仅当至少有一个国家的突袭优势足以抵消发动战争的成本时,双方发动战争是唯一的纳什均衡。请注意,突袭不会是均衡策略,此时对于任何 $c > 0$,两国都会比它们讨价还价(这个博弈是标准的因徒困境)的情况更糟糕。[9] 如果"诱惑"足以引发突袭,双方发动战争将是唯一的均衡,但并非是最优的。

然而,只有当发动战争的成本高于双方突袭所能得到的优势时,双方谈判才会是均衡解。当 $\max\{E_j, E_{j'}\} \leq c$,(发起战争,发起战争)仍然是纳什均衡。然而,对于任何 $c>0$,讨价还价策略的帕累托效率优于战争策略。[10]当 $\max\{E_j, E_{j'}\}\leqslant c$,时,(讨价还价,讨价还价)同样也优于混合策略均衡集。

如何最合理地预测这个博弈将如何进行? 显然,如果先发者足够有优势,那么"两国交战"是唯一的纳什均衡,公开进行战争是该次博弈中唯一的非合作均衡。当先发者的优势不足以补偿战争成本时,公开战争及和平谈判都是纳什均衡。此时混合策略均衡也是纳什均衡,其中每个国家发起战争和讨价还价的概率均为正。然而,当引入防共谋的改进时,多重均衡便变成唯一的均衡(Bernheim,et al.,1987)。[11]我们重点关注防共谋均衡就会发现,只有在帕累托占优均衡(讨价还价,讨价还价)下,就算博弈的参与者结盟,均衡也不会改变。如下:

结论 8.2　如果 $\max\{E_j, E_{j'}\}>c>0$,(发起战争,发起战争)是唯一的防共谋纳什均衡。如果 $\max\{E_j, E_{j'}\}\leqslant c>0$,(讨价还价,讨价还价)是唯一的防共谋纳什均衡。

总而言之,通过防共谋的改进,该博弈的结果只有一个:如果至少有一个国家的突袭优势高于战争成本,战争便爆发,否则就会进行和平谈判。我们要将冲突模型嵌入内生国家形成和国防支出的模型,便自然会想到防共谋均衡的概念。

*8.3　无政府状态世界中的战争、国防和边界

现在,我们将国际冲突模型放到一个国防开支和国家边界均为内生的框架内。为了使模型易于处理,简化我们对世界的描述是非常有用的。现在使外生给定国家数量最大化,四个国家是为了使一个以上国家分裂所需的最少的国家数量。将圆代替线作为世界的模型也使分析变得更加方便。

"世界"由一组地区组成,每个地区由大量(离散)的同质个体居住。为了简单起见,我们将每个地区的个体数量标准化为 1。每个地区与另外两个地区相邻。两个地区位于西部($W1$ 区域和 $W2$ 区域),两个地区位于东部($E1$ 区域和 $E2$ 区域)。西部地区是连续的,东部地区也是如此。为了更加直观,我们假设四个地区均是分布在一个圆上的点(图 8.1)。

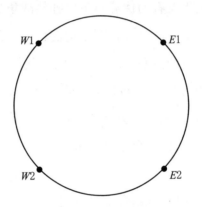

图 8.1　由四个区域组成的世界

连接两两区域的圆弧描绘了两个地区均可利用的世界区域(如它们之间的海洋)。假设地区不能分裂,但可以合并形成由多地区组成的国家。因此,如果两个地区合并,它们之间的世界区域就成为统一国家的一部分。

"国家"被定义为一个独立的政治单位,在这个政治单位中,有(1)国防完全集权,(2)国防是完全且可信地集中起来的,(3)冲突的净效益直接分配给全体公民。[12]

与前几章中的讨论一致,我们假设形成一个更大、同质性更低的国家会带来异质性成本。这些成本部分可能来自与发生内部战争的可能性相关的预期损失,或是其他因国内的高度异质性而导致的重要动荡,这些都是国家内部的高异质性所导致的。为了简化,我们假设一个由东部地区和西部地区形成的统一国家的异质性成本高昂得令人难以承受。相反,如果

E1 和 E2 形成了统一国家,每个地区的个体都将承担费用 $0 \leqslant h_e < \infty$。
类似地,如果 W1 和 W2 形成统一的国家,每个地区的个体都将承担费用
h_w。不失一般性,我们施加条件 $0 \leqslant h_w \leqslant h_e$。我们还假定,对于一个国家
的每个成员而言,异质性成本是相同的,即不取决于该个体在该国所处的
位置。这种假设比空间模型设置得简单,在空间模型中的异质性成本取
决于个人在衡量意识形态和/或地理距离的线段上的位置。

个体 i 的效用函数是

$$u_i = y_i - t_i + r_i - \delta_i h_i \tag{8.12}$$

其中 y_i 是个体的收入,t_i 衡量个体的税收,r_i 衡量个体在冲突得到
解决后获得的净回报,列举如下(包括直接战争费用和由突袭得到的意外
收益或损失,如果可能的话),δ_i 是一个二进制数,如果个体居住在独立
地区,则值为 0,否则为 1。最后,如果个体生活在西部地区,我们有 $h_i =
h_w$,如果个人生活在东部地区,我们有 $h_i = h_e$。

边界、税收和冲突解决的回报是由博弈扩展后的均衡结果内生确定
的,我们将在下面详细阐述。

让 d_j 代表国家 j 的国防。一个单位的国防费用是一个单位的收入,
并且国防费用是从比例所得税中获得的。税率用 τ_j 表示。令 S_j 表示国
家 j 中个体的集合。那我们就有:

$$\tau_j \sum_{i \in S_j} y_i = d_j \tag{8.13}$$

世界上每个个体都有相同的收入(税前和冲突得到解决前):$y_i = y$。
因此,预算约束式(8.13)简化为

$$\tau_j s_j y = d_j \tag{8.14}$$

其中 $s_j = |S_j|$ 是国家 j 的个体数量。

国防被用来处理与邻国的潜在冲突。与前一部分所提出的模型相一

致,我们考虑一个简单的冲突分布:圆上的某个地方存在有价值的自然资源,在政治边界和国防配置已经确定之后,发现它的概率为 π。这种行动顺序顺应了"时机",我们认为这很现实。也就是说,我们假设在国防开支费用决定之前,边界就已经确定,并且在实际冲突发生之前国防就已准备就绪。这个时间设定在一个动态的框架下是有意义的,因为(1)边界变化比国防开支的变化更为昂贵,且更少发生,(2)建设国防需要时间。

最后,我们也假设确立边界和国防配置时,个体不知道他们被卷入的任何冲突会以谈判还是战争的方式来解决。在规划边界和国防投资时,我们能合理假设此时潜在冲突的确切特征及其解决方式是不确定的。具体来说,我们假定博弈分为三个阶段。

第一阶段,每个地区的个体决定该区域是否与邻近地区形成统一国家($E1$ 与 $E2$,$W1$ 与 $W2$),或者成为一个独立的国家。[13]边界由此而确定;当且仅当这两个地区的公民同意组建统一国家,才能形成统一国家。换句话说,在第一阶段,每个地区都在包括两个行动的集合中进行选择。每个地区的博弈者的行动空间是:{决定联盟,决定独立}。如果至少有一个东部(西部)地区更喜欢独立,那么这东部(西部)两个地区将形成两个独立的国家。

在第二阶段(即在边界确定之后),每个国家会选举出各自的政府。选举结束后,政府作为统一"代理"采取行动,成为接下来的阶段中每个国家唯一的博弈者。由一个地区形成的国家,政府的目标函数与公民的效用函数相同。而在由两个地区组成的国家中,政府的目标函数由两个地区公民的效用函数加权平均给出。

在每个国家 j 中,政府选择的国防支出水平为 d_j,其中 $0 \leqslant d_j \leqslant \sum_{i \in S_j} y_i$。国防支出 d_j 可以在零与国内可用资源的最大数值之间取任何值。[14]正如我们将看到的,每个国家的个体对国防偏好是相同的。因此,我们假设,由效用最大化的政府选择的国防支出相当于该国公民直接投票选出的国防支出。

在第三阶段,国防支出已经确定后,此时资源 R 的位置及先发者突袭优势 E 公开,因而不确定性解除。特别地,我们假设一块大小为 R 的地方位于圆周上某点的概率为 π。并假设 R 位于任何两个给定区域之间的概率为 $\pi/4$。发生具体冲突则意味着先发者的突袭优势 E 大于 c,其发生的概率为 ρ,因而 $E<c$ 的概率为 $1-\rho$。$E-c$ 之差捕捉了发动战争的单方面激励。这些激励将取决于技术、经济和政治因素,只有当冲突的地点和性质被揭示时这些因素才会出现。[15] 资源的位置决定最多有两个国家可能会提出对其的所有权。[16] 资源 R 通过议价或战争的方式进行分配。在最后这一阶段,涉及冲突的每个政府都可以选择战斗或讨价还价以最大化其公民的效用,如上所述。每个政府的目标都是使冲突收益最大化,这与我们在第 8.2 节中分析的一致。具体说来,面对国家 j' 的行动,国家 j 采取行动的冲突收益为

$$\frac{d_j}{d_j+d_{j'}}R \tag{8.15}$$

当两国讨价还价时,

$$\frac{d_j}{d_j+d_{j'}}R-c \tag{8.16}$$

当两国均发动战争时,

$$\frac{d_j}{d_j+d_{j'}}R+E-c \tag{8.17}$$

当国家 j 拒绝对手议价的提议时,及

$$\frac{d_j}{d_j+d_{j'}}R-e-c \tag{8.18}$$

当国家 j 提出议价,但国家 j' 选择发动战争时[17]。

我们将我们的分析缩小到防共谋纳什均衡。更准确地说,我们使用伯伦汉等(Bernheim,et al.,1987)定义的完美防共谋纳什均衡改进的扩展形式。

防共谋纳什平衡中,我们需要考虑博弈的参与者联盟所产生的偏差。[18]我们的博弈只有唯一的完美防共谋纳什均衡,我们可以通过推导如下:

首先,在最后阶段所有的两个参与者的博弈中,我们限制所有两两政府可能达到的非帕累托占优均衡。换句话说,如果 $E \leqslant c$,政府会选择"讨价还价",如果 $E > c$,政府会"发动战争"。

然后,我们将分析包括最后两阶段博弈的子博弈。我们将表明,给定第三阶段均衡得到的收益,在每个政府都选择具体防御水平的情况下,所有可能的国家布局都对应唯一的纳什均衡。我们将证实最后两阶段的子博弈中唯一的纳什均衡是防共谋的。然后再分析第一阶段中四个地区的博弈。在第一阶段,每个策略组合都意味着给定的世界布局,并与唯一的均衡收益向量相关联。每个地区都将采取防共谋均衡策略。给定参数值后,这些均衡策略描述了世界独特的均衡布局。

简要地说,给定参数向量 $(h_e, h_w, \pi, R, \rho, c)$,我们可以得出这些均衡的唯一值:(1)国家的均衡数量和规模分布,(2)各国人均国防水平的均衡分布,(3)发生国际冲突与战争的均衡概率。π 衡量发生"潜在"冲突的概率,ρ 衡量任何冲突将通过战争解决的可能性。观察到可能的国际冲突的概率和战争发生的概率在我们的模型中都是内生变量,因为它们取决于国家的规模分布。

我们现在将为每个可能的国家配置导出均衡的国防支出水平和均衡的冲突收益。

引理 8.1 国家 i 的人均国防支出由下式给出

$$d_i = \frac{\pi R}{8 s_i} \tag{8.19}$$

证明 见附录 B。∎

这个结果表明,均衡的人均国防支出随着国家形成较大联盟而减少。通过定义每个国家的"预期冲突收益",即其预期得到的 R 份额减去预期战争费用,我们有以下引理:

引理 8.2 对于每种国家布局及每个规模为 s_i 的国家而言,均衡的人均预期冲突收益由下式给出

$$\frac{\pi R}{4} - \frac{\pi}{2}\frac{\rho c}{s_i} \tag{8.20}$$

因此,在均衡中,当战争不可能发生时($\rho = 0$)或战争无成本时($c = 0$)时,每个国家的个体将获得相同的冲突预期收益,无论他们是居住在一个大国还是在一个小国。然而,由于引理 8.1,居住在大国的人们享受了到国家规模的好处:他们的预期收益基于更低的人均国防支出。换句话说,更大的规模带来了国防的净规模经济效益。此外,当战争是可能的($\rho > 0$)和昂贵的($c > 0$)时,更大的规模降低了预期的战争成本。

对均衡的国防支出和均衡预期收益的分析表明了规模优势:大国可以在国防上利用规模经济。然而,这些好处必须与更高的异质性成本相比较。我们现在将要研究,在什么条件下解决冲突获得的规模收益大于或小于异质性成本。

引理 8.3 给定异质性成本 $h_k (k = w, e)$,并给出与所有可能的国家配置相关的均衡收益(即结合所有最后两阶段的子博弈),个人将(严格地)更偏好于生活在一个两地区国家而不是一个独立的地区,当且仅当

$$\frac{\pi}{4}\left(\frac{R}{4} + \rho c\right) > h_k \tag{8.21}$$

证明 见附录 B。∎

项 $\pi[(R/4) + \rho c]/4$ 可以解释为统一得到的净冲突收益,来自更大

国家更低的人均国防费用和更低的预期战争成本。引理 8.3 陈述了一个
很直观的结果,它指出如果潜在冲突发生的概率更大和/或相关性更高,
冲突导致公开战争的概率也就越大,统一的相关异质性成本越低,人们越
偏好统一而不是独立。

命题 8.1 对于所有 $0 < h_w \leqslant h_e$,$\pi \geqslant 0$,$c \geqslant 0$ 和 $0 \leqslant \rho \leqslant 1$,在均衡中
将有:

1. 四个独立的地区($N = 4$),当且仅当

$$\frac{\pi}{4} \left(\frac{R}{4} + \rho c \right) \leqslant h_w \tag{8.22}$$

2. 一个统一的西方国家和东方两个独立地区($N = 3$),当且仅当

$$h_w < \frac{\pi}{4} \left(\frac{R}{4} + \rho c \right) \leqslant h_e \tag{8.23}$$

3. 一个统一的西方国家和一个统一的东方国家($N = 2$),当且仅当

$$\frac{\pi}{4} \left(\frac{R}{4} + \rho c \right) > h_e \tag{8.24}$$

证明 见附录 B。 ■

命题 8.1 是直观的。当从统一中获得的冲突收益低于最低的异质
性成本时(即 $\pi[(R/4) + \rho c]/4 < h_w$),独立是每个地区的均衡策略。如
果 $h_w < \pi[(R/4) + \rho c]/4 < h_e$,从统一中的收益足以补偿西部地区(更
低)的异质性成本,却不足以使东部统一,因为其异质性成本更高。如果
$\pi[(R/4) + \rho c]/4 > h_e$,统一是所有地区的均衡策略。[19]

我们现在将对不同的基本参数值进行隐性比较动态研究。命题 8.1
指出,国家的均衡数量和规模将内生取决于潜在冲突发生的概率(π)、冲
突收益(R)和异质性成本(h_e 和 h_w)。对于给定的异质性成本,高 π 和/
或高 R 倾向于与大国相关联,而低 π 和/或低 R 倾向于与小国相关联。

此外,命题 8.1 还表明,国家数量正相关于用军事手段解决冲突的概率(ρ)与其直接成本(c)的乘积。回想一下,一个更好战的世界往往代表着一个国家规模更大的世界,并且降低发生战争的概率和/或其成本会导致国家分裂。

请注意,观察到实际的国际冲突的可能性不仅取决于潜在冲突发生的可能性(π),而且取决于国家数量,这由 π 内生决定。这种内生联系可能产生一个似是而非的结果:较低的潜在冲突概率可能对应均衡下更高的能实际观察到的国际冲突的概率。

设 χ 表示发生国际冲突的可能性。根据定义,它将由下式给出

$$\chi = \frac{\pi N}{4} \tag{8.25}$$

通过命题 8.1,我们可以立即得出以下推论:

推论 8.1 对于任何 $h_w \leqslant h_e$,$\pi' > 16 h_w/(R+4\rho c)$,而 $\pi'' < 16 h_e/(R+4\rho c)$。令 $\chi(\pi')$ 表示与 $\{\pi', R, h_e, h_w, \rho, c\}$ 相关的发生国际冲突的概率,令 $\chi(\pi'')$ 表示与 $\{\pi'', R, h_e, h_w, \rho, c\}$ 相关的发生国际冲突的概率。当且仅当 $\pi'/\pi'' > 2$ 时,$\chi(\pi') > \chi(\pi'')$。

换句话说,对于均衡的国家数目为 2 的每个参数向量而言,存在一部分 π 的较小的取值范围,如果 R 和 h 的值不变,会使得:(1)均衡的国家数目变成 4;(2)发生国际冲突的概率高于更高的 π 的均衡所对应的国际冲突发生的概率。[20]直觉很简单:虽然较小的 π 降低了给定边界发生国际冲突的概率,但发生冲突的可能性减少了形成更大国家的动机,从而增加均衡的国家数目。本可以在国界内部解决的一些冲突现在需要通过国际间对抗来解决。这种间接效应抵消了 π 减少带来的直接效应,并导致可观察到的发生国际冲突的概率增加了。

另一方面,要注意的是,更低的 π 值可能带来更多的国际冲突,但同时也会更加局部化(在我们的例子中,每个冲突只涉及世界的一半而不是

全世界)。通过公开战争解决冲突的概率降低(更低的 ρ 值),由此导致了国家分裂,甚至可能增加发生战争的可能性。

潜在冲突的概率降低引起国家数目和规模的内生减少,可能会产生另外一个矛盾的效应:较低的 π 值可能对应均衡下更高的人均国防支出。在给定的国家配置的情况下,人均国防支出一定会随着 π 的增加而增加。因此,概率 π 的减小给给定边界带来了"和平红利":在每个国家,更低的发生冲突的概率可能会降低人均国防支出。然而,更低的 π 值减小了均衡的国家规模,可能导致均衡中更高的人均国防支出。此外,即使人均国防支出并没有随着 π 值的增大而增加,任何内生的规模的减小都意味着人均国防支出将高于边界保持不变时所观测到的水平。换句话说,冲突发生的概率与国防开支和国家大小之间存在内生的联系,并指明了为什么"和平红利"可能因国家分裂而减少或是被抵消。从形式上,我们可以说明如下:

推论 8.2 对于任何 $h_w \leqslant h_e$,$\pi' > 16h_w/(R+4\rho c)$,而 $\pi'' < 16h_e/(R+4\rho c)$。通过引理 8.1,更高的 π 值下的人均国防支出由下式给出:

$$d(\pi') = \frac{\pi' R}{16} \tag{8.26}$$

相比之下,更低的 π 值下人均国防支出由下式给出:

$$d(\pi'') = \frac{\pi'' R}{16} \tag{8.27}$$

因此,当且仅当 $\pi'/\pi'' > 2$ 时,$d(\pi') > d(\pi'')$。

请注意,即使 $d(\pi') > d(\pi'')$,与国家分裂相关的"和平红利"由下式给出:

$$PD_{break} = d(\pi') - d(\pi'') = \frac{R}{16}[\pi' - 2\pi''] \tag{8.28}$$

这样的"和平红利"小于国家没有分裂时观察到的"和平红利"，

$$PD_{nobreak} = \frac{R}{16} \left[\pi' - \pi'' \right] \tag{8.29}$$

*8.4 战争、国防、边界和国际法

即使战争没有成本（$c=0$），从效率的角度来看所有的国防费用也都是多余的。一个更有效的解决办法是让各国事先（即公布 R 所在的地区之前）达成统一意见，将世界划分为各国的国土范围，使每个国家对落入其范围内的所有资源 R 都拥有完全的控制权（国际产权）。最好的划分是将四个独立地区划分为四个相等的部分，这样便无需为防御有所支出。但是，在没有强制执行的情况下，每个国家都有动机偏离这一规划，投入军事力量，侵略邻国的势力范围。

虽然无法完全分割区域，但在某些世界秩序中，部分分割区域可以通过国际执法机构和/或历史悠久的社会规范所支持的国际法强制执行。

我们假设现行的国际法允许每个地区附近有一个大小为 $\xi < \frac{1}{4}$ 的安全区域。那么，只有当 R 落在国土范围之外（"无政府主义区域"）时才会发生实际的冲突。

命题 8.1 可以概括如下：

命题 8.2 对于所有 $0 < h_w \leqslant h_e$，$\pi \geqslant 0$，$c \geqslant 0$，$0 \leqslant \rho \leqslant 1$，和 $0 \leqslant \xi \leqslant \frac{1}{4}$，均衡时，我们将有

1. 四个独立的地区（$N=4$），当且仅当：

$$\frac{\pi}{4} \left(\frac{1}{4} - \xi \right) \left(\frac{R}{4} + \rho c \right) \leqslant h_w \tag{8.30}$$

2. 一个统一的西方国家和东方两个独立地区($N=3$),当且仅当

$$h_w < \frac{\pi}{4}\left(\frac{1}{4}-\xi\right)\left(\frac{R}{4}+\rho c\right) \leqslant h_e \tag{8.31}$$

3. 一个统一的西方国家和一个统一的东方国家($N=2$),当且仅当

$$\frac{\pi}{4}\left(\frac{1}{4}-\xi\right)\left(\frac{R}{4}+\rho c\right) > h_e \tag{8.32}$$

因此,国际控制权的扩大降低了国防的重要性,并促进了小国之间的平衡。

然而,可直接看到发生冲突的可能性降低可能会导致局部战争,因为同样的原因,扩大国际所有权管制的范围,降低了国际的"无政府状态"水平以及国防的重要性,可能会带来更多的冲突和战争。形式上,我们现在有可能发生国际冲突的概率为

$$\chi = \pi\left(\frac{1}{4}-\xi\right)N \tag{8.33}$$

通过命题 8.2,我们可以立即得出以下推论:

结论 8.3 对于任何 $h_w \leqslant h_e$, $\xi' < (1/4)-4h_e/(R+4\rho c)\pi$,而 $\xi'' > (1/4)-4h_w/(R+4\rho c)\pi$。令 $\chi(\xi')$ 表示与 $\{\pi, R, h_e, h_w, \rho, c, \xi'\}$ 相关的发生国际冲突的概率,令 $\chi(\xi'')$ 表示与 $\{\pi, R, h_e, h_w, \rho, c, \xi''\}$ 相关的发生国际冲突的概率。当且仅当 $\xi'' > (\xi'/2)+(1/8)$ 时,$\chi(\xi') > \chi(\xi'')$。

换句话说,当且仅当国际法的控制范围足够大时,它执行力度的增加在导致国家分裂的同时也会减少冲突。否则,国际法的执行范围进一步扩大,最终将引起更多的冲突和战争。例如,即使是只将"国际执法"的范围从 1/16 增加一倍到 1/8——如果这导致了两个国家分裂为四个国家——就会导致更多的冲突,因为两个国家时冲突发生的概率 $3\pi/8$ 将变成 $\pi/2 > 3\pi/8$,此时国家数目变成 4。

这一结果表明,如果边界是内生的,所谓的国际法的改善可能会增加冲突的可能性。这不是最好的结果。虽然最好的世界会出现在完美定义的国际管制权下,但是当我们考虑到扩大国际产权的控制范围并不能完全消除无政府状态和不确定性的领域时,可能会得出非常不一样的结果。冷战后的世界中,执行国际协议和国际控制权的共同尝试有所增加,但地方冲突和分裂主义却出现爆炸式的增长。我们的分析为两种现象同时存在提供了可能的解释。

8.5　冲突、贸易和国家的规模

第 6 章研究了国际贸易与政治边界决定之间的关系。我们含蓄地假定国家之间进行的国际交流是完全的,并且国家之间不发生冲突。但毫无疑问,冲突是国际关系的重要组成部分,而且在决定政治边界上发挥着关键作用。在本节中将简要讨论明确考虑到国家间发生冲突的概率时的国际贸易和开放度。

在第 6 章中,我们强调国际经济一体化程度与形成更大的政治单元的激励之间的反向关系。我们发现,更高的开放程度令小国能够独立生存发展。在第 7 章和本章中,我们已经论证了国际冲突反而使得小国的生存能力更差,并促进其组成更大的政治单元。

一旦我们考虑冲突与贸易之间可能的联系,这两个影响就并不是毫无关系的。波拉切克(Polachek, 1980, 1992)率先发表的一个重要的实证文献提供了"冲突与贸易之间强而稳健的负相关关系"的证据(Polachek, 1992, p.113)。冲突减少了国家之间的贸易。因此,冲突的成本就是贸易中收益的损失。贸易交流最多的两个国家之间的冲突最少(见 Polachek, 1992; Polachek, et al., 1999)。这个因果关系可能是双向的:更多的交易意味着敌意造成的损失更大,因此会减少敌意。相反,较少的冲突意味着更低的贸易壁垒,因此贸易活动越多。[21]

因此,我们预期到第 6 章和第 7 章中所确定的影响将相互加强:减少冲突将直接或通过增加开放度而促进较小的政治单位形成。但这不是全部。如斯波劳雷(Spolaore, 2001)所指出的,当冲突与贸易相互作用时,政治单位可能存在冲突、开放和规模的多重均衡。在一种均衡下,各国均是小国,因此更加开放,冲突也会减少。在这样一个高度开放和低冲突的世界里,政治规模不再那么重要,因此证明小国为均衡结果。在另一种均衡下,世界将由更大的国家组成,经济一体化程度较低,并伴随着更多的冲突。在这样一个世界里,从国内市场范围和规模经济中获得的收益会更大,因此均衡下人们会想要归属大国。

在斯波劳雷(Spolaore, 2001)模型中,多重均衡的存在主要取决于形成较大政治单位带来的异质性成本。如果异质性成本非常高,均衡下只会形成许多小国。如果异质性成本足够小,形成大国将成为唯一的均衡结果。但是,对于异质性成本的其他中间值,均衡下形成小国世界和大国世界都是可能的。关键的条件是,在大国世界中大国分裂的成本必须大于在小国世界中小国组成大国的好处。使现有大国分裂的成本包括进入每个前大国成员市场机会的减少。当世界其他地区的市场关闭时(因为其他地区都是因高冲突而组成的大国),这种机会是相对有价值的(即对产出影响较大)。相比之下,在低冲突的小国世界中组建一个新的大国带来的收益相对较低,因为独立地区通过与邻国的国际交流可以获得大部分贸易利益。因此,在小国世界相同水平的异质性成本可能会阻碍小国(其形成大国的利益相对较小)形成大国,但这种成本可能被在大国世界中大国分裂的较高成本所抵消。

在这个模型中,冲突较少、经济一体化程度高的小国世界一定比高冲突、经济一体化程度低的大国世界好吗?答案有些令人惊讶:不一定。

显然,对于给定的边界,低冲突总是优于高冲突。也就是说,在大国世界,如果每个政府都可以承诺选择较少发生冲突而不是频繁发生冲突,每个人都会变得更好。但是,原则上这并不意味着一个低冲突的小国世界将更优于高冲突的大国世界。为什么? 我们可以列举两个原因。

1. 在小国世界里,给定的冲突水平在人均意义上而言更为昂贵。正如我们在分析中强调的那样,从一个国家的角度看,冲突投资是一种公共品。在小国世界中的人均冲突成本是否实际上低于大国世界中的,取决于冲突水平的净下降是否足以补偿小国冲突成本必须由少数人口承担这一事实。

2. 在小国世界,国际贸易壁垒要低于大国世界。然而,在大国世界中发生在政治边界内(因而无偿地)的贸易在小国世界就成了需要成本的跨国界贸易。小国世界的人均产出是否实际上高于大国世界,这取决于地区之间低壁垒带来的好处是否足以补偿地区之间设定更高壁垒所需的成本。

然而,大国世界均衡与小国世界均衡是不对称的。尽管任何一个世界在均衡下确实可以提供更高水平的效用,斯波劳雷(Spolaore,2001)表明,对于一个小国而言,这些条件并不那么"严格"。原因在于,大国的异质性成本更高。换句话说,由于异质性成本,在其他条件一样的情况下,两个均衡下的福利比较倾向于"有利于"一个小国世界。

总而言之,小国世界的效用是否高于大国世界,取决于低冲突带来的好处是否补偿了分摊这些成本的更少的人口,以及较低壁垒带来的好处是否补偿了由于地区之间设定较高壁垒造成的损失。由于小国世界的异质性成本总体上低于大国世界,因此,对于小国世界均衡而言,最优化条件没有大国世界均衡那么严格。

8.6　结论

在这一章中,我们扩展了对冲突和规模之间关系的讨论,以便明确描述和平谈判和暴力冲突都可能发生的"战争博弈"中,国际法的作用以及冲突与贸易之间的关系。我们认为,国防支出对和平谈判和战争而言十分重要,更高的发生冲突和战争的概率与形成更大国家的激励有关。加强国际法可能会减少两国之间的冲突,但同时减弱了形成更大政治联盟的激励,因而可能导致国家分裂,提高总体的冲突水平。最后,如果冲突减少了贸易,我们应该在小国世界中观察到更少的冲突和更多的贸易,在大国世界中观察到更多的冲突和更少的贸易。

8.7 附录 A:意识形态上的冲突

虽然我们已经在模型中指出冲突的分布(分布在具有经济价值的地方),但是我们的两个主权国家之间的国际冲突模型也可以被诠释为意识形态上的冲突。例如,假定两国在某一维意识形态问题上有不同偏好。只要每个国家都能够独立决定自己的政策,而且不影响邻国,冲突就不会出现。然而,一个国家的决策可能会影响到另一个国家的个体。例如,决策可能会考虑关于影响两国关系的变量(如对跨境溢出污染的管理)和/或每个国家认为直接关乎其公民利益的政策,即使该政策发生在另一国家的边界内(人权、宗教政策等)。虽然每个国家都乐意实施其最偏好的类型,但最终的均衡类型将取决于两国的相对实力。为了使之更为直观,假设存在一些同时影响到两个国家社会经济、文化、宗教等变量的偏好类型,及由此定义的连续变量集。也就是说这些类型定义在线段 $[a, b]$ 上。国家 j 偏好类型 a,每当"类型"实施情况为 x 时,$a \leqslant x \leqslant b$,它获得 $(b-x)G$ 的收益。类似地,国家 j' 偏好类型 b,并获得 $(x-a)G$ 的收益,$a \leqslant x \leqslant b$。通过利用两国的相对实力(即通过使用 d_j 和 $d_{j'}$)解决冲突时,我们有:

$$x^* = \frac{d_j}{d_j + d_{j'}}a + \frac{d_{j'}}{d_j + d_{j'}}b \qquad (A8.1)$$

两国的收益分别是:

$$\frac{d_j}{d_j+d_{j'}}(b-a)G \ 与\frac{d_{j'}}{d_j+d_{j'}}(b-a)G$$

形式上等同于上文提及的$(b-a)G=R$。因此,在偏好/意识形态的情境下,R可以被理解为对两国之间意识形态距离的测量:$(b-a)$乘以G,G代表问题的相关性程度。

虽然我们在内生国家形成的框架内没有明确阐述这一规范,但是值得注意的是这种替代解释同样能给出我们的冲突模型。[22]

8.8 附录 B:推导

8.8.1 推导引理 8.1

为了得出引理 8.1,我们需要得出每种国家配置的均衡国防支出水平。

两个国家

只有两个国家时,用d_1^*(d_2^*)表示国家 1(国家 2)的均衡国防支出。两国之间发生冲突的可能性是$\pi/2$。因此,国家 1 的预期总收益关于国防支出的函数为:

$$\frac{\pi}{2}\frac{d_1}{d_1+d_2}R-d_1 \tag{A8.2}$$

类似地,国家 2 的人均预期收益是:

$$\frac{\pi}{2}\frac{d_2}{d_1+d_2}R-d_2 \tag{A8.3}$$

纳什均衡的防御水平d_1^*和d_2^*确定为:

$$d_1^* = \arg\max \frac{\pi}{2} \frac{Rd_1}{d_1 + d_2^*} - d_1 \tag{A8.4}$$

$$d_2^* = \arg\max \frac{\pi}{2} \frac{Rd_2}{d_1^* + d_2} - d_2 \tag{A8.5}$$

这意味着一级条件为：

$$\frac{d_2^*}{(d_1^* + d_2^*)^2} = \frac{d_1^*}{(d_1^* + d_2^*)^2} = \frac{2}{\pi R} \tag{A8.6}$$

方程式(A8.6)的解是：

$$d_1^* = d_2^* = \frac{\pi R}{8} \tag{A8.7}$$

由于每个国家的人口总数均等于 2，每个国家的人均国防费用是：

$$\frac{d_1^*}{2} = \frac{d_2^*}{2} = \frac{\pi R}{16} \tag{A8.8}$$

在一个双人博弈中，唯一的纳什均衡也是防共谋的。

三个国家

当一个由两个地区组成的国家(如国家 1)与两个独立地区(如国家 2、3)共存时，纳什均衡国防水平 d_1^*，d_2^* 和 d_3^* 由下式给出

$$d_1^* = \arg\max_{d_1} \frac{\pi R}{4} \left[\frac{d_1}{d_1 + d_2^*} + \frac{d_1}{d_1 + d_3^*} \right] - d_1 \tag{A8.9}$$

$$d_2^* = \arg\max_{d_2} \frac{\pi R}{4} \left[\frac{d_2}{d_1^* + d_2} + \frac{d_2}{d_2 + d_3^*} \right] - d_2 \tag{A8.10}$$

$$d_3^* = \arg\max_{d_3} \frac{\pi R}{4} \left[\frac{d_3}{d_1^* + d_3} + \frac{d_3}{d_2^* + d_3} \right] - d_3 \tag{A8.11}$$

解得

$$d_1^* = d_2^* = d_3^* = \frac{\pi R}{8} \tag{A8.12}$$

由于国家 1 的人口规模为 2, 而国家 2 和国家 3 则有各自的人口规模, 国家 1 的人均国防支出水平为 $\pi R/16$, 国家 2 和国家 3 则为 $\pi R/8$。

我们还需要表明, 上述纳什均衡式 (A8.12) 也是防共谋的。事实上, 给定任何可能联盟的国家给出的所有可能的国防支出的集合, 其余国家进行博弈依然会导致唯一的纳什均衡。

第一, 给定国家 $1(d_1)$ 的国防支出水平, 国家 2 和国家 3 所引发的博弈具有唯一的纳什均衡, 由下式给出:

$$d_2^*(d_1) = \arg\max\nolimits_{d_2} \frac{\pi R}{4}\left[\frac{d_2}{d_1+d_2} + \frac{d_2}{d_2+d_3^*(d_1)}\right] - d_2 \quad (A8.13)$$

$$d_3^*(d_1) = \arg\max\nolimits_{d_3} \frac{\pi R}{4}\left[\frac{d_3}{d_1+d_3} + \frac{d_3}{d_2^*(d_1)+d_3}\right] - d_3 \quad (A8.14)$$

第二, 给定国家 $2(d_1)$ 的国防支出水平, 国家 1 和国家 3 所引发的博弈具有唯一的纳什均衡, 其解由以下两个一级条件给出:

$$d_1^*(d_2) = \arg\max\nolimits_{d_1} \frac{\pi R}{4}\left[\frac{d_1}{d_1+d_2} + \frac{d_1}{d_1+d_3^*(d_2)}\right] - d_1 \quad (A8.15)$$

$$d_3^*(d_2) = \arg\max\nolimits_{d_3} \frac{\pi R}{4}\left[\frac{d_3}{d_1^*(d_2)+d_3} + \frac{d_2}{d_2+d_3}\right] - d_3 \quad (A8.16)$$

类似地, 考虑到国家 3 采取的行动, 国家 1 和国家 2 所引发的博弈也具有唯一的纳什均衡。

对任何可能联盟的国家给出的所有可能的国防支出的集合, 其余国家进行博弈都将导致唯一的纳什均衡, 我们根据定义得出, 防共谋均衡集与纳什均衡集中帕累托有效的均衡集相一致[23], 而这恰恰是我们在方程式 (A8.12) 所给出的唯一纳什均衡。

四个国家

当四个独立国家 (如国家 1、国家 2、国家 3 和国家 4, 每个国家的大小规模均为 1) 共存时, 纳什均衡由下式给出:

$$d_1^* = \arg \max_{d_1} \left\{ \frac{\pi R}{4} \left[\frac{d_1}{d_1+d_2^*} + \frac{d_1}{d_1+d_4^*} \right] - d_1 \right\} \quad \text{(A8.17)}$$

$$d_2^* = \arg \max_{d_2} \left\{ \frac{\pi R}{4} \left[\frac{d_2}{d_1^*+d_2} + \frac{d_2}{d_2+d_3^*} \right] - d_2 \right\} \quad \text{(A8.18)}$$

$$d_3^* = \arg \max_{d_3} \left\{ \frac{\pi R}{4} \left[\frac{d_3}{d_2^*+d_3} + \frac{d_3}{d_3+d_4^*} \right] - d_3 \right\} \quad \text{(A8.19)}$$

$$d_4^* = \arg \max_{d_4} \left\{ \frac{\pi R}{4} \left[\frac{d_4}{d_1^*+d_4} + \frac{d_4}{d_3^*+d_4} \right] - d_4 \right\} \quad \text{(A8.20)}$$

解得：

$$d_1^* = d_2^* = d_3^* = d_4^* = \frac{\pi R}{8} \quad \text{(A8.21)}$$

这意味着每个国家的人均国防费用等于 $\pi R/8$。

与三个国家的情况一样，这直接表明，对任何可能联盟的国家给出的所有可能的国防支出的集合，其余国家进行博弈都将导致唯一的纳什均衡。因此，方程式（A8.21）得出的国防支出水平就是唯一的防共谋均衡国防支出水平。

上述分析表明，对于任何可能的国家配置，我们认为均衡下由两个地区组成的国家的人均国防支出为 $\pi R/16$，而由一个地区形成的国家的人均国防支出等于 $\pi R/8$。 ■

8.8.2　推导引理 8.2

冲突的预期收益（包括在国家边界内解决的潜在冲突）可以进行如下计算：

两个国家时，国家 1 中的个体预期为：

$$\frac{1}{2} \left[\frac{\pi R}{4} + \frac{\pi R}{2} \frac{d_1^*}{d_1^*+d_2^*} \right] = \frac{\pi R}{4} \quad \text{(A8.22)}$$

国家 2 中的个体预期相同的收益。

三个国家时,较大国家(如国家 1)的个体预期为:

$$\frac{1}{2}\left[\frac{\pi R}{4}+\frac{\pi R}{4}\frac{d_1^*}{d_1^*+d_2^*}+\frac{\pi R}{4}\frac{d_1^*}{d_1^*+d_3^*}\right]=\frac{\pi R}{4} \tag{A8.23}$$

其中两个小国(例如国家 2 和国家 3),个体预期为:

$$\frac{\pi R}{4}\frac{d_2^*}{d_1^*+d_2^*}=\frac{\pi R}{4}\frac{d_2^*}{d_2^*+d_3^*}=\frac{\pi R}{4}\frac{d_3^*}{d_1^*+d_3^*}=\frac{\pi R}{4}\frac{d_3^*}{d_2^*+d_3^*}=\frac{\pi R}{4}$$

$$\tag{A8.24}$$

类似的计算表明,四个国家时,每个个体的预期都为 $\pi R/4$。

在两个地区形成的国家(即 $s_i=2$)中,战争费用由 $(\pi/2)(\rho c/2)$ 表示,而在一个地区形成的国家(即 $s_i=1$),战争费用由 $\pi\rho c/2$ 表示。因此引理 8.2 成立。　■

8.8.3　推导引理 8.3

如上所示,均衡下的国防支出水平总是 $\pi R/8$。因此,每个国家从冲突中取胜的预期概率是 $\frac{1}{2}$。在由两个地区组成的国家中,预期的人均冲突收益减去预期的战争费用等于:

$$\frac{\pi R}{4}\frac{1}{2}+\frac{\pi}{2}\left[\frac{R}{2}-\rho\frac{c}{2}\right]=\frac{\pi(R-\rho c)}{4} \tag{A8.25}$$

第一项表示 R 在国内的和平划分,第二项表示解决冲突的预期收益,第三项是指战争的成本。

相比之下,一个地区形成的国家的净收益是:

$$\frac{\pi}{2}\left[\frac{1}{2}R-\rho c\right]=\frac{\pi(R-2\rho c)}{4} \tag{A8.26}$$

由两个地区组成的国家的个人效用是：

$$U_{uni} = y - \frac{\pi R}{16} + \frac{\pi (R - \rho c)}{4} - h_k \qquad (A8.27)$$

而在由一个地区形成的国家的个人效用是：

$$U_{ind} = y - \frac{\pi R}{8} + \frac{\pi (R - 2\rho c)}{4} \qquad (A8.28)$$

因此，要使统一（严格地）优于独立，当且仅当

$$\frac{\pi}{4} \left(\frac{R}{4} + \rho c \right) > h_k \qquad (A8.29)$$

8.8.4 推导命题 8.1

命题 8.1 是引理 8.3 的直接推论。我们可以立即看出命题 8.1 描述的是一个纳什均衡。此外，若处于其他任何的纳什均衡，通过偏离并移动到命题 8.1 描述的均衡，有一组个体的境况严格来说将变得更好。

首先，考虑 $\pi[(R/4) + \rho c]/4 < h_w$ 的情况。在这种情况下，每个个体的占优策略都是投票选择独立。对于大多数个体投票选择统一的任何均衡来说，都存在一种个体（实际上是所有人）的联盟，如果这些人转而支持独立，他们的境况严格来说将变得更好。因此，所有地区都独立是唯一可能的防共谋纳什均衡结果。

当 $h_w < \pi[(R/4) + \rho c]/4 < h_e$，任何东部地区统一的情况都会被大多数（实际上是所有）的东部个体所破坏，因为在两个东部地区独立的情况下，这些个体的境况将变得更好。另一方面，在西部投票选择统一是占优策略。

当 $\pi[(R/4) + \rho c]/4 > h_e$，投票选择统一是各地的占优策略。

注释

1. 以下讨论基于 Spolaore(2001)。

2. 关于反对意见,见 Barbieri(1996)。

3. 关于更进一步的讨论,见 Powell(1999)。

4. 然而,Gartzke(1999)批评了第二种机制,认为这是在缺乏不确定性和不对称信息的情况下对理性战争似是而非的解释。虽然我们没有明确地扩展我们的模型以允许不对称信息的情况,但我们预计这种扩展会加强我们结果的可靠性。

5. 简单起见,我们排除了不战争就投降的选择。

6. 当与公开冲突相关的费用不对称时,军事力量薄弱但面临低战争成本的国家在谈判桌上可能比军事力量更强而战争成本较高的国家获益更多。具体来说,对于 $c_j \neq c_{j'}$,我们有

$$\alpha_j^* = \frac{d_j}{d_j + d_{j'}} + \frac{c_{j'} - c_j}{2R}$$

只要两个国家通过讨价还价取得的利益至少能与通过公开冲突取得的利益一样多。

7. 在这些问题上,经典的讨论是由 Shelling(1966)提出的。另见 Fearon(1995)和 Van Evera(1998)。

8. 只要 $e_j > 0$ 和 $e_{j'} > 0$,当 $\max\{E_j, E_{j'}\} \leqslant c$ 时,(发起战争,发起战争)就不是弱主导策略的均衡。

9. 因此,正如我们前面提到的那样,由于在囚徒困境中出现的标准承诺问题,均衡状态下战争就会发生。关于在国际关系中的承诺问题的讨论,见 Powell(1999)。

10. 注意,对于 $\max\{E_j, E_{j'}\} \leqslant c$,我们的博弈是 Harsanyi 和 Selten(1988)以及 Farrell(1988)所引用的猎鹿博弈的一般情况,并在 Aumann(1990)中进行了讨论。另见 Fudenberg 和 Tirole(1991,第 20—21 页)。对于在不同但相关背景下的国际关系的应用,见 Jervis(1978)。

11. 对于防共谋纳什均衡的定义是通过减少所有可能的博弈参与者的联盟规模。根据纳什均衡的标准定义,这个定义要求一个博弈参与者的联盟不能通过偏离来改善其状况。这个定义还要求两个博弈参与者的联盟不能通过偏离来改善其状况,但唯一允许的联合偏离是任何博弈参与者联盟的偏离都不具有单独偏离的动机。换一种说法,所有两个博弈参与者的偏离必须是假定所有其他玩家的策略已经确定的情况下两人博弈的纳什均衡。那么,对于两个以上的博弈参与者,考虑三个博弈参与者联盟的情况等等,一直到所有博弈参与者的联盟。对于两个参与者的博弈,这组防共谋纳什均衡与那组不由其他纳什均衡帕累托主导的纳什均衡相一致。对于防共谋纳什均衡的正式定义,见 Bernheim,Peleg 和 Winston(1987)。

12. 原则上,只要满足我们的定义,紧密的超国家联盟就可能被归类为我们框架内的国家。实际上,加入实际军事联盟的国家往往在大多数事务上保留主权。

13. 假设每个地区有一个个体(或更一般地,M 个相同偏好的个体,如附录 B 所示),我们可以忽视区域内的偏好加总问题。特别是,任何投票规则在每个区域内都会作出同样的决定。因此,在接下来的分析中我们将把一个区域作为一个博弈个体。

14. 为了简单起见,我们假设约束 $d_j \leqslant \sum_{i \in S_j} y_i$ 在均衡中不具有约束力。

15. 我们不在模型中明确地表现这些因素。在另一个不同框架下,Hess and Orphanides (1995,1997)探讨了在经济和政治条件的作用下,政府去发动一场本可以避免的战争的动机。

16. 正如我们已经提到的那样,为了简化分析,我们隐含地假定地理和/或技术阻止第三方参与这些双边冲突。换句话说,我们排除了转让和/或技术承诺的可能性,即允许第三国承诺向冲突的国家提供外部援助,以从掠夺中受益。

17. 在不失一般性的情况下,我们假设各国的"突发损失"是一样的。

18. 值得注意的是,在这种情况下,"联盟"的概念不应该与"地区""国家"或"政府"的概念混淆。联盟在这与防共谋均衡的专业定义相一致,即任何博弈参与者的子集。所以我们在第二阶段和第三阶段提到的"政府联盟",在第一阶段提到的"地区联盟",都是简单的博弈参与者的子集,这些子集可能共同偏离任何已给定的均衡。特别要注意的是,地区联盟是博弈参与者的子集,而由一个或两个地区形成的国家是策略组合的结果。

19. 虽然我们选择了专注防共谋均衡,但我们已准备好接受在某些情况下采用更广泛的均衡概念的可能性。例如,在某些历史情况下,冲突的政府的沟通可能是极其困难的,和/或相互信任度很低。见 Aumann(1990)关于博弈前的沟通是确保自我执行帕累托效率均衡的任何协议的充分条件的批判性观点。在我们的博弈中,每个参与者都有动机来说服对方讨价还价,无论他自己是否打算讨价还价。现在,考虑一个多疑的博弈参与者,他会选择帕累托效率均衡,但在没有沟通的情况下他却会冒险地选择效率策略"发动战争"。如果被告知对方会选择谈判,他可能也没有理由改变主意。因此,博弈前的两国政府的沟通是不够的:必须要求最低限度的国际信任足以维持"谈判"均衡。在这些情况下,决定统一或独立的国家可能对冲突的结果有着合理的悲观期望,例如,无论 E 是否大于或小于 c,国家都会希望通过战争来解决冲突。对政府在冲突中合作达到双方谈判的能力的悲观期望可能会维持另一种均衡,即子博弈完美但并非防共谋的均衡,其特征如下:对全部 $0 < h_w \leqslant h_e$, $\pi \geqslant 0$, $c \geqslant 0$ 和 $0 \leqslant \rho \leqslant 1$,存在一个"悲观"的子博弈完美平衡(并非防共谋的),使得:

● 四个独立的地区($N=4$),当且仅当:

$$\frac{\pi}{4} \left(\frac{R}{4} + c \right) \leqslant h_w$$

● 一个统一的西方国家和东方两个独立地区($N=3$),当且仅当:

$$h_w < \frac{\pi}{4} \left(\frac{R}{4} + c \right) \leqslant h_e$$

● 一个统一的西方国家和一个统一的东方国家($N=2$),当且仅当:

$$\frac{\pi}{4} \left(\frac{R}{4} + c \right) > h_e$$

换句话说,对解决冲突的悲观信念可能会导致大国的形成(即只有当 $\rho=1$ 时国家的规模分布才会与防共谋均衡一致)。乐观地看,在现代世界我们基于协调期望选择均衡更加现实。但是,我们不排除先前历史上已经观察到的另一"悲观"均衡的事实。

20. 当国家数目从 2 个增加到 3 个,或是从 3 个增加到 4 个时,可以得出类似的推论。

21. 对于贸易冲突和冲突贸易关系的格兰杰因果关系检验,见 Gasiorowski 和 Polachek (1982)。

22. 若将这种替代的冲突模型直接应用于我们的内生国家形成的博弈,需要详细说明具体问题的不同偏好如何分布在各地区之间及统一的政府组合的地区内。虽然这可能是一个有趣的扩展,但我们将其留在未来的研究中。

23. 见 Bernheim,Peleg 和 Winston(1987,第 8 页)。

第9章 联邦制和权力下放

9.1 引言

国家政府通常不提供所有公共品，也并不对每项政策负责。相反，许多政策特权属于地方管辖区。尽管各国权力下放的程度各不相同，但各级地方政府通常具有重要的政策职能，并且越来越重要。

在政界，关于财政联邦制和权力下放的讨论通常是核心，总的来说，权力下放被认为是有利的。[1]如奥兹（Oates，1999）所说，"权力下放正在兴起"。我们本章的目的并不是提供一个关于这个领域的概述。[2]更为恰当地说，我们要将对最优国家规模的讨论与最优权力下放程度联系起来。特别是，我们将讨论分散政府职能的可能性如何影响到均衡下的国家规模。

回想一下，在第2章中我们问的问题：为什么会形成国家？也就是说，我们研究了为什么在重叠管辖时一片混乱的复杂情况下，是不可能形成政府的。我们认为，单一的统一政府节省了交易成本，并将"混乱"导致的范围经济损失内部化。在本章中，我们将权力下放看作是一种介于两个极端之间的中间组织形式，一个极端是错综复杂的重叠权限，另一个极端是一级政府所做的一切。

我们将发现,权力下放多少的问题也与政治经济学的定义密切相关。在民主和专政体制中,理想的权力下放水平是不同的。

9.2　联邦制

在文献和政策的讨论中,"联邦制"有两种不同的用法。在美国,更多的联邦制意味着给予联邦政府更多的特权。在欧洲和其他地方,联邦制等同于权力下放。这种差异反映了不同的初始条件:在美国,联邦制度的建立是将原本联系松散的领土整合起来。在欧洲(如法国、西班牙、意大利、比利时和英国),更多的联邦制意味着要摆脱政府的集权形式。

关于联邦制的文献通常围绕三大主题。一是组建联盟,这方面的经典现代贡献来自赖克(Riker,1964)。二是各级政府,国家政府和地方政府之间职责和特权的归属。三是国家政府和地方各级政府之间的财政预算关系网,以及什么级别的政府应使用什么类型的税收的相关问题。

本书对前两点进行了很多分析,而对第三点进行的分析相对较少。接下来,我们简要地突出与部分"联邦制"文献有关的观点。

9.2.1　组建联邦

关于什么决定了一个国家的规模的讨论,当然与之前独立的地区为什么及如何形成统一联盟这个问题十分相关。

让我们回到第 2 章的讨论,我们认为没有交易成本或规模经济时,个体不需要"国家"——甚至是联邦国家。世界可以在一个重叠管辖的复杂网络中运行。为简单起见,假设一个只存在两种公共品 A 和 B 以及 600 万人的世界。假设最优的无约束解是将世界划分为三个相同的管辖区——每个管辖区内有 200 万人提供物品 A;以及将世界划分为每个区内有300万人提供物品B的两个相同的管辖区。这意味着在每个B管辖区中,一些公民从某一A管辖区购买得到物品A,而其他的一些公民则从另一个A管辖区获得物品A,它也为另一个B管辖区的公民提供了公共品。这可行吗?

对于某些类型的物品,这种情况是不可能的。最典型的例子是外部防御和高压政治的最终垄断:比如说,很难想象属于两个不同军事管辖区的个体共用一个学区,这两个军事管辖区很可能相互发生战争。或者,想象一个更加极端的例子,不共用一套法律司法制度或国家军队的公民却共享一个共同的地方警察部队。这样的安排是难以想象的,因为存在一个与由最终执行法律和使用武力的能力有关的基本公共品组合。这些公共品必须为所有个体所共享,是共同提供其他公共品的先决条件。我们称之为"等级假说"。

满足等级假说的一个极端例子是某一中央集权政府提供所有公共品,正如第3章所提及的。但等级假说本身并不要求集中提供所有公共品,而是只要求提供下级公共品的管辖区边界不越过提供上级公共品的管辖区边界。换句话说,不同的管辖区能够以联邦形式组织起来。

因此,联邦介于重叠管辖时一片混乱的情况和单一国家政府进行全部管理的简化情况之间。联邦政府将特权委托给州和地方政府,但州和地方的边界不越过联邦边界。

联邦政府不能下放的一个政策特权是军事和强制垄断。事实上,赖克(Riker,1964)关于创建联邦的观点恰恰是出于安全考虑建立防御以防范外来威胁的观点。他给出的独立实体组成联邦的根本原因是要加入军事力量。根据赖克,所有联邦的组建都是为了应对外来的威胁,用我们的术语来说,这是一种利用规模经济进行防御的方式。不管怎样,组成联邦的唯一动机是有争论的。例如,如第6章所述,在充满国际贸易壁垒的世界中形成更大国内市场的要求可能发挥着重要作用。如果确实是这样,对内部贸易和共同的外部贸易政策的防御和保护应该是联邦政府的两个关键属性。但除了这些特权之外,中央政府还应该做些什么呢? 我们将在下一节中讨论这个问题。

另一个导致联邦制形成的相关原因是外部性问题。如果不与其他地区的政策相协调,一个地区独立遵守的某些政策可能会产生不利后果。而联邦的形成允许这种协调。一个标准的教科书式的例子就是污染。另外,如果政策是独立选择的,那么可能会失去正外部性。如果各地区加入联邦,这些外部性可以"内部化",即联邦可以选择充分考虑地区之间交叉影响后的政策。在关于欧盟的第 12 章中我们会更详细地讨论这些问题。

9.2.2 各级政府之间的职责归属

我们在前几章的讨论可以用来解决各级政府内部的最优职责归属问题。我们可以应用规模经济与偏好异质性之间的基本权衡。事实上,在关于地方公共财政的文献中权力下放的一个经典论点就是,地方政府更适合针对地方偏好。显然,这个论点与异质偏好的存在有关:如果一个国家的每个公民都有同样的偏好,权力下放的作用就会消失。因此,根据我们的分析,较低级别的政府应提供规模经济重要性更低、偏好异质性更高的职能和商品。更高层次的政府应提供规模经济大、偏好异质性低的公共品和政策。例如,国防和外交政策显然"属于"国家政府层面的政策,而教育和学校政策似乎更具有地方性。

实际上,政府职能之间的区别可能很难划清界限。当然从实际的角度来看,职责的归属问题是复杂的,在不同的国家答案也有所不同。在第12 章中,我们详细讨论了一个具体案例——欧盟,其可以被认为是一个联邦,或至少是一个国家联盟。

思考国家形成和国家政府之间的关系时,我们可以对各个州的地方政府进行部分地类比。首先,关于地方政府的大多数文献都重点研究管辖区之间的人口流动,并遵循了蒂布特(Tiebout,1956)的开创性贡献。在国际环境下,流动可能会低得多。此外,国家政府通常会在地方采取一系列重新分配政策。这一观察直接引导我们关注中央与地方政府的财政关系问题。

9.2.3   中央与地方政府的财政关系

关于财政联邦制的文献中有一个根本问题就是征税与公共品提供之间的对应程度。在一个极端下,我们得到各个管辖区都必须征收足够税款以支付其支出的制度。在另一个极端下,国家征收税款,并通过一些制度将税款转移到国家下面的各级政府。在这两种制度之间作出选择十分重要。

首先,考虑国家征收税款并由地方进行项目支出的情况。这种制度常常导致财政失衡,因为国家征收税款而地方选择项目支出,下级政府没有将项目支出的财政成本内部化。[3]因此,纯粹从经济激励的角度来看,应该强制执行税收和支出的完全对应。各级政府应征收足够的税款,以提供其负责的公共品。许多关于财政联邦制的文献研究如何创造政府间的财政关系,以最大限度地减少这些激励倒错的问题。

另一种类型的权力下放结构则要求各级政府的税收和支出完全对应。该制度避免了上述突出的激励问题,但不允许同一国家内不同地区之间进行直接再分配。在区域间收入差距很大的情况下,十分需要再分配,如之前在第 4 章所讨论的一样。累进所得税会自然而然地将富人的收入重新分配给穷人,从而将更富有的地区的收入重新分配给较贫困的地区。然而,直接的区域转移有很多不同的再分配影响,并且不总是理想的。例如,如果较贫困地区的收入差距很大,该地区非常富裕的人可能最终会从区域转移制度中获益。另一方面,如在第 4 章所讨论的原因,一个国家的政府确实会因偏好某一地区而选择重新分配,而不仅是将全国富人的收入重新分配给穷人。

哈耶克(Hayek，1959)在他关于宪法的经典著作中，反对中央集权，因为他认为这是一种侵犯较富有地区的所谓自由的手段，这种自由或许受制于对较贫穷地区财产的征收。他指出："独裁策划者通常为了达到统一，实现政府效率及行政便利，会有中央集权倾向，在这种情况下他能得到较贫穷的大多数人的强烈支持，因为这些穷人希望能够获得较富有地区的资源。"因此，哈耶克强调两个重要联系，一个是中央集权和再分配之间的联系，一个是中央集权和专制主义之间的联系。哈耶克的威权政府也可以是大多数人支持的政府，只要多数人不尊重法治和个人自由。

另一政治制度与财政联邦制相互作用的观点由关于转型经济的文献提出，具有代表性的是钱和罗兰(Qian and Roland，1998)。[4]根据这个模型，因为加强了软预算约束，转型中的权力下放提高了效率。这种效应是由于地方之间在提高生产率、加强公共基础设施方面的竞争。[5]

在实践中，关于采取什么形式进行权力下放的讨论也与发展水平相关。低发展水平的国家可能根本无法让地方独立处理公共财政。特别是在发展中国家的贫困和农村地区，由于技术能力原因，中央政府的干预是不可避免的。低估这个问题可能会导致因贫困地区制度设计偏差带来的严重问题。

9.2.4 权力下放、独裁者和民主化

如前所述，关于地方公共品的文献普遍强调了一个重要问题（在1956年由蒂布特的一篇文献最先提出），那就是各管辖区的人口流动性。

传统观点［见马斯格雷夫(Musgrave，1959)和奥茨(Oates，1972)］认为地方之间的税收竞争将导致地方政府在提供公共品方面降到最低水平，表明小政府规模的低效率。换句话说，如果我们允许人口流动，上述国家管辖权的最佳组织将导致公共品供应不足。我们把这个观点标注为

"传统的",是因为它没有从政治经济学的角度考虑问题,这导致一开始就偏离了最优政策。特别是,如果公共政策以过度的公共支出为导向,那么权力下放将有助于扭转这种局面。不受人口异质性约束的非民主国家统治者更偏好中央集权,以减少提供下级公共品的成本,并从人口中收取更多的租金。因此,对于利维坦来说,一个严格控制的中央集权政府确保了高税收并将税收用于巩固利维坦及其精英的利益。

从这个意义上说,权力下放限制了利维坦,特别是当地域流动性很高的时候。布伦南和布坎南(Brennan and Buchanan,1980)认为,由于地方之间的税收竞争,"追求财政收益的管辖区之间的人员流动可能部分或完全替代对征税权明确的财政约束"(第185页)。哈耶克(Hayek,1959)强调权力下放的另一个优点,即不仅能作为限制政府干预的方法,也能作为推动竞争的方式。他强调说:"在那些迁徙自由的……地方当局之间的竞争……使得有机会尝试不同的替代方法,这将确保自由增长的大部分优势。"换句话说,权力下放是当市场不能自由提供某些服务时最好的选择。

一个相关的观点来源于温加斯特(Weingast,1995)和麦金农(McKinnon,1997)所述的"市场维护型联邦制"理论。前一作者说,例如通过对中央统治者施加限制以阻止其征收过多财产来解决强制执行财产权问题。

注意布伦南和布坎南(Brennan and Buchanan,1980)的观点与马斯格雷夫(Musgrave,1959)和奥茨(Oates,1972)的传统观点的比较。两者都同意伴随人员流动的权力下放将导致税收降低。然而对于将政府视为利维坦的布伦南和布坎南来说这是可取的,但是对于将政府视为仁者的马斯格雷夫来说这是不可取的。

然而,布伦南和布坎南的文献中并没有表明为什么利维坦会选择受权力下放的政府制度的制约。我们的回答是,利维坦需要直接减税或分散权力,使足够多的人口满意以避免叛乱。如果人口的异质性程度很高,该人口数将特别有约束力。事实上,历史上独裁者面临的主要问题之一就是让种族或语言不同的少数族群受到控制。人口扩张与日益增长的异质性之间的微妙平衡决定了帝国的命运。

正如我们在第 5 章中所说,民主化会导致大型政治管辖区分裂成较小的政治管辖区。在这里我们概括一下我们的论点:当独裁者倒台时,即使国家不分裂,至少它也会变得更加分散。换句话说,民主化可能导致权力下放而不是分裂主义,或者说除了分裂主义之外还可能导致权力下放。埃兹和格莱泽(Ades and Glaeser, 1995)和帕尼萨(Panizza, 1999)的实证研究与该讨论的结果是一致的。例如,帕尼萨(1999)研究了大量国家样本,发现控制国家规模和种族分化等其他条件不变时,民主化程度与财政分权程度显著正向相关。

*9.3　权力下放的形式化模型

9.3.1　分权管辖区的最优规划

我们探讨存在公共品分等级时,如何规划管辖区。为了使这个问题更为明确,假设存在两种公共品 A 和 B,各自对应的异质性成本和规模经济的参数分别为 a_A、a_B、k_A、k_B,与第 2 章一致。效用同往常一样由下式给出:[6]

$$u_i = y - t_i + g - a_A l_{Ai} - a_B l_{Bi} \tag{9.1}$$

如果这两种物品可以被单独提供,即由明确界定的不同政府所提供,只要物品 A 由政府 N_A 提供,物品 B 由政府 N_B 提供,则平均效用就能最大化,其中 N_A 是接近 $\sqrt{a_A/4k_A}$ 的正整数,N_B 是接近 $\sqrt{a_B/4k_B}$ 的正整数。

如之前讨论过的例子,假设,例如,$N_A = 2$ 和 $N_B = 3$。这意味着 B 管辖区中部有一半公民将从 A 管辖区左边区域获得物品 A，而另一半将从 A 管辖区右边区域获得。[7]

现在假设一个政府只有在其所有的居民都共享同一物品 A 的时候才能提供物品 B。换句话说，我们假设以下的等级假说：

共享同一物品 B 的两个公民也必须共享同一物品 A，反之不成立；共享同一物品 A 的两个公民可以属于不同的 B 管辖区。

这个假设如何影响管辖区的最优规模？引进等级假说后，令 N_A^h 和 N_B^h 表示 A 管辖区和 B 管辖区的最优数目。后续我们会用 N_A 和 N_B 表示不考虑等级假说时所选择的 A 管辖区和 B 管辖区的最优数目。

以下结果表明了在公共品等级假说下的管辖区的最优规模：

命题 9.1 如果 $N_A > N_B$，即如果公共品 A 的相对于经济规模的异质性成本高于公共品 B，则最优解为 $N_A^h = N_B^h = N_{AB}^h$，其中 N_{AB}^h 是更接近下式的整数：

$$\sqrt{\frac{a_A + a_B}{4(k_A + k_B)}} \qquad (9.2)$$

证明见本章附录。

换句话说，如果初级物品意味着比次级物品相对更小的管辖区，最优解决方案是提供统一的管辖区，以集中的方式提供这两种物品。因此，这是另一种情况，在这种情况下，我们拥有一个集权的管辖区。

请注意，由于 $a_A/k_A > a_B/k_B$，我们有：

$$\sqrt{\frac{a_A}{4k_A}} > \sqrt{\frac{a_A + a_B}{4(k_A + k_B)}} > \sqrt{\frac{a_B}{4k_B}} \qquad (9.3)$$

这意味着，一般来说，最优管辖区数 N_{AB}^h 将小于 N_A 并且大于 N_B。

例如，A 是防御体系，B 是地震和飓风预防体系。每个人都想要管理范围更广的大型自然灾害预防管辖区，但如果不同的地区有不同的军事/

法律体系,那么共享这样的民事体系是不可行的。当飓风袭击时,其他地区可能会在没有潜在胁迫的情况下拒绝提供帮助。这就是为什么很难找到这样的联盟,即各国在军事上保持完全独立,却同时共享管理范围广泛的自然灾害预防机构等等。更一般地说,这个模型揭示了为什么许多小国对一些功能进行排他性的控制,但其实如果与邻国共享这些功能,它们的境况会变得更好。原因在于它们希望对其他异质性成本更高的基本功能保持完全控制。因此,除了生产中范围经济直接的集中作用之外,存在高异质性成本的"基本"物品也使得公共服务得到统一提供。

然而,一般来说,基本物品 A 的异型性成本与规模经济之比要低于物品 B(再次考虑到国防/法律秩序与学区或供水相对照)。在这种情况下,金字塔体系是自然的解决方案。形式上为命题 9.2:[8]

命题 9.2 如果 $N_A < N_B$,即如果公共品 A 的异型性成本与规模经济之比低于公共品 B,则最优解是有 N_A^h 个 A 管辖区和 N_B^h 个 B 管辖区的世界,其中 N_A^h 和 N_B^h 分别是接近 $\sqrt{a_A/4k_A}$ 和 $\sqrt{a_B/4k_B}$ 的整数,使得:

1. 两数之比 N_A^h/N_B^h 也是一个整数,而且,

2. 对于任何其他整数对 N' 和 N'',使得 N''/N' 也是整数,

$$\frac{a_A}{4N_A^h} + k_A N_A^h + \frac{a_B}{4N_B^h} + k_B N_B^h \leqslant \frac{a_A}{4N'} + k_A N' + \frac{a_B}{4N''} + k_B N'' \quad (9.4)$$

证明见本章附录。

以下数字示例将说明我们的结果。

假设 $a_A = 16$,$a_B = 324$ 和 $k_A = k_B = 1$。那么无约束解将是 2 个 A 管辖区和 9 个 B 管辖区。但是这意味着 B 管辖区(中央的)将跨过两个 A 管辖区的边界。也就是说,B 管辖区中部的一半公民属于 A 管辖区左边区域,而另一半则属于 A 管辖区右边区域(图 9.1)。这个例子违反了共享同一物品 B 的公民也必须共享同一物品 A 的约束。

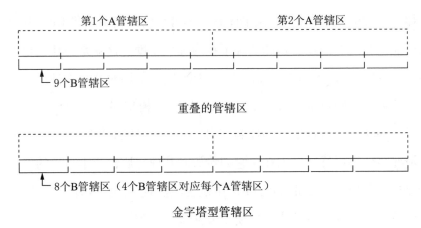

图 9.1 重叠管辖区和金字塔管辖区

对于我们选择的参数,约束解是 $N_A^h=2$ 和 $N_B^h=3$。也就是说,减少B 管辖区的数量以实现金字塔形结构,其中属于给定的 A 管辖区的公民被划分到四个 B 管辖区,没有重叠。事实上,我们的例子"调整"了较小管辖区的数目,但却并不意味着必须始终如此。哪种类型的管辖区将"适应"以适合金字塔系统并不取决于管辖区的大小,而是取决于每种类型的公共品在个人效用函数中的相对重要性。例如,考虑以下不同的数值示例:$a_A=16$, $a_B=3\,240$, $k_A=1$ 和 $k_B=10$。无约束的解不变:2 个 A 管辖区和 9 个 B 管辖区。然而,现在物品 B 的异质性成本和规模经济参数比上一个例子高出了 10 倍。这种物品 B"重要性"的增加导致了不同的"约束"解。现在 3 个 A 管辖区和 9 个 B 管辖区使得效用最大化:"不太重要"的物品(在效用方面)必须"适应"。这个例子是有启发性的,因为它表明"较小"并不意味着"不那么重要":管辖区更小是因为它们承担了非常高的异质性成本,这抵消了很大一部分规模经济效应。

9.3.2 利维坦的权力下放

现在我们回到一个关于利维坦的模型,利维坦想要最大限度地提高财政租金,但受制于人口的一部分 δ,这部分人必须保持在一定的最低效用水平之上。假设利维坦必须提供两种公共品（如 A 和 B），成本分别为 k_A 和 k_B。如果统治者可以完全忽视个人的效用（除了他们必须提供的两种公共品以外），他们可以通过以完全集中的方式提供两种物品（即通过形成一个集权的利维坦）来最大限度地提高净租金收入。然而，随着非暴乱约束 δ 上升，利维坦面临更大的管辖区内异质性成本增加的问题。正如我们在第 5 章中看到的那样，较小的管辖区提供了另一种处理这种约束的方法。权力下放提供了减少这些成本的另一种方法。利维坦将下放多少权力？它会下放权力到多于还是少于社会最优的情况？

在本节中，我们简要思考简单的权力下放模型中的问题。假设 A（防御）是一个必须为所有共享物品 B 的主体所共享的基本物品。假设边界是根据一个两阶段过程决定的。首先使利维坦的租金收入最大化，从而确定 A 边界。一旦确定了 A 边界，利维坦便决定在它的国界内划分多少个 B 管辖区。[9]

鉴于我们只关注政治的权力下放而非纯粹的行政划分，我们自然地假定，如果利维坦决定下放权力并划分 B 管辖区，它将不能影响公共品 B 的位置（即类型）选择，而是由每个自治的 B 管辖区的公民决定的。与我们之前的分析一致，这些公民将选择他们管辖区内的中间位置。[10]

我们还将做以下简化假设：

1. $k_A > k_B$

2. $a_A = a_B = a$

因为我们更关注利维坦选择的权力下放程度，我们将重点讨论第二阶段的问题（即在给定公共品 A 的边界时，针对公共品 B 的边界选择）。

假设利维坦控制了一个规模为 s 的国家，因而 s 就是 A 管辖区的大小。位于国家中央位置的公共品以总成本 k_A 提供给所有管辖区的居民。为了使其更明确，假设某社会规划者能决定 B 管辖区的数目（给定 A 边界），他将选择划分 2 个 B 管辖区。当且仅当有式(9.5)时，可立即验证

要使得 2 个 B 管辖区的社会福利高于 1 个 B 管辖区：[11]

$$k_B \leqslant \frac{as^2}{8} \qquad (9.5)$$

利维坦将选择划分多少个 B 管辖区？我们之前已经提到，当利维坦没有面临民主约束时($\delta = 0$)，它绝不会分权(即它绝不会划出 2 个分开的 B 管辖区)，因为 k_B 会使得租金减少。因而它将提供最少的公共品 B(等于 1)，位于整个国家的中央位置，同公共品 A 一样。但如果利维坦面临民主约束$\left(如\ 0 < \delta < \frac{1}{2}\right)$呢？如果利维坦选择完全的中央集权，它可以从每个个体征收如下税款：[12]

$$t = y - u_0 - a\delta s \qquad (9.6)$$

因此它能从每个人身上收取的总租金为：

$$R_1 = (y - u_0 - a\delta s)s - k_A - k_B \qquad (9.7)$$

相反，如果利维坦选择划分两个 B 管辖区，它可以从每个个体征收的税款为[13]：

$$t = y - u_0 - \frac{as}{4} \qquad (9.8)$$

方程式(9.7)来自效用的几何图形。图 9.2 说明了当公共品 A 位于国家的中央(即距离左边边界 $s/2$)，2 个公共品 B 分别位于距离左边边界 $s/4$ 和 $3s/4$ 处时，个体从中得到的效用。

显然，因为个体都是均匀地分布的，所以一半人口位于点 $s/4$ 和点 $3s/4$ 的中间。对于点 $s/4$ 和点 $3s/4$ 的中间的每个个体而言，将与两个公共品之间距离进行加总(即与 A 所隔距离加上与最近的 B 所隔距离)等于 $s/4$。因此两种公共品的效用等于$-as/4$。所以利维坦必须放弃至少等于 u_0 的总效用，转让给至少 $\delta \leqslant \frac{1}{2}$ 的人口，需要设定满足 $u_0 = y - t -$

$a(s/4)=y-t-as/4$ 的税收水平,可以照方程式(9.7)进行仿写。

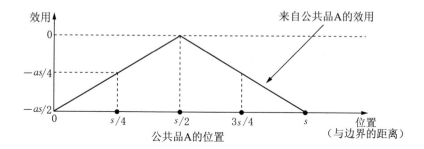

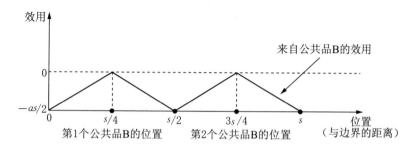

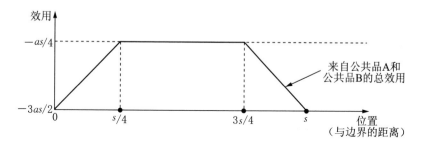

图 9.2　公共品 A 和公共品 B 的效用

因此,在权力下放的情况下,利维坦将能够收取以下租金:

$$R_2=\left(y-u_0-\frac{as}{4}\right)s-k_A-2k_B \tag{9.9}$$

通过比较式(9.6)和式(9.8),我们可以立即获得:

命题 9.3　利维坦将选择权力下放——即 $R_2 \geqslant R_1$ 时——当且仅当"民主约束"δ 足够高时,即当且仅当满足以下条件时:

$$\delta \geqslant \frac{1}{4} + \frac{k_B}{as^2} \tag{9.10}$$

上述命题是有启发性的：

1. 所有其他条件相等，δ 值更高，权力下放更有可能。

2. 在低水平 $\delta\left(\delta \leqslant \frac{1}{4}\right)$ 下，无论 k_B（公共品 B 的成本）有多小，利维坦决不会分权。当然，对于任何 $k_B \leqslant as^2/8$ 来说这都是无效率的。

3. 对于较高级别的 δ，利维坦可能会分权，也可能不分权。对于所有 $\frac{1}{4} < \delta \leqslant \frac{3}{8}$，利维坦不会分权，尽管只要 $as^2\left(\delta - \frac{1}{4}\right) \leqslant k_B \leqslant as^2/8$，权力下放此时将是有效率的。另一方面，如果 $k_B < as^2\left(\delta - \frac{1}{4}\right) \leqslant as^2/8$，利维坦将（有效地）分权。

4. 当 $\frac{3}{8} < \delta < \frac{1}{2}$ 时，如果 $k_B < as^2/8 < as^2\left(\delta - \frac{1}{4}\right)$，分权将是有效的，但如果 $as^2/8 < k_B < as^2\left(\delta - \frac{1}{4}\right)$，分权则是无效的。

换句话说，即使在有效的情况下，非常独裁的利维坦也永远不会下放权力。半独裁的利维坦有时会下放权力，但不会像它们应该下放的那么频繁。另一方面，近乎民主的利维坦为了减少其管辖范围内的异质性成本，有时会过度地下放权力。

到目前为止，我们的分析都是基于合理的假设，即在权力下放的管辖区内，公共品的位置由当地中间选民（政治权力下放后）选择。然而，另一个假设是，利维坦也可以影响每个管辖区内公共品 B（当地资本）的位置。在这种情况下，面临异质性成本时，利维坦将有一个额外的途径使它的租金最大化。例如，在我们的两个 B 管辖区的例子中，租金最大化的利维坦可能有动机将每个 B 管辖区的地方首府安置在距离地方中位值更远，而更接近于国家中位值的地方。为什么呢？一个不需要取悦大多数人口但需要取悦少数人（即特权精英）的利维坦如果可以提高位于国家首都附近的高层次的个体（精英）的效用，通过减少他们与他们偏好的物品 B 之间的距离，它就可以提取更高的租金。当然，这是以那些远离中心的人的利益为代价的。在这一替代规范下，在非民主国家的世界里，统治者将会进一步偏向于不放权。在非民主的国家，即使确实建立了独立的管辖区，地方政策的实际选择也将更接近于国家偏好（更远离当地偏好），而不是民主选择的地方政策。

9.4　结论

在本章中，我们探讨了权力下放问题，作为政府组织的权力下放，介于重叠管辖时错综复杂的情况与唯一的中央政府进行全部管理的情况之间。在这种情况下，在规模经济与偏好异质性之间的权衡提供了一个关键的视角，以解决不同级别政府之间责任归属问题。

我们还考察了利维坦将如何选择不同级别的集权，以及它的政策如何受到不同财政分权规划的影响。具体来说，我们认为，一个相对不受约束的利维坦将选择一个集权制度；而当民主约束或者非暴乱约束变得更具约束力时，即使是利维坦，也将被迫下放权力。因此，我们预测权力下放与民主化之间存在正相关关系。

9.5　附录：命题 9.1 的推导

由于属于不同 A 管辖区的两个个体不能属于同一 B 管辖区，因此 A 管辖区和 B 管辖区的大小必须相同。假设不是这样。那么 A 管辖区必须更大，并且效用通过以下方式得到提高：将 A 管辖区的大小减小到 B

管辖区的大小,和/或扩大 B 管辖区的大小使其等于 A 管辖区的大小。由于两种类型的管辖区必须具有相同的大小(称之为 $1/N_{AB}$),因此它们的最优公共大小将由下式的最大化来决定:

$$g-\frac{a_A+a_B}{4N_{AB}}+y-(k_A+k_B)N_{AB}$$

这就是命题 9.1 的方程式(9.1)。

注释

1. 然而,Tanzi(2000)有一个重要的反对意见。

2. 对于这一领域的一个很好的调查,读者可参考 Oates(1999)。另见 Inman 和 Rubinfeld(1997)以及 Hooge 和 Marks(2001b)。

3. 这个问题与 Shepsle 等(1981)的分肥拨款政治分析有关。

4. 关于转型经济文献的一个很好的概述,见 Roland(2000);该卷第 11 章讨论了苏联和中国的对比以及联邦制与过渡时期关系的对比。

5. 对于既定的市场经济体,即使在转型经济体中,地方与中央政府财政关系的确切性质对系统的功能来说也是至关重要的,如 Zhurouskaya(1999)以及 Shleifer 和 Treisman 所示(2000)。

6. 如第 2 章,为了简单而不失一般性,在其余的分析中我们将设定 $g=0$。

7. 如果我们用 A 替代 j,用 B 替代 j',这个重叠管辖区的例子与第 2 章所示的相同(图 2.2)。

8. 在命题 9.2 中,我们假设所有 A 管辖区的大小相同。如果我们允许管辖区的大小不同,命题将略有修改,但不会有太大收获。第一部分意味着属于同一 B 管辖区的所有个人也必须属于同一 A 管辖区,因此对于所有同一类型和规模相等的管辖区,B 管辖区与 A 管辖区的数目之比必须是一个整数。第二部分直接来自最大化的定义。

9. 为了简化分析,我们假设一旦权力下放的管辖区边界确定之后,公共品 B 的位置不会在利维坦的权力范围内,但将位于管辖区的中间位置。这样我们隐含地假设在权力下放的管辖区内将由中间选民做决定。如果利维坦也可以控制 B 的位置,它应该选择靠近国家中心的地方,因为这样能降低成本。

10. 下面我们简单讨论一下替代规范,假设利维坦也可以影响每个单独管辖区内当地公共品的位置。

11. 只有一个同时提供 A 和 B 的管辖区的总福利(即每个人的效用的加总)是:

$$W_1=sy-s2a\left(\frac{s}{4}\right)-k_A-k_B$$

而有一个管辖区提供 A 和两个管辖区提供 B 的总福利是:

$$W_2 = sy - sa\left(\frac{s}{4}\right) - sa\left(\frac{s}{8}\right) - k_A - 2k_B$$

因此当且仅当式(9.4)成立时,W_1 大于 W_2。同样,我们可以证明当且仅当 $k_B \geqslant as^2/24$ 时,两个 B 管辖区比三个好。

12. 方程式是非暴乱约束的直接表述。一般来说,何时这两种物品都集中在中央位置(即它们位于国家中部)提供时,距离政府一段距离 i 的每个个体都将获得效用 $u_i = y - t - 2al_i$。由于利维坦必须提供高于或等于 u_0 的效用给 u_i 中至少 δ 部分的人口,它将恰好提供 u_0 给位于距离 $l_i = \delta s/2$ 的个体。因此,这个个体的效用将是 $u_0 = y - t - a\delta s$,可以被写为式(9.5)。

13. 这个方程式来源于效用的几何图形,此时公共品 A 位于国家的中间(即距离左边界的距离 $s/2$),而两个公共品 B 分别位于距离左边界 $s/4$ 和 $3s/4$ 的位置(称为点 b_1 和 b_2)。显然,由于个体统一分配,一半的人口位于 b_1 和 b_2 之间。对于位于 b_1 和 b_2 之间的每个个体,与两个公共品的距离之和(即距离 A 加上与最近的 B 的距离)等于 $s/4$。因此,利维坦必须提供至少等于 u_0 的效用给至少 $\delta \leqslant \frac{1}{2}$ 的人口,将需要设定税收为 $u_0 = y - t - 2a(s/4) = y - t - as/2$,可以被写为式(9.7)。结果如图 9.1 所示。

第 10 章　规模和经济表现

10.1　引言

本章我们主要探讨我们模型的两个重要推断的经验证据:

● 政府规模与国家规模呈负相关,即较小国家的政府支出所占国内生产总值的比例应该更大。

● 国家规模和经济成功之间的关系取决于贸易制度,这种关系是以经济增长和人均收入所取得的成绩来测量的。在采取开放政策的情况下,小国可以在自由贸易的世界里繁荣昌盛;而在一个限制贸易的世界里,大国因为有较大的市场空间,所以比较占有优势。

对这两个命题的实证检验带领我们直接进入实证研究的两个主要领域,即是什么解释了政府规模以及经济增长的决定因素。我们甚至不打算开始回顾这两大领域的研究成果;因为这个任务将需要写两卷书,而不是一卷。[1]然而,在考察国家规模与政府规模、贸易和增长之间的关系时,现有的关于这两个主题的经验证据将有助于我们选择哪些变量保持不变。

我们从第10.2节开始探讨国家规模与政府规模之间的相关性。这一节大量引用了阿莱西纳和瓦齐亚格（Alesina and Wacziarg，1998）的研究。在第 10.3 节中，我们探讨了国家贸易规模与增长之间的关系。这一节大部分基于阿莱西纳、斯波劳雷和瓦齐亚格（Alesina，Spolaore and Wacziarg，2000）的研究。

10.2 小国和大型政府

10.2.1 基本相关性

我们从表 10.1 开始，展示了对政府规模及其组成部分的各种测量与以人口为衡量标准的国家规模之间的一些基本相关性。政府支出份额是在 1986—1990 年这五年期间进行衡量的，这是进行实证工作时对大多数国家而言所有类别的支出都可比较的最近时期。由于这些经验证据的重点在于跨国比较，因此没有用最新的数据不会是主要的问题。

表 10.1 开放与政府规模的单变量回归（1986—1990 年平均值）

因变量	政府消费	政府经常性支出	扣除国防后的政府消费/教育支出	国防支出	教育支出	公共投资
常数项	28.253	35.689	24.174	4.276	6.546	6.858
	(6.753)	(7.873)	(5.186)	(2.110)	(5.769)	(1.101)
log(1985 年的人口)	−0.865	−1.322	−0.719	−0.120	−0.301	0.018
	(−1.877)	(−2.653)	(−1.347)	(−0.616)	(−2.508)	(0.029)
R^2	0.031	0.047	0.017	0.003	0.080	0.000
观测值个数	132	101	69	81	103	48

注：国家规模是由人口数量的对数来测度的。括号中报告了基于异方差一致（怀特稳健）标准误计算的 t 统计量值。

资料来源：请参见 Alesina 和 Wacziarg（1998）的表 1。

国家规模与政府消费支出份额、政府当前总支出份额（包括转移和支付）、除教育和防御以外的消费支出份额以及教育支出份额负相关。结果

显示国家规模与国防开支和公共投资无关。当然对于前者而言,国际军
事联盟结构是国防开支的重要决定因素。所以,一个孤立的小国可能必
须花费大量的人均国防开支以实现一定程度的军事安全,但也可以选择
通过与大国结盟而搭便车。[2]在公共投资方面,读者必须牢记对这个变量
的测量非常糟糕,特别是在发展中国家。因此不能从中得出特别有力的
结论。

广义上来说,这些简单的相关性表明,更大的国家能够负担一个更小
的政府,从而人均税更低。这是我们模型最关键的推断之一。然而,除了
国家规模之外的许多其他因素也影响到了政府规模。

10.2.2 多元回归

我们现在来看对政府消费的多元回归。表 10.2 给出了依次加入其
他控制变量时,人口对数的系数估计值。我们使用了 1985—1992 年期间
的数据,也是这些数据可获得的最近时期。

表 10.2　政府消费占 GDP 比例的 OLS 回归(1985—1992 年)

因变量	(1)	(2)	(3)	(4)	(5)	(6)
常数项	27.393	46.931	47.230	30.899	54.951	58.823
	(7.725)	(7.075)	(7.003)	(8.832)	(5.015)	(4.849)
log(1985 年的	−0.777	−0.830	−8.54	−0.775	−1.102	−1.90
人口)	(−1.949)	(−2.403)	(−2.412)	(−2.324)	(−3.479)	(−1.501)
log(1985 年的	—	−1.681	−1.742	—	−2.015	−1.945
人均收入)		(−1.823)	(−1.855)		(−1.561)	(−1.501)
1990 年的城市化率	—	−0.115	−0.104	—	−0.090	−0.075
		(−2.513)	(−2.140)		(−2.147)	(−1.659)
1985 年的人口密度	—	—	−1.628	—	—	−1.755
			(−2.529)			(−1.948)
拉丁美洲	—	—	—	−6.915	−6.865	−7.089
(虚拟变量)				(−2.907)	(−3.045)	(−3.139)

续表

因变量	(1)	(2)	(3)	(4)	(5)	(6)
撒哈拉以南非洲	—	—	—	0.910	−4.036	−3.812
（虚拟变量）				(0.411)	(−1.415)	(−1.313)
东南亚	—	—	—	−6.075	−7.151	−6.121
（虚拟变量）				(−2.165)	(−3.149)	(−2.514)
OECD	—	—	—	−9.658	−5.298	−5.087
（虚拟变量）				(−4.598)	(−2.303)	(−2.468)
SSR	9 931.38	7 152.74	7 061.57	7 442.67	6 395.25	6 306.73
修正的 R^2	0.022	0.275	0.279	0.245	0.331	0.335
观测值个数	136	133	133	136	133	136

注：括号中报告了基于异方差一致（怀特稳健）标准误计算的 t 统计量值。
资料来源：见表 10.1。

在每一列的设定下，系数估计值在标准置信水平上显著为负，表明公共物品提供的报酬递增。值得注意的是，即使控制了人口密度和一系列区域虚拟变量，人口规模的系数仍然显著。如预期的那样，密度的系数估计值也为负，但不能消除国家规模的影响。[3]

样本中的许多国家相对说来独立时间还不长。由于脱离殖民统治的国家可能需要几年或几十年的时间才能调整其公共部门以适应其需要，因此可以预计用近年来的数据对决定政府规模的因素进行多元回归分析应更有意义。用更专业的术语来说，经过非殖民化后期的调整，近年来政府规模可能会更接近其稳定状态。

表 10.3 中描述的结果与此解释大致相同。该表显示了每五年间人口规模的系数；其设定与表 10.2 的第 6 列相同，即使所有其他系数在此未显示出。结果表明，在最近的几年，国家规模的影响在数量和统计上的显著性都更为明显。对这一发现的一个可能的解释是，20 世纪 60 年代许多摆脱殖民统治的新国家尚未建立公共部门。随着它们的政府趋近于

其均衡规模,决定政府规模的基本因素开始发挥更大的作用。对这些结果的另一解释可能只是早期的测量问题较大。

表 10.3　不同时期政府消费占 GDP 比例的 OLS 回归

因变量	1960—1990	1960—1992	1985—1992	1990—1992
log(人口数量)	−0.711	−0.705	−1.090	−1.033
	(−1.980)	(−1.982)	(−3.425)	(−3.015)
修正的 R^2	0.326	0.334	0.335	0.334
观测值个数	117	117	133	107

注:括号中报告了基于异方差一致(怀特稳健)标准误计算的 t 统计量值。其他控制变量(没有展示)与表 10.2 中第 6 列是一样的。
资料来源:见表 10.1。

根据我们的理论,较大的国家应该有较小的政府,因为公共品的提供存在规模经济。因此,我们应该预计与道路、公园、总行政管理等非竞争性公共品有关的支出与国家规模负相关。然而,公共债务的转移和利息支付的影响却是不可预料的。

表 10.4 与此解释大致相同。右侧代表政府支出的每个组成部分的变量不是完全一致的,因为政府支出的不同项目受到了特殊因素的影响。例如,国防支出可能对政治不稳定和战争特别敏感,而政府支出的其他部分则对其他变量敏感。除去国防和教育支出的政府消费与规模显著负相关,而它却对第 2 列的其他任何控制变量都不敏感。同样,这一结果对于不同的时间段都是稳健的。[4]但是,如果我们采用测量最广泛的政府支出,包括转移和利息支付(第 3 列),转移和利息支付应该与国家规模无关,此时人口对数的影响仍然为负,虽然相对第 1 列失去了一些统计显著性。从列 1 到列 3,人口对数的影响在数值上大致相等,这与我们的理论预测相符。如果增加的类别与国家规模无关,则将转账和利息支付增加至政府消费不应改变所估计的国家规模的影响。

表 10.4　关于不同类别公共支出的 OLS 回归(1985—1992 年)

因　变　量	公共消费 (1)	扣除国防后的公共支出/教育支出 (2)	包括转移支付的支出/利息 (3)	国防公共支出 (4)	教育公共支出 (5)	公共投资 (6)
常数项	57.802 (4.876)	39.544 (1.662)	10.323 (0.534)	−2.521 (−0.376)	−0.322 (−0.105)	54.413 (2.085)
log(1985 年的人口)	−1.260 (−3.445)	−2.061 (−2.651)	−1.560 (−2.071)	−0.008 (−0.027)	−0.253 (−1.874)	0.430 (0.880)
log(1986 年的人均收入)	−2.187 (−1.596)	0.892 (0.328)	3.899 (2.304)	1.211 (1.981)	0.879 (2.805)	−3.232 (−1.550)
1986 年的人口密度	−1.615 (−1.838)	—	0.108 (0.041)	—	−0.558 (−3.120)	−4.989 (−2.195)
民主化指数 1985—1989 年	—	−0.702 (−0.209)	—	−4.177 (−1.994)	−0.783 (−0.913)	−1.659 (−0.552)
1985 年的抚养比	—	—	9.185 (0.810)	—	—	−16.503 (−2.037)
1990 年的城市化率	−0.081 (−1.649)	−0.009 (−0.135)	—	—	—	—
语言分散化	—	−0.074 (−1.255)	−0.081 (−1.522)	−0.24 (−2.382)	—	—

续表

因　变　量	公共消费 (1)	扣除国防后的公共支出/教育支出 (2)	包括转移支付的支出/利息 (3)	国防公共支出 (4)	教育公共支出 (5)	公共投资 (6)
战争(1960—1985年)	—	—	—	0.087	—	—
				(0.415)		
革命(1985—1989年)	—	—	—	3.183	—	—
				(1.462)		
拉丁美洲	−6.766	−10.215	−10.742	−1.657	−0.125	−4.888
(虚拟变量)	(−2.784)	(−4.279)	(−3.285)	(−0.897)	(0.171)	(−3.140)
撒哈拉以南非洲	−4.574	−3.811	−1.570	−0.988	0.029	−2.824
(虚拟变量)	(−1.606)	(−0.954)	(−0.410)	(−0.792)	(0.048)	(−1.762)
东南亚	−6.232	−5.660	−5.002	−2.023	−0.428	−5.518
(虚拟变量)	(2.568)	(−1.720)	(−1.511)	(−1.627)	(−0.831)	(−3.394)
OECD	−5.561	4.214	1.156	−1.876	0.016	6,262
(虚拟变量)	(−2.290)	(1.096)	(0.242)	(−0.882)	(0.024)	(2.197)
修正的 R^2	0.341	0.437	0.349	0.187	0.189	0.389
观测值个数	130	61	87	71	103	48

注:括号中报告了基于异方差一致(怀特稳健)标准误计算的 t 统计量值。所有的因变量均为 GDP 的比例。所有回归的样本期均为
1980—1984 年间。
资料来源:见表 10.1。

列 4 和列 5 分别列出了对政府在国防和教育方面的支出(占 GDP 的比例)的估计。尽管我们上面指出的结果表明国防开支似乎与国家规模无关,但教育相关支出的结果却令人惊讶。我们确实发现(微弱的)证据表明,较大的国家倾向于减少对教育的支出。这可能会令人惊讶,因为教育一般不被认为是非竞争性物品,因此其成本应与人口大致成正比(针对固定的教育服务水平)。然而,其影响的幅度远小于列 1 到列 3,而且系数只是在标准置信度水平的边界上显著。

最后,第 6 列研究了国家规模与对 GDP 的公共投资比率之间的关系。虽然人口对数的系数为负,但它在统计上不显著,并且数值上也比政府大部分类别的支出相应的估计要小得多(列 1 至列 3)。当移除公共投资方程中出现的其他任何控制变量时,情况也是如此。但是应该注意的是,委婉一些地说,公共投资的跨国数据可能存在重大的测量误差的特点。

10.2.3　开放和政府规模

之前的讨论意味着政府规模与开放之间存在正相关关系。按人均计算,小国拥有较大的政府,并且更加开放。因此,更开放的经济体有较大的政府,因为它们都相对较小。

罗德里克(Rodrik, 1998)提出了一个不同的观点[最初由卡梅伦(Cameron, 1978)提出],将开放与政府规模联系起来。作者认为,更开放的国家有更大的政府(按人均计算),因为既然这些国家更易受到国际冲击,它们就需要稳定作用更大的政府。因此,这一理论应该特别或专门适用于政府转移。他发现,对于世界经济合作与发展组织的国家来说,开放与转移支付占 GDP 比重的大小相关。无论是用贸易占 GDP 的份额简单衡量开放程度,还是用贸易条款的产品占 GDP 的份额衡量开放程度,结论都成立。相反,开放与政府消费的规模无关:经合组织国家集团内政府消费与开放之间没有相关性。经合组织国家的样本相对较小,而且,如果引进其他可能决定政府转移规模的因素,罗德里克的结果是否稳健也尚不清楚。例如,在经合组织国家,小而开放的经济体的选举制度往往更多。米莱西—费雷蒂、佩罗蒂和罗斯塔尼奥(Milesi-Ferretti, Perotti and Rostagno, 2002)表明,控制经合组织国家的选举制度的比例程度后,所测量的这些开放对政府转移规模的影响消失了。[5]虽然很难解释这些变量对转移规模的影响,考虑到小样本规模,选举制度的影响比开放的影响要强得多。

至于发展中国家,罗德里克没有发现开放和政府转移规模之间有任何关系,他认为这归因于发展中国家关于转移数据的低质量。所以他用政府消费来建立政府规模和开放之间的关系。也就是说,罗德里克发现政府消费与开放之间的关系,而不是转移与开放之间的关系,这就是他的观点所意指的。关于发展中国家的政府消费数据是否比政府消费数据质量更好这一点非常具有争议性。然而,罗德里克的结果在很大程度上取决于这些数据的质量差异。

总之,罗德里克认为,由于政府的稳定作用,政府规模和开放之间存在着直接的相关性。本书提出的观点是,这种相关性是基于国家规模作为"中介"的:小国应该有更大的政府,并且更加开放。原则上这两个观点是不相容的。罗德里克的观点应该特别适用于政府转移。然而,符合罗德里克观点转移证据缺少了发展中国家的支撑,并且也不能对经合组织国家得出结论。本书提出的论点应该更直接地应用于政府消费,而且在本章我们就此提出了有关的支持证据。

10.3　国家的开放,增长和规模

本节基于阿莱西纳、斯波劳雷和瓦齐亚格(Alesina, Spolaore and Wacziarg, 2000)第 3 节的研究,检验了人均收入水平和经济增长率应该有以下三种情形:

1. 与贸易开放正相关；

2. 与国家规模正相关；

3. 与国家规模与开放的乘积负相关。

更小的国家比大国从贸易开放中受益更多，或者换句话说，更开放的国家比贸易更封闭的国家从规模中收益更少。

以前的研究为这一假设提供了一些支持：艾迪斯和格拉泽（Ades and Glaeser，1999）在贫穷国家样本中表明，开放与国家规模之间的相互作用且具有显著为负的估计系数。然而，他们使用人均收入衡量市场规模，而我们使用总收入或人口。瓦齐亚格（Wacziarg，1998）将艾迪斯和格拉泽的结果扩展到更广泛的国家样本。瓦姆瓦基迪斯（Vamvakidis，1997）提出了类似的回归，但使用政策措施测量开放，而不是交易量。他还得到了开放与市场规模之间的相互作用的显著为负的估计值。

10.3.1 一些简单的统计

我们从表 10.5 开始，对开放、国家规模和增长得出一些简单的相关性。我们测度开放程度的标准是进口与出口占 GDP 的比重，这对大多数国家都是适用的。开放与增长呈正向相关，但与我们测量的国家规模呈负向相关，这与我们讨论的一国规模与贸易开放度之间的关系相一致。

表 10.5 增长、人均收入、开放与国家规模之间的简单相关性

	增长	log(GDP)	log(1960 年的人均 GDP)	log(人口)	开放
平均年增长率	1.000				
log(总 GDP)	0.228	1.000			
log(1960 年的人均 GDP)	0.197	0.521	1.000		
log(人口)	0.042	0.872	0.053	1.000	
开放率	0.368	−0.418	0.111	−0.602	1.000
观测值个数 119					

注：除了 1960 年人均收入的对数之外，所有变量都取自 1960—1989 年的平均值。

资料来源：Alesina，Spolaore 和 Wacziarg(2000)，基于 Summers 和 Heston(××××)的数据。

更有趣的是检验我们理论的表 10.6,它呈现出条件相关性。首先,小国的开放和人均收入增长之间的相关性等于 0.64(其中"小"是通过将样本限制在人口低于全样本中位数的国家来定义的),而对大国来说只有0.15(大国都是那些不是小国的国家)。其次,在开放度低于全部样本中位数的条件下,人口对数与增长之间的相关性为 0.45,而开放国家的相关系数则为负(-0.12)。考虑 GDP 的对数与增长的关系时,情况同样如此。因此,对于贸易更开放的国家,国家规模与经济增长的相关性较小,或根本不与国家增长相关。

表 10.6 条件相关

变　　量	条 件 说 明[a]	与增长[b]的相关性	观测值个数
开放	log(人口)＞中位值＝8.629	0.150	58
开放	log(人口)≤中位值＝8.629	0.641	61
开放	log(GDP)＞中位值＝16.049	0.353	59
开放	log(GDP)≤中位值＝16.049	0.637	60
log(人口)	开放＞中位值＝52.559	−0.116	59
log(人口)	开放≤中位值＝52.559	0.454	60
log(GDP)	开放＞中位值＝52.559	0.089	59
log(GDP)	开放≤中位值＝52.559	0.547	60

注:a. 中位值是从单个样本中计算而来的,而相关系数则是共同的样本相关系数。
b. 1960—1989 年间平均的年度人均 GDP 增长率。
资料来源:来自 Alesina,Spolaore 和 Wacziarg(2000),基于 Summers 和 Heston(×××)的数据。

10.3.2　回归分析

表 10.7 显示了 1960—1989 年期间对平均变量的回归。对于国家规模的测量,我们给出了三个设定。首先,我们用持续性、开放性、国家规模及其相互作用进行回归分析。其次,我们加上 1960 年的人均收入对数。最后,回归中加入文献中常见的其他决定增长的因素。即政府消费占

GDP 的比例、生育率、男性和女性人力资本以及投资率。在整个过程中，样本的大小仅由数据的可获取性确定。也就是说，随着回归包含越来越多的变量，样本量减少，因为一些新包含的变量只可用于较少的国家。

表 10.7　增长率的决定因素:OLS 估计

人均 GDP 增长率 1960—1989 年	规模 (1)	log(规模) (2)	GDP (3)	规模 (4)	log(规模) (5)	人口 (6)
截距项	−9.956 (2.231)	−9.247 (2.260)	6.299 (2.828)	−4.900 (1.375)	−6.330 (1.773)	7.884 (2.495)
规模×开放	−0.004 (0.002)	−0.004 (0.002)	−0.003 (0.002)	−0.004 (0.002 5)	−0.004 (0.002 6)	−0.004 (0.002)
国家规模	0.646 (0.133)	0.742 (0.139)	0.306 (0.102)	0.624 (0.143)	0.606 (0.142)	0.278 (0.119)
开 放	0.094 (0.035)	0.095 (0.035)	0.060 (0.030)	0.057 (0.020)	0.057 (0.021)	0.044 (0.017)
log(1960 年的人均收入)	—	−0.339 (0.189)	−1.277 (0.216)	—	0.229 (0.137)	−1.144 (0.198)
生育率	—	—	−0.322 (0.126)	—	—	−0.306 (0.127)
男性人力资本	—	—	1.684 (0.440)	—	—	1.817 (0.454)
女性人力资本	—	—	−1.465 (0.441)	—	—	−1.587 (0.448)
政府消费(% GDP)	—	—	−0.043 (0.020)	—	—	−0.044 (0.020)
投资率(% GDP)	—	—	0.076 (0.024)	—	—	0.084 (0.024)
修正的 R^2	0.321	0.333	0.652	0.244	0.249	0.647
回归标准误	1.437	1.424	1.013	1.512	1.511	1.020
观测值个数	119	119	97	120	119	97

注:括号中为异方差一致(怀特稳健)标准误。除了 1960 年的初始收入外,所有的变量均为 1960—1989 年的平均值。

资料来源:来自 Alesina, Spolaore 和 Wacziarg(2000),基于 Summers 和 Heston 以及 Barro 和 Lee 的数据,网上可下载。

系数的符号与理论一致:交叉项的系数为负,而国家规模和开放的系数均为正。也就是说,这意味着开放对增长的影响随着国家规模的扩大而下降。虽然后一项的估计系数一直显著,但交叉项的估计系数最差只在13%的水平上显著。然而,6个回归中有3个回归在5%的统计水平上显著。这些系数表明除了在统计上显著之外,影响也很大。

例如,对于一个非常小的国家(即总GDP的对数等于零),根据不同的设定,开放提高10个百分点对年增长率的影响在0.60到0.95个百分点之间。当总GDP的对数为样本中位值时(等于16.049),该影响降到0.12至0.30的范围内。同样,对于假设完全封闭的国家(开放度等于0),总GDP的对数一个标准差增幅(等于1.99)对年增长率的影响在0.61和1.48之间变化。在开放度中位数(等于52.56)中,该影响在0.30和1.06之间。当规模是通过人口的对数来测量时,结果依然成立。因此,估计的影响很大,其符号与我们的理论一致。

这些结果也可能揭示了最近文献中激烈的辩论。罗德格里斯和罗德里克(Rodriguez and Rodrik,2001)指出,不同于其他研究者的发现,贸易与增长之间没有强有力的经验相关性,弗兰克尔和罗默(Frankel and Romer,1999),弗兰克尔和罗斯(Frankel and Rose,2002)以及阿尔卡拉和西康(Alacala and Ciccone,2001)也都这样认为。研究结果表明,贸易是由国家规模作为中介从而影响增长的。

10.3.3　收入水平的结果

表10.8显示了使用1989年的人均收入水平作为因变量的回归(右边不包括滞后的人均收入项)。解释收入水平而不是收入增长率的难度要大得多。正如霍尔和琼斯(Hall and Jones,1999)所强调的,水平回归需要有比增长回归更广泛的控制变量,因为在增长回归中初始收入所捕捉到的变动来源现在必须通过其他方法进行解释。水平回归引发的另一个重要问题是贸易的内生性以及贸易和国家规模之间的相互作用。这个问题在这里通过使用期末收入作为因变量,并通过使用几种工具变量来

衡量贸易和贸易与规模之间的相互作用来解决。

表 10.8　收入水平的决定因素:来自工具变量的估计

log(1989 年的 人均收入)	规模 (1)	log(规模) (2)	GDP (3)	规模 (4)	log(规模) (5)	人口 (6)
截距项	−4.736	0.906	8.010	1.725	6.444	8.820
	(2.233)	(5.253)	(2.148)	(1.929)	(1.873)	(1.002)
规模×开放	−0.001	−0.008	−0.004	−0.000 2	−0.010	−0.006
	(0.002)	(0.003)	(0.002)	(0.002)	(0.003)	(0.002)
国家规模	0.636	0.442	0.068	0.494	0.243	0.004
	(0.131)	(0.314)	(0.143)	(0.184)	(0.206)	(0.121)
开放	0.049	0.141	0.063	0.032	0.079	0.040
	(0.038)	(0.064)	(0.029)	(0.020)	(0.027)	(0.016)
观测值个数	114	80	71	115	81	72
修正的 R^2	0.12	0.80	0.93	0.13	0.86	0.92
回归标准误	1.052	0.566	0.361	1.176 9	0.469	0.368

注:括号中为异方差一致(怀特稳健)标准误。
包含的控制变量:
列(1)和列(4):无控制变量。
列(2)和列(5):语言分散化、1970 年城市化率、与主要贸易伙伴的距离、每年革命和政变的数量、以及一系列的虚拟变量,比如 1960—1985 年间是否发生了战争、(1776 年以来)该国是否曾为殖民地,是否有战后独立性,是否为石油出口国,是否以穆斯林为主、天主教徒为主、新教徒为主、儒家思想为主、印度教徒为主,是否社会主义国家、拉丁美洲、东南亚、OECD、撒哈拉以南非洲。
列(3)和列(6):在列(2)和列(5)基础上,增加生育率、男性人力资本、女性人力资本、政府消费占 GDP 比例、投资率。
工具变量包括:人口数量的对数、小国虚拟变量、小岛、内陆国以及这些虚拟变量与人口数量对数的交互项。
资料来源:来自 Alesina,Spolaore 和 Wacziarg(2000),原始数据请见表 10.7。

　　总的来说,表 10.8 提供了与理论相符的进一步证据,尽管系数相对于之前讨论的增长回归下降了。以回归分析为重点,包括最多的控制变量集(列 3 和列 6),开放和规模的交叉项和开放项的系数都很显著;规模系数现在是不显著的,尽管符号与理论一致。回归中包含的所有变量列表列在表的底部。在下一节(非技术倾向的读者可以跳过),我们讨论有关我们的结果的几个统计问题。

*10.4 扩展

10.4.1 面板数据方法

以上所述增长的回归结果使用 1960—1989 年的数据的平均值作为因变量。

通过利用国家内部在增长、开放度和国家规模方面的差异,可以有效地提高估计效率。为了做到这一点,我们使用了一个看似无关的回归(SUR)估计量,它在跨国增长的文献中被广泛使用。具体来说,我们采用在 1960—1989 年期间五年的平均变量,并对由每个时间段的增长方程组成的系统进行估计。[6]

结果列于表 10.9。系数的符号与 OLS 回归相比较没有发生变化。与 OLS 估计一样,当我们在回归中包含其他控制变量时,参数估计的数值和精度也会降低,尽管符号正负得以保留。

表 10.9　增长率的决定因素:工具变量估计

人均 GDP 增长率 1960—1989 年	规模 (1)	log(规模) (2)	GDP (3)	规模 (4)	log(规模) (5)	人口 (6)
截距项	−13.793	−14.299	−1.271	−9.955	−10.365	3.083
	(3.869)	(3.825)	(3.713)	(3.233)	(3.293)	(3.032)
规模×开放	−0.006	−0.008	−0.007	−0.007	−0.007	−0.007
	(0.004)	(0.003 7)	(0.002)	(0.005)	(0.005)	(0.003)
国家规模	0.833	1.133	0.701	1.066	1.035	0.603
	(0.226)	(0.255)	(0.201)	(0.307)	(0.315)	(0.204)
开　放	0.131	0.163	0.136	0.102	0.101	0.077
	(0.061)	(0.058)	(0.038)	(0.039)	(0.039)	(0.023)
log(1960 年的人均收入)	—	−0.662	−1.229	—	0.118	−0.980
		(0.329)	(0.228)		(0.179)	(0.200)
生育率	—	—	−0.253	—	—	−0.243
			(0.132)			(0.133)

续表

人均 GDP 增长率 1960—1989 年	规模 (1)	log(规模) (2)	GDP (3)	规模 (4)	log(规模) (5)	人口 (6)
男性人力资本	—	—	1.501	—	—	1.561
			(0.459)			(0.471)
女性人力资本	—	—	−1.319	—	—	−1.346
			(0.477)			(0.472)
政府消费(% GDP)	—	—	−0.043	—	—	−0.043
			(0.023)			(0.022)
投资率(% GDP)	—	—	0.055	—	—	0.072
			(0.029)			(0.027)
R^2	0.271	0.246	0.617	0.116	0.149	0.629
回归标准误	1.508	1.541	1.115	1.656	1.636	1.099
观测值个数	119	119	97	120	119	97
豪斯曼检验 χ^2 值	0.87	0.68	0.39	1.48	1.19	0.00
p 值	0.832	0.953	∼1.00	0.686	0.880	∼1.00

　　注:括号中为异方差一致(怀特稳健)标准误。工具变量包括:小国虚拟变量、小岛、内陆国、以及这些虚拟变量与人口数量对数的交互项。

　　资料来源:来自 Alesina，Spolaore 和 Wacziarg(2000)，原始数据请见表 10.7。

10.4.2　开放的内生性

　　增长可能会影响开放程度,而不是反过来。这个问题可能扩展到开放程度和国家规模的交叉项的内生性。因此,上述估计可能有内生性问题。

　　为了解决这个问题,弗兰克尔和罗默(Frankle and Romer,1999)使用外部重力变量作为开放的工具变量,并且表明,当适当考虑内生性问题时,在跨国收入水平回归中,跨国收入水平回归中的贸易与 GDP 之比的估计系数实际上会增加。由于重力变量(即作为开放程度与开放程度和国家规模的交叉项的潜在工具变量),他们主要使用可能与开放度强烈相关并且不太可能受增长影响的地理变量。使用这些变量作为工具变量,我们可以证明上述结果是稳健的。

根据弗兰克尔和罗默所说,我们使用以下工具变量:一个国家是否一个岛屿、一个小岛、一个小国或一个内陆国家的指标变量。然后,我们将这些变量和人口对数的交叉项添加到工具列表中,以便明确地说明开放程度与国家规模的交叉项的潜在内生性。由于它们是纯粹的地理变量,所以这些工具变量不太可能受到 1960 年后经济增长的反向因果关系的影响。

工具变量方法的结果与之前 OLS 的结果一致,但统计学意义有所增强。正如理论所预测的那样,符号正负得到保持。这表明内生性问题适用于开放,交叉项不可能成为使我们结果脆弱的重要来源。[7]

关于贸易与增长之间关系问题的辩论很激烈,在引起争端的论文中,罗德格里斯和罗德里克(Rodriguez and Rodrik,2001)讨论了现有证据中支持开放与增长之间正相关关系论点的几个弱点,即使他们没有给出负相关关系的证据。弗兰克尔和罗斯(Frankle and Rose,2002)回应了其中一些批评。他们的结果涉及小国家样本中贸易对增长的影响,这些国家是货币联盟的一部分。弗兰克尔和罗斯的结果与我们一致,因为我们也强调开放对小国而言特别有利。阿尔卡拉和西康(Alcala and Ciccone,2001)发现,如果使用更复杂的方法测量开放,开放贸易对生产率有非常大的积极影响。

10.5 结论

本章提供了支持我们方法的两个重要推断的证据。一是规模经济导致更大国家的政府(人均而言)更小。二是国家规模对经济成功的影响是以贸易体制为中介的。小国可以因自由贸易而繁荣,而在贸易限制的世界中,规模很重要。

第一个结果强调了选择较小管辖权而失去部分规模经济的有关成本。从这个角度来看,阿莱西纳、巴克尔和霍克斯比(Alesina,Baqir and Hoxby,2000)调查了美国市政当局、特区和学区的数据。研究美国国内地区的一个优点是,它们的边界变化相对频繁,这使得可用于统计分析的观察结果很多。

这些作者研究了美国的县如何细分自己的学区,市政当局和特区。[8]像国家一样,美国的地区大小不一。美国最大的县(洛杉矶)有 8 863 164 名居民;最小的县(爱德华,得克萨斯)仅有 107 名居民。最大的学区(纽约市)有 140 万名学龄儿童;最小的仅有 2 名。在美国也有很多地方:约 3 000 个县中,每个县的平均学区数为 5.5,平均市政当局数为 6.5,平均特区数为 11。[9]

这些文献表明,美国人愿意放弃大规模的收益,以便归属于在种族、民族和收入方面更同质的社区。各县的边界依然比较稳定,但到下分的市政当局、学区、特区却不是这样。过去 30 年来,有一种巩固地方的趋势,并且在同质程度高的县发生得更为迅速。传统来说,大多数关于地方的文献主要集中指出这样一个事实,个人以收入来区分自己的阶层。[10]阿莱西纳、巴克尔和霍克斯比(Alesina,Baqir and Hoxby,2000)指出,种族同质性(种族差异较小)被认为是重要的,或者甚至比收入阶层的同质性更重要。这方面的经济证据包括与两次世界大战相关的所谓的自然实验。在这两场战争期间,原驻民大量从南往北迁移以填补战时工业岗位的空缺,这一现象被称为"大迁徙",历史学家对此进行了广泛的研究。这些学者研究了受到大迁徙影响的北部地区形成的地域管辖模式,并表明接受南部原驻民移民的县在较小的地区内变得更加分散。因此,许多新的市镇和学区被建立起来,以处理每个县的种族异质性问题。在考虑了边界的其他经济和地理因素的决定因素之后,这些学者发现了规模经济与收入以及种族异质性之间权衡的证据。

贸易和增长的第二个结果是重要的,有两个原因。第一,它证实了我们的国家规模模型的重要组成部分,即如果国家是开放的,那么它就会成为小国;第二,在关于国际贸易与增长之间关系的激烈争论中,它给出了一些启示。研究结果表明,国家规模是联系贸易与增长之间关系的中介。

由于国家规模对增长而言是很重要的,根据贸易制度,我们可以研究,就增长而言边界有多么"昂贵"。这是斯波劳雷和瓦齐亚格(Spolaore and Wacziarg, 2002)探讨的问题。他们开发了一个模型,为在实证上估计政治边界对增长的影响提供了理论基础。在他们的模型中,将经济一体化视为内生因素,而且与国家规模负相关;也就是说,在其他一切条件一样的情况下,较小的国家选择较低的贸易壁垒。两国之间的政治一体化通过减少对世界其他国家的开放,产生了积极的市场规模效应和消极的市场规模效应。有趣的是,在他们对假设的邻国之间的国家边界消除造成的增长效应的估计中,他们发现,假设的 132 个合并中只有 17 个国家能从全面一体化中获益。在经济上从政治一体化中受益的国家包括美国和加拿大、西班牙和葡萄牙以及德国和法国。

注释

1. 第一个问题,见 Tanzi 和 Schuknecht(2000)及其中引用的参考文献。关于经济增长的决定因素,见 Barro 和 Sala-i-Martin(1995)以及 Barro(1997)。Easterly(2001)提供了增长的非正式讨论文献。

2. 更多关于与经济变量相关的国防支出的讨论,见 Hartley 和 Sandler(1995)。

3. 见 Alesina, Baqir 和 Hoxby(2000),根据美国地区的数据,更详细地讨论了密度作为政府规模的决定因素的作用。

4. 可根据需要提供不同规格和不同时间段的结果。

5. 关于这一点,另见 Persson 和 Tabellini(2003)。

6. 在这个系统中,方程之间相同变量的系数必须相等,而且需要明确考虑方程之间扰动项的相关性。由于方程之间的扰动项可以变化,我们的方法对应灵活的随机效应估计量。效率可以提高,因为与 OLS 相比,观测次数乘以了 6。最后,通过使用应用于 SUR 框架的怀特修正,系数估计的标准误对异方差检验是稳健的。

7. Alesina, Spolaore 和 Wacziarg(2000)进行的各种统计检验证实了工具变量选择的有效性。

8. 学区是对教育有管辖权的地方政府。市政当局就是城市和城镇。特区是通过管辖多个市政当局的特权来提供特殊公共品的管辖区。

9. 有趣的是,大量的文献认为,美国的小地区太多了。如,见 Rusk(1999)和 Calabrese 等(2000)和在其中引用的参考文献。这些观察结果为第 3 章国界内的民主制度中过多管辖权的结果提供了一些间接的支持。

10. 关于这一研究领域的优秀范例,见 Epple 和 Romer(1991)以及 Calabrese 等(2002)。

第 11 章　国家规模:历史概览

11.1　引言

前一章成功地检验了我们的理论中关于规模和经济结果的几个相关性的推断,现在,我们将根据历史和国家规模的演变来检验我们的理论结果。我们的意图不是提供有关国家形成和分裂的历史,我们的目标更为适中,因为我们将历史格局与我们之前讨论的命题相比较:

- 国家规模是规模效益与人口异质性成本之间权衡的结果。

- 异质性成本源于对公共政策偏好的不同。这种差异与非经济因素(文化、宗教和语言)以及经济因素(如人口收入差异)有关;人均收入的区域差异造成分裂主义倾向。

- 公共品的提供和市场规模都具有规模效益。

- 市场规模的好处取决于贸易制度;在自由贸易制度中,小国是能独立发展的;而在充满贸易壁垒的世界里,庞大的规模至关重要。

- 出于安全考虑,规模很重要;在更加和平的世界中,国家的数目应该会增加;相反,外部威胁导致成立更大的国家及联邦的集中化。

- 民主化应与国家数目的增加有关;相反,独裁者试图巩固大的政治管辖权。

我们不会对什么是 nation、state 或 country 进行复杂的历史辩论。正如我们在第 1 章中指出的那样,"state"的定义是有争议的。一些学者,如蒂利(Tilly, 1990)指的是"五千多年来世界上最大和最强大的组织"。其他人则倾向于把"state"定义为现代国家——作为在某一领土内合法使用武力的成功的垄断者,这是根据韦伯(Weber, 1958)著名的定义(我们也在第 1 章中引用了这个定义)而来的。由于我们的理论主要是受到现当代发展的激励而展开,在这一章中,我们不会考虑古代的国家和社会团体,如埃及和美索不达米亚王国或希腊和菲尼西亚城邦——虽然我们保留我们的分析将与那些古代制度相一致的意见。

因此,我们将从比较熟悉的主题开始对历史进行快速的概览,即欧洲中世纪城市的激增和扩张。在某种意义上,所谓的文艺复兴之前的时期是自然的历史分界线。在所谓的黑暗时代(实际上是现代西方世界的开始),政治权力相当分散,并且在西欧,教皇和皇帝之间进行政治权力的争夺。当地领主统治乡村,城市几乎不存在。在这个时期,以适用于我们的理论结构的方式来谈论"国家"是相当困难的。

11.2　欧洲城市国家

城市化进程开始于 12 世纪末并贯穿整个 13 世纪,通过城市化进程的急剧加快,欧洲从黑暗时代醒来。接下来的三个世纪以城邦的经济增长为特征:威尼斯、里斯本、热那亚、安特卫普和阿姆斯特丹相继粉墨登场。这是欧洲的核心极度分散的时期。

这个时期的城邦是典型的政治实体(即我们模型中的一个国家)的例子,即使非常小经济也能繁荣,因为它的市场与其政治边界无关。位于欧洲两极的成功的城市(意大利和低地国家)积累了非凡的财富。在 14 世纪初,威尼斯的预算大致相当于整个西班牙王国的全部预算,只比法国王国的预算低 20％。[1]阿姆斯特丹和联合省都很富有,然而,就像一位法国大使在 1724 年所评论的一样:"这是一个非常小的国家,这里创造的财富和种植的粮食数量不足以养活其百分之一的居民。"[2]事实上,联合省不仅小,而且非常分散,由极小的国家集合而成。他们是第一个现代联邦的例子。[3]关于热那亚,法国外交官惊讶地注意到,"沿海约长三十里格……只有七到八里格是平原……其余全是贫瘠的山。"[4]而对威尼斯而言,向意大利西部扩张的动力只是为了建立贸易的基础设施,[5]在东海岸(一直由土耳其人监管和维护)向东扩张是因为需要保持贸易畅通。

这些小城邦可以生存下去,是因为它们在资本主义和财富以贸易为基础时繁荣起来了。一位现代的观察者将阿姆斯特丹描述为"(那时)商业绝对自由的地方,绝对没有任何商人被禁止做的事情,除了追随自己的利益他们不用遵循任何其他规定。所以当个体出于自己的商业利益,似乎要做出偏离国家利益的事情时,国家会视而不见假装没有注意到"[6]。

这些城市的政府没有提供我们通常认为与现代政府有关的许多公共品、基础设施和行政服务。在威尼斯、热那亚和阿姆斯特丹,"国家没有权力而且贫穷,虽然个体非常富裕"[7]。换句话说,城邦只能够承担其极小的规模,因为公共品生产的规模经济比较低,而它们的经济又是以自由贸易为基础的。自由贸易与小型政府的结合实际上是城邦发展和成功的关键因素。这些政治单元的经济实力非常雄厚,但由于规模太小,在军事意义上力量可能很弱。在中世纪部分时期,高级政治和军事组织向小型城邦的商人和其他经济主体提供了防御方面的相对优势——"保护性租金",这是弗雷德里克·C.莱恩(Frederic C.Lane, 1958)给出的定义。但是,这种"保护性租金"随着时间的推移而逐渐削弱。正如麦克尼尔(McNeil, 1974)所指出的,公共品(包括国防本身)的成本增加在这一趋势中发挥了重要作用。

把"民主国家"当作这个时期的政治组织来说是相当困难的,但是城邦肯定比随后的专利政权更加公开、自由和宽容。虽然城邦并不是现代意义上的"民主国家",但它们却是"由活跃在统治城邦的行政机关、立法和咨询委员会及特别委员会的最强大的家族们所主导的宪政寡头制"[8]。意大利城邦的投票权仅限于男性人口的 5％ 至 15％ 左右,与接下来发生的历史相比,直到 20 世纪初,可谓非同小可。例如,在 19 世纪末的英国,类似比例的男性人口享有投票权。此外,"(意大利城市)与欧洲其他地区区别最大的特征是男性在很大程度上主要通过说服来决定支配他们自己生活的法律和决议。"[9]显然并不是每个人在政治舞台上都有自己的"发言权",但意大利北部的城邦已经显著地向相对现代民主的形式发展,在现代的民主形式下,行会是政治参与安排的主要方式。帕特南(Putnam,1993)将意大利北部相对开放和民主的城邦与诺曼人征服意大利南部后建立的独裁政权进行对比。他认为,这种差异贯穿了意大利的历史,并且影响了南北发展和政府质量的差异。正如德隆和施莱费尔(De Long and Shleifer,1998)所说,在中世纪的城邦,商业蓬勃发展正是因为它不受令人窒息的政治影响的限制。

总而言之,有大约 1 300 个到 1 600 个欧洲城邦,在很大程度上,是具有今天小型开放民主国家一些特征的政治经济实体。

11.3　从小型城邦到利维坦

历史学家经常用 1494 年,即法国入侵意大利的时间,作为象征性的日期,标志着直到法国大革命之前占据主导地位的专制时期的开始。这三个世纪也见证了法国、英国、西班牙和俄国等几个大国对其统治的巩固。

大国的出现来自势力的巩固。欧洲从一个由独立领主构成的组织变成一个由国家构成的系统出于以下几个原因。首先,发展经济需要保证产权的制度和形成更大的"民族的"(national)市场以及由小城邦保证的市场。诺思和托马斯(North and Thomas,1973)强调,提供这些机构的规模经济的宪法导致封建制度的衰落。在独立政治单元之间存在贸易限制的世界里,降低跨界贸易成本的需要导致了更大的政治单元的形成。正如诺思和托马斯(North and Thomas,1973,p.94)所指出的那样,随着不同地区之间经济交流的获益增加,"需要大型政治单元在更广泛的地区内界定、保护和执行更大地区的财产权"。换句话说,国家建设的目标之一是,在这样一个跨政治边界的贸易将是非常昂贵并且没有保护的世界里,提供发展国内市场所需的基础设施。这一进程由国王和城市居民的联盟推动,他们的联合是出于共同对领主的痛恨。事实上,城市经济活动的增加与中央集权国家的巩固之间的关系在亚当·斯密(Adam Smith)看来是至关重要的,他在《国富论》(*Wealth of Nations*)第三卷中写道:"商业和制造商逐渐引进了秩序和良好的政府,伴随他们的还有,曾居住过的居民的个体自由和安全……处于一个依赖于他们上级奴役的国家。"

第二种力量是战争和公共行政成本的增加。正如蒂利(Tilly,1990)所强调的那样,战争创造了国家:战争中的技术创新至关重要。"军队变得职业化,战争的成本逐步增加;兼职的绅士士兵再也应付不来了。拿薪金的职业军官的出现导致了专业军费的增加。"[10]军事技术的变革使得规模收益更为重要,使君主能够巩固他们对领主的控制,建立更为集权的国家。在战争和为战争做的准备巩固了欧洲的国家制度之后,君主利用其强制的力量将资本丰富的自由城市并入其国界内。从1500年开始,"枪支的扩散……令君主重视军事优势,君主有能力承担浇筑大炮的成本,并且建立不容易被大炮毁坏的新堡垒"[11]。

君主对城乡实行了更加集权的控制,不断牵制当地的领主。"防御工事的技术设法抵挡轰炸产生的严重后果;到15世纪20年代,需要建造更大且更昂贵的城堡。这需要更大的领地来支付账单,因此这种维持平衡的优势依然与更大的政治单元相关,尤其是国王。"[12] 例如,卡斯提尔(Castile)的税收从 1474 年实际不到 90 万里亚尔银币(reales)增长到 1504 年的 2 600 万。[13] 这个时期君主所需要的税收总额的增长几乎主要是因为战争正在变得越来越昂贵,军队在士兵和成本方面都呈指数级增长。

在军事需求与税收的关系中,统治者需要税收来支持军队,而军队又能保证税收收入。正如威尔逊(Wilson,1967,p.498)所说:"王朝统治的成本正在快速上升。法院变得更大而且更为奢华,战争持续时间也变得更长。王室土地和断断续续的战争征收的税款不足以支撑这些支出。"

实际上税收问题是由两部分组成的。一方面是必要财政收入的规模大小,另一方面是税收的不规范。这导致了在收入短缺时期寻求方法来资助公共支出的问题,从而产生了更多激励以建立更精细的财政基础设施(Eartman,1997)。虽然直到 12 世纪和 13 世纪,由封建领主组建的无偿军队是常态,但两个世纪后,军队规模更大了,军费更贵了。战争成为了解决国王争端并增加财富的常见手段。实际上,战争的方式发生了变化,所以人口众多的国家具有军事优势,因为它们可以从国家人口中获得大量的军事力量。[14]

领土扩张和更大的财政压力导致了军事需求的增加。一些国家继续实行世袭的财政结构(法国、西班牙、葡萄牙、教皇国、波兰和匈牙利),而另一些国家则采取了类似于现代官僚体系的行政制度(英国、瑞典和普鲁士)。[15]一个有意思的问题是,为什么特定的国家采用特定的制度,但是从我们的目的出发,这两个制度都是对运行国家费用增加的回应,这样解释就足够了。[16]在这两个制度中,行政人员和文职人员数量都大大增加。在 18 世纪,英国采用现代官僚主义手段将 10 000 名政府雇员,组织起来。[17]在 17 世纪中叶的法国,减税运动普遍存在,往往导致了内部的军事对抗。

在 18 世纪,公务员逐渐取代了承担各种行政职务的无薪牧师,国王采取了越来越多的莫须有的提高税收和借款的途径。然而,公共债务的频繁拖欠将国王的公共财政信誉降到历史低点。由于大多数失败的战争导致了对财政收入的巨大需求,旧制度最终崩溃。[18]

在新的军事密集并且税收密集的时代,城邦无法轻易生存下去。意大利的城市成为了西班牙和法国的战场,并失去了独立性。威尼斯得益于其海军商业因而维持了其制度,但失去了主导地位。威尼斯备受争议的衰落需要从其维持强大陆军的费用以及组建 100 艘船只的储备舰队的成本的关系来看待[19]。威尼斯太小了,无法承担起这两项费用。

只有联合省仍然保留着经济实力,尽管它们的规模很小,但它们从与发现印度群岛和美洲的相关贸易中获得收益。贸易和蓬勃发展的大西洋经济使得荷兰仍然保持极大的政治经济重要性,尽管其土地面积相对较小。荷兰的成功在于促进自由贸易和不断竞争。

意大利和北欧城邦的参与民主制在专制主义时期已经消失,尽管不同制度的独裁权力程度在两者范围之间,即法国国王绝对的不受控制的权力和英国君主由一个强大的议会来平衡的权力之间。因此,我们从一个以贸易为基础的相对民主的小城邦向收取租金的大型独裁国家转变。

在欧洲之外,大型王国演变成了帝国。庞大的奥斯曼帝国迅速变成旨在从公民身上收取租金的官僚机构。当商人在阿姆斯特丹进行统治时,在奥斯曼帝国,"最富有的商人无法与政治阶级的中级官员,如初级总督……在财富方面对抗,更不用说在行政等级上的高级官员。"[20]奥斯曼帝国是一个"官僚主义的国家,用单一的行政和财政制度控制不同的地区,制度中最重要的人物是征税者,其任务是维护统治阶级奢华的生活方式"[21]。事实上,"16 世纪末的奥斯曼帝国所遵循的政策对商业资本积累的影响微乎其微"[22]。城邦因为小而开放才繁荣,但"(奥斯曼帝国的)强项在于……通过团结……多样的民族获得规模经济"[23]。不用说,民族多样性是帝国最终崩溃的原因。

类似的论点也适用于印度。16 世纪和 17 世纪的统治阶级对收取租金尤为感兴趣。政府税收总额估计接近于 20％的国民收入,即使对于当今的发展中国家来说这个值也是偏高的。然而,"印度几乎没有用税收来提供基础设施,大部分税收都用于精英身上了"。[24]印度人民的确进行了反抗,但却遭到了更多的镇压。关于精英的奢侈消费,肯尼迪(Kennedy,1987,p.13)写道,他们引人注目的消费超过了凡尔赛宫的太阳王。这就毫不奇怪为什么印度的谚语警告说:"永远不要站在马背后或官员面前。"纯粹的租金榨取政策最终导致了印度帝国的衰落。

古代中国是另一个巨大的帝国,尽管规模很大,但由于人口同质化程度相对较高,所以它得以幸存。除蒙古以外,中国的外部竞争对手也相对较少。正如蒂利(Tilly,1992,p.71)指出的那样,"当帝国的行政领域扩大到不受掌控时,当军阀组织足以威胁帝国时,当外来入侵者……横扫帝国领土时,历朝历代就会灭亡"。肯尼迪(Kennedy,1987,p.111)指出:"明朝的中国越来越经常遭受到……过于集权带来的弊处,专制和严重的正统观念存在于其对……商业的态度之中。没有上级明确的指示,得到强化的官僚制度相对于改变来说更偏好于保守主义。"换句话说,是一个更大的、过度集权的反贸易政治制度。加纳(Garner,2001)提出了一个有意思的对比,他将相对同质规模较大的中国与 13 世纪至 15 世纪分散的欧洲进行了比较。他认为后者的政治分裂通过使统治者之间进行竞争而产生足够多的创新,这种创新超过了更大的中国享有的规模经济。

回想一下,我们的模型的一个推断是,从经济效率的角度来说,独裁的帝国应该比最优规模更大。利维坦收取的租金是由超过经济最优的国家规模来实现最大化的:古代中国和奥斯曼帝国似乎是符合该推断的典型例子。但即使是对像法国这样的专制君主制国家来说,规模也可能是一个问题。也许从经济角度来说,这个国家"太大了",因为财政压力使国王为了最大化其租金和军事力量进行过度扩张。正如布罗代尔（Braudel，1992，p.325）所强调的那样，"（法国的）领土扩张（那时是）……有益的……以多种方式走向君主国家……（但）严重阻碍了它的经济发展"。距离问题干扰了真正的国家市场的发展；法国在 16 世纪和 17 世纪看起来更像是一个由自给自足的地区组成的集合体，而不是一个真正的国内市场。活跃的市场被限制在大城市附近。规模干扰了政治管理的运行："在一个像法国这么大的国家召开国民大会是一项艰难的任务。"[25]正如我们在第 3 章所指出的那样，美国的开国元首们也注意到了在当时为了到达首都参加国家政府活动所用的时间是国家的制约因素。

"过度"扩张的问题不仅仅是法国问题。一般来说，"应该像从树上砍掉树枝一样让省份离开国家，以便加强对这些省份的管理"，这样的格言要想在王位的议会中被听到，很有可能已经在书中埋没很长一段时间了。[26]也许英国是一个岛屿的事实有助于防止其过度吞并省份，因为其有着天然的海域边界，尽管后来的大英帝国面临规模过大的问题，但英国本身没有规模过大的问题。肯尼迪（Kennedy，1987）提供了关于独裁帝国的过度扩张往往是怎样导致其衰落的广泛性的历史探索。

在贸易方面，小型城邦国家在国际交易中蓬勃发展，而大型专制国家却在国内市场上实现国家自给自足并寻求国内贸易。正如威尔逊（Wilson，1967）指出的那样，"在 16 世纪下半叶（关于贸易的早期观点）已经产生了大量的立法……旨在实现国家自给自足并使国家生产繁荣兴旺"。同样，英国的贸易政策在 17 世纪初也变得具有浓厚的保护主义特征。在这个时期，英国的立法致力于"减少进口需求和发展中的制造商财富的流出"（来自 1967 年威尔逊引用的官方文件，第 533 页）。

总而言之，从有着开明廉洁政府的小型开放民主城邦国家开始演变，世界变成了有着更大国内市场并追求自给自足的大国，这些大国由利维坦进行管理，并不断寻求着新的财政收入方式以支持其精英的奢侈消费和战争的巨大消耗。

11.4　现代民族国家

从 18 世纪末开始,人们可以开始谈论政治制度的诞生,即"民族国家",其形式上与现在的民族国家十分相似。在欧洲,我们观察到已有国家的转型,如英国、法国和西班牙,以及新的国家的诞生,如德国和意大利。在北美洲,美国及几十年后的加拿大成为了联邦国家,其都是由独立的省份和领土构成的松散联邦发展而来的。民族主义和自由主义是两个紧密结合在一起的政治力量:两者都在经济和政治上要求更开放和自由的社会。自由主义思想也带来了一段欧洲自由贸易的时期。有意思的是,较小的国家——荷兰、丹麦、葡萄牙、瑞士以及在一定程度上的瑞典和比利时——是第一批采取自由贸易立场的国家;英国和法国则在它们之后(Bairoch,1989)。

正如当时的自由主义理论家所深谙的,民族国家不一定要在一个完全自由的市场经济中。世界可以作为一个自由市场区域,是一个由进行自由贸易的个体组成的世界市场。鉴于不同种族、文化和意识形态的个体异质性,民族国家被视为是次优的。根据自由主义哲学,一个民族国家必须达到能形成独立发展单位的足够规模,但也不能太大。换句话说,由于完全自由贸易的世界是无法实现的,所以国家必须达到一定规模才能使国民经济生存下去。例如,1843 年加尼尔-帕杰斯(Garnier-Pagès)的《政治词典》(*Dictionaire Politique*)将比利时和葡萄牙应该成为独立国家的观点描述为"荒谬的",因为它们的市场太小了。[27]统一意大利的缔造者之一朱塞佩·马志尼(Giuseppe Mazzini)认为,鉴于经济考虑(即市场规模)和欧洲的民族构成,欧洲的最优国家数目是 12。但他并没有认真对待西西里人、布雷顿人、威尔士人甚至爱尔兰人的民族主义愿望,因为他认为他们的经济体太小了。[28]对于专制君主而言,国家规模几乎全部用于军事和税收,但在亚当·斯密的自由主义世界中,国家规模因市场而重要。"国家问题",如马志尼所非常了解的一样,如果不考虑经济可行性和市场规模,就无法对其进行分析。

欧洲的民族构成允许将其划分为合理规模的地理单位。然而,蒂利(Tilly,1973,p.44)指出:"几乎所有的欧洲政府都采取措施使其人口同质化:采用国教,驱逐少数民族,制定民族语言,最终组织大众公共教育。"这是有意思的,因为它表明文化分化可能实际上是一个内生变量,如我们在第5章中所模拟的。在某种意义上,民族主义的所有观念都意味着民族国家同质的必要性和优点。

德国统一的一个很强的经济动力无疑与市场规模有关。德意志民族于1834年开始成立关税同盟(the Zollverein),从而确保其成员之间较低的贸易壁垒。对于市场太小而没有更多的自由贸易让其繁荣的中小国家来说,参与关税同盟被认为是经济必需品。在"关税同盟"之前,"德国商人和制造商开始反对制定一系列成本高昂的海关关税,这些关税十分复杂并令人难以接受……许多商人要求结束这些不自然的障碍,无论是英国还是法国的竞争对手都不会面对这些壁垒"。[29]普鲁士的统一将所有先前存在的货币统一,并禁止任何对加快货币流动性的限制。总而言之,普鲁士创造了一个单一的市场。[30]因此,德国统一的主要动机之一是建立一个在经济上更能独立发展的实体,也就是寻求国家最佳的经济规模。1870年巩固德国统一的第二个动力是来自与法国发生冲突的外部威胁。赖克(Riker,1964,p.35)指出:"1871年联邦是在外国怀有敌意的情况下组建的,因此联邦旨在提高德国的军事外交地位。"[31]关于外国威胁的类似观点也适用于皇帝弗朗茨·约瑟夫(Franz Joseph)统治下的奥匈帝国的巩固。有意思的是,少数民族不断增加的压力导致了向更强大的少数民族(马扎里人)的妥协,以控制其余的少数民族。用我们的分析术语来说,哈布斯堡王朝的双重君主制可以被看作是利维坦对无叛乱约束变化的反应。[32]

根据赖克(Riker,1964),外部威胁以及创造可行防御的需要,是建立美国宪法的基础,宪法使得"集权式的联邦制"制度取代了由独立州组成的松散联邦。在赖克的"宪法的军事解释"中,使得联邦巩固的根本力量源自欧洲的威胁对美国来说是明显迫在眉睫的危险这个事实。英国人在西北地区构成威胁,西班牙人在西南方构成威胁。建立可行的军队和海军是前两届总统乔治·华盛顿(George Washington)和约翰·亚当斯(John Adams)发起的首要任务之一,他们特别需要建立强大的海军。

外交防御也是《联邦党人文集》中的一个重要问题。有意思的是,在第三篇论文中,约翰·杰伊(John Jay)提出了一个与我们第 7 章的讨论有关的观点,即一个大国分解成许多小国时冲突发生的可能性。杰伊写道:"美国遵守各家(葡萄牙、西班牙、英国)法律对于美国的和平而言是非常重要的,而我认为显而易见的是一个国家的政府比……十三个独立的州能够更加完善和准时地做到这点。"换句话说,当更多独立的州相互交流时更有可能发生冲突,这是第 7 章所详细讨论的。

然而,外部威胁并不是导致联盟的唯一动力。第二个动力是财政政策的规模经济。在《联邦党人文集》第 13 篇中,汉密尔顿(Hamilton)非常清楚地说明了这一点。他写道:"当一个国家的维度达到一定程度时,它要求同样的政府力量和同样的管理方式,这在很大程度上是必需的。"因此,对于汉密尔顿来说,随着规模的增加,运行政府的人均成本下降。麦迪逊严厉反驳了基于政府开支的对联邦的反对意见。正是由于规模经济的观点,"十三个州能够支持一个国家政府,这个国家政府比由整体的一半或三分之一,或者任何其他比例所支持的国家政府更好"。实际上,在杰伊看来,"如果这些州联合起来并由一个政府管制,那么只需提供一个国家费用清单;如果将它们划分成若干邦联,那么将需提供尽可能多的不同的国家费用清单"。在《联邦党人文集》第 12 篇中,他进一步认为,税收制度在联邦中效率会更高。

建立共同市场是联邦的第三个动力。正如摩尔(Moore,1967)所言,北方的资本家"想要在不担忧州和地区边界限制的情况下继续做生意"。比尔德(Beard,1973)在他对美国宪法的著名经济解读中指出,规模的贸易收益也是重要的,因为大国在一个充满商业纠纷而远离自由贸易的世界里可以变得更强大。这基本上是《联邦党人文集》第 43 篇中汉密尔顿的论点:"贸易商……将承认,美国总体的商业平衡比没有联邦或部分联邦的十三个州要好得多。"在《联邦党人文集》第 3 篇中,麦迪逊写道,在商业纠纷中,即使没有使用武力,更大的国家甚至不需要动用武力就更有可能得到满意的结果,因为大国更加强大。杰伊在《联邦党人文集》第 5 篇中继续写道,十三个独立的州之间的商业条约比起一个单一国家的商业条约来说,更不受欢迎而且执行起来更加复杂。最重要的是,开国元首们认为在一个保护主义横行的世界里规模对贸易是有益的。

然而,联邦内部观点的异质性在其成立最初的几十年里威胁到了它的生存。内战的爆发明确了联邦的所有获益——安全、政府的规模经济和市场规模——都带来了高昂的异质性成本。内战是发展工业的北方与发展农业的南方之间对经济政策(特别是贸易政策)偏好冲突以及对奴隶制偏好异质性的结果。没有人能总结出比摩尔(Moore,1967,p.123)总结的内战原因更令人信服的了,他写道:"不可能找到纯粹的经济因素作为(南北)战争发生的主要原因,正如不可能说战争主要是道德差异的结果一样。奴隶制是引起双方愤怒的道德问题。如果没有双方对奴隶制观念的直接冲突,导致战争的事件和战争本身完全无法让人理解。同时这就像太阳光一样直白,经济因素在南方发展成了奴隶经济,而经济因素在全国其他地区形成了极不相同的理想,因而创造了不同的社会结构。"

　　一个有意思的问题是,这样一场昂贵并具有毁灭性的战争与国家统一的收益相比是否是值得的。当然,考虑到每一个人的效用的任何规范的(即民族的)福利分析,都应将可怕的奴隶制度的结束算作是主要社会收益。对于这种说法,读者可能会问,从积极的角度来看——也就是说,作为工作中分析实际政治力量的一种方法——对在国家的南北地区的(白人)决策者而言,这样昂贵的战争与统一的收益相比是否值得,或是为什么他们不能走自己的路并相互进行交易呢? 美国南方的历史学家经常提出这个问题,用我们模型的术语,可以改写如下:是不是美国的规模、防御和消除贸易壁垒的收益足以证明战争的正当性而不是承认偏好异质性然后分裂? 理查德·史瑞克(Richard Shryock,1933)写道,如果脱离联邦没有被北方的州讨伐,"显而易见的是,每个可能形成的共和国都会比现在的共和国更小更弱,但是很难说它们会比现在更不繁荣或是更不快乐"。换句话说,为什么南北不能分道扬镳而与对方维持自由贸易呢? 为什么北方选择如此攻击性地讨伐脱离者? 回答这个问题当然是非常困难的,无论是从事前还是事后来看。事前来看,答案可能是出于会失去对外国威胁的安全防范、民族自豪感和商业利益的一系列担忧。1860 年的《波士顿先驱报》(Boston Herald)——由斯坦普(Stampp,1981,p.31)所引用——指出,如果南方赢得独立,它的"第一步举措……将是对北方的制造商征收重税,并对北方制造商使用的棉花征收出口税"。无论该预期是否合理,它的确表明,对保护主义的担忧有助于培养国家统一是必要的观念。

　　显然用寥寥几段话说清楚像美国内战这样的复杂现象是不可能的。我们的观点是,发挥作用的因素有思想文化差异、国内贸易冲突与对外贸易冲突以及安全考虑的综合,这些因素与前几章讨论的理论思想大致一致。或者,更加谨慎地说,我们上面草拟的理论框架似乎为回顾这个巨大而复杂的历史事件提供了一些有用的视角。

总而言之,在所谓的民族国家诞生时期,经济规模与异质性之间的权衡是国家建设的政治和意识形态运动的关键决定因素。将国家组成的松散联邦巩固成像德国和美国这样更为集权的联邦国家,是由外部侵略的防御需要和创造大型自由贸易区的要求所决定的。

11.5 殖民帝国

在 1848 年欧洲动乱之后的 20 年里,贸易和资本主义扩张出现了惊人的增长。相反,19 世纪最后 30 年的特点是增长速度放缓,特别是 1873—1879 年间,一直到 20 世纪 30 年代的这段时期都被称为"大萧条"。

在 1800—1870 年间,国际贸易份额翻了两番,从 GDP 的 2% 到 8%(见 Estevodoreal 和 Taylor,2002)。从 1870 年到第一次世界大战,贸易总额持续增长,但幅度要低得多。这是因为大多数贸易都发生在殖民帝国之内。这一时期的世界贸易数据并没有将殖民者与其殖民地的贸易分开。

人们是否认为 1870—1913 年这段时期是贸易扩张和自由化的事件之一? 或恰恰相反,这是历史学家之间争论的问题,这出于几个原因,如艾斯特德沃、弗伦兹和泰勒(Estevodoreal,Frontz and Taylor,2002)给出的一个非常出色的文献综述记录的一样。首先,数据是不完美的。其次,这一时期见证了运输成本出现惊人的下降,所以人们可以同时观察到保护主义的增加和贸易的增加。[33]

图 11.1 显示,1870—1915 年间,有数据的国家的平均关税税率上升。从 1873 年开始,德国的贸易政策急剧转向保护主义(Craig,1978),而在1879 年德国引入了新的巨额关税,自由贸易"不复存在",贝洛赫(Bairoch,1989)写道。据他介绍,这个事件"标志着(自由贸易)时期的结束和大陆保护主义的回归"[34]。

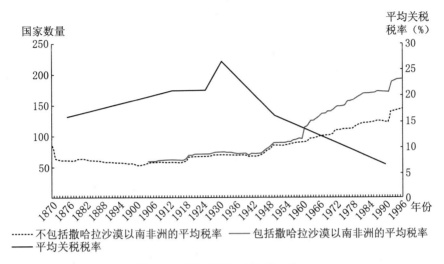

图 11.1 平均关税税率和国家数目

注:未加权平均税率的国家有奥地利、比利时、瑞典、法国和美国
资料来源:转引自 Alesina,Spolaore 和 Wacziarg(2001)。

这种看法在历史学家看来有些极端。殖民者之间的自由贸易并没有消失,但 1870 年确实标志着转向保护主义立场的转折点。如果没有运输成本的下降和贸易便利化的金本位制,大国的保护主义举措就会对贸易产生更大的影响。[35]换句话说,关税和其他保护主义政策的大幅度增长与交通运输和交流成本的大量减少模糊了保护主义措施对贸易和资金流动的正常影响。虽然决策者的意图是实施内向型政策,但由于运输成本大幅度下降,政策对贸易流量的影响减轻。

从 1880 年到第一次世界大战,欧洲列强扩大了对全球大部分地区的控制权。最初几十年的制造业热潮,加上国内市场停滞不前,"打开了寻求新市场的商人和寻求新的原材料来源的制造商的胃口"[36]。同时,种族问题和分裂主义者运动成为国内和国际政治中越来越主要的因素。

日益严重的保护主义和需要更大的市场来吸收新开发的大规模生产都要求更大的市场。这些紧张局势的解决方法就是建立殖民帝国。殖民主义是扩大市场和确保原材料来源的一种方式,狂热的爱国主义在统一异质性公民与外界斗争时十分有用。

殖民地国家强加了贸易限制,使得从一个欧洲列强的殖民地到另一个欧洲列强的殖民地的贸易路线被关闭。赫希曼(Hirschman,1945,p.79)指出:"由于限制而导致的贸易减少增加了国家之间的相互嫉妒和领土扩张欲望的可能性。"贸易保护的增加与对更大的殖民帝国的需求之间的联系,即使对那个年代的观察家来说也十分清楚。"如果你不是这种执着的保护主义者",英国首相在1897年告诉法国大使,"你就不会觉得我们有多么热衷于吞并领土。"[37]

可以肯定的是,英国人像法国人一样都是保护主义者,霍布斯鲍姆(Hobsbawn,1987,p.135)写道:"英国发展其国际贸易已经到了异常的程度……只是因为与欠发达的海外世界的关系;……她的产业扩张到国际真空……被英国海军的行动所清除。"[38]在非洲这样的地方,英国和法国把它们的领土直接割让给私人公司,使得经济利益和领土扩张之间的联系更加紧密。[39]兰德斯(Landes,1998,p.426)指出:"商人……寻求贸易而不是领土……但是他们不想被当地经销商或官员劫掠或欺负……所以当欧洲人遇到麻烦时,他们呼吁他们的本国政府帮忙。"

类似的分析也适用于19世纪末美国的扩张。在1865—1898年间,美国对阿拉斯加、夏威夷、萨摩亚、古巴和菲律宾(以及其他领土)的兼并是基于扩大美国市场和供应路线的必要性。与此同时,美国的贸易政策也突然转向了贸易保护主义:从20世纪60年代开始,平均关税税率从20%提高到了47%左右。[40]英国和法国在世界大部分地区实行的霸权主义限制了美国进入许多市场,在支持扩张的美国人眼中,这证明了他们在海外追求他们的"天定命运"是正确的。在殖民时代,当政治控制限制了与世界大部分地区潜在可能的经济交往时,建立帝国是确保市场和供给线路安全的唯一途径。

西班牙和葡萄牙的帝国也受到贸易流量和市场规模的驱动。这两个国家在很大程度上依赖于与殖民地的贸易,在殖民地实行贸易垄断并垄断殖民地。特别是,由于西班牙经济严重依赖其与海外殖民地的贸易,当帝国在 19 世纪初崩溃时,它受到了极大的打击。对于拉丁美洲的民族运动,政治独立被认为是打破"对外贸易垄断······有机会在国际市场上筹集资金"的必要条件。[41] 19 世纪中叶拉丁美洲所有新独立国家采取了外向型战略,减少了贸易壁垒,并采纳了出口导向型增长战略:"到本世纪中叶,拉美各国出现了有利于出口导向型增长的共识。"[42]

显然,殖民地与殖民地的贸易并不是"公平的",因为这涉及垄断和垄断的租金以及对原材料和劳动力的纯粹剥削。殖民地太穷,无法成为殖民者想要的大市场,但他们确实代表着重要的原材料来源。然而,在日趋保护主义的世界的背景下,扩大殖民帝国的动机之一是对市场扩张的期望。

殖民帝国代表了殖民者在规模与异质性之间的权衡问题上的一个绝妙的解决方案。帝国的规模保障了经济和军事利益;对殖民地的不平等、不公平和边缘化对待降低了帝国公民的异质性成本。

11.6　第一次世界大战后的边界

图 11.2 显示了从 1870 年至今的每五年中,新成立和灭亡的国家。它排除了撒哈拉沙漠以南非洲,因为要识别出 19 世纪其有多少国家有些困难。非洲部落不像欧洲那样热衷于边界问题。正如赫布斯特(Herbst,2000,p.35)所言,"殖民前的非洲是一个世界······那儿的权力扩张与欧洲的权力扩张有很大的不同"。殖民前的非洲的权力并不代表着对土地的控制。

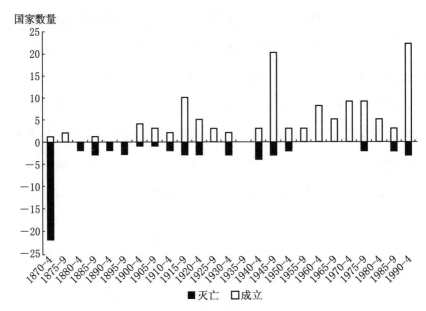

国家数量

图 11.2　每五年成立和灭亡的国家(1870—1990 年)

资料来源:转引自 Alesina，Spolaore 和 Wacziarg(2001)。

德国统一包含了 18 个独立的国家,这解释了图中数字开始时的下降。然而,从 1875 年开始到《凡尔赛条约》(*Treaty of Versailles*)签订之前,只有很少的国家成立,而且有些国家被其他国家吸收。在 1871 年有 64 个独立国家(除了撒哈拉沙漠以南非洲国家),这一数字在 1914 年下降到 59 个。在第一次世界大战之后,《凡尔赛条约》极大程度上重新设计了欧洲边界,新成立了一些国家。图 11.4 中 1919 年出现的峰值确定了这一点。

《凡尔赛条约》的指导原则是同质的,并由美国总统伍德罗·威尔逊(Woodrow Wilson)进行监管,是界定一个国家、一个民族的准则。然而,这个原则不适用于殖民地,因为欧洲的世界领导人未能解决生活在欧洲以外的人的权利和愿望问题。

《凡尔赛条约》对重新划定边界的处理极为不当,留下了许多未实现的民族主义情绪和欧洲境内的紧张局势。然而,国际边界在两次世界大战期间几乎没有发生改变,这一直持续到 20 世纪 30 年代末第二次世界

大战开始。有意思的是,如图 11.3 所示,在两次世界大战期间,几乎没有
新的国家出现。在新出现的国家中,埃及(独立于 1922 年)只是一个分类
的问题,它脱离英国从而独立,其地位从受保护国转变为半独立国家。除
了梵蒂冈城,1920 年至第二次世界大战之间获得自主权的国家有爱尔兰
(1921 年)、蒙古(1921 年)、伊拉克(1932 年)和沙特阿拉伯(1932 年)。

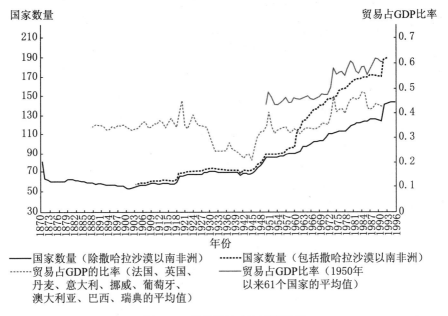

图 11.3　贸易开放度和国家数量

资料来源:转引自 Alesina, Spolaore 和 Wacziarg(2001)。

　　两次世界大战期间的特点是自由贸易崩溃、独裁的出现以及好战的国
际关系。大萧条让整个情况更加惨淡。根据我们的分析,与创建国界无关
的所有因素都是由民族主义的愿望实现的。此外,殖民列强还控制着它们
的帝国,并压制独立运动。它们都坚决拒绝它们的殖民地进行自主管理。

　　温斯顿·丘吉尔(Winston Churchill)非常明白好战和保护主义一词
与维护殖民帝国之间的联系。詹金斯(Jenkins,2001)再版了一封信,其
中基本上定义了丘吉尔在两次世界大战期间对殖民主义的看法。这封信

是写给主张印度独立或至少自治的林里斯戈侯爵的。丘吉尔以最清楚的方式说明了英国应该如何坚持帝国的观点。以下对写于 1932 年 5 月丘吉尔的信（Jenkins，2001，p.457）的长篇引用特别有启发性：

> 20 世纪初的温和模糊的自由主义……已经被反对议会和竞选程序的暴力反应所取代，以及被几乎在每个国家建立真正的或隐蔽的独裁政权所替代了。而且我们外部联系的损失、我们的外贸和航运的缩减使得英国的剩余人口可能即将面临彻底毁灭的危险。因此，让英国……愿意舍弃对诸如印度这样的大型附属国的控制是站不住脚的。荷兰人不会这样做，法国人不会这样做，意大利人也不会这样做。至于日本人，他们正在征服一个新的帝国……在我看来，英国现在进入了为生存而斗争、而奋斗的新时期，其关键不仅在于保留印度，而且要更加强调商业权利。

丘吉尔认为，在绝大多数由保护主义独裁者统治的世界中，殖民帝国是绝对不可能被放弃的。他甚至宣称侯爵对世界的繁荣与和平感到乐观，因此支持"落后 20 年"的印度的独立是有利的。这一次丘吉尔又是正确的：需要 20 年的相对和平，民主和贸易自由化后，殖民帝国才会分裂。

东欧的情况也很有意思。俄国君主制的崩溃伴随着一系列俄国国内、乌克兰、波罗的海国家和中亚地区内的民族主义革命。俄罗斯帝国庞大的领土实体并没有瓦解，因为列宁（Lenin）为各地区提供自治权，以维护苏联的统治。[43]后来，随着苏联日益集权、外部威胁、经济自给自足的内部需求以及在好战世界中规模的收益都有助于使苏联保持团结。

为了更好地概括，我们认为《凡尔赛条约》使欧洲和发展中世界的许多人对现有边界不满。由于独裁政权的保护主义立场，历史延承边界和民族主义运动产生的压力无法打破帝国。第一次世界大战结束后发生的事件与第二次世界大战的后果形成鲜明的对比，第二次世界大战之后恢复了民主制度，逐步实现贸易自由化和相对和平的国际关系（至少与两次世界大战期间相比）。然而,第二次世界大战的结果将使苏联变得更加好战。因此,第二次世界大战之后的冲突主要是关于美苏冷战。

11.7　第二次世界大战后的边界

11.7.1　分裂

在第二次世界大战后的 50 年中,独立国家数目急剧增加。1948 年有 74 个国家,1950 年为 89 个国家,2001 年为 192 个国家。由于独立政治单元数目的增加,世界上现在有大量规模相对较小的国家:1995 年,世界上有 87 个人口不足 500 万的国家,有 58 个人口不足 250 万的国家,有 35 个人口不足 5 万人的国家。50 年来,国际贸易占世界 GDP 的份额急剧上升。一份包括约 60 个国家的样本显示进出口量增长了约 40%。

然而,过去半个世纪以来国际贸易的增长不应该被误解为是国家数目增加的简单结果。理论上说,如果两国分裂,由此产生的贸易占 GDP 的比率将自动增加,因为之前的国内贸易变成了国际贸易,如图 11.5 所示,这些国家自 1870 年以来边界没有变化。同样在图 11.3 中,我们选用有可用数据国家的对外贸易平均关税,更直观地反映贸易政策,以重现历史格局。

国家数目和贸易自由化之间的相互关系如图 11.4 所示,其中我们绘制了独立国家的数目相对于消除趋势的贸易占 GDP 比率的趋势,包括 1905 年以来的撒哈拉沙漠以南非洲地区,但不包括 1870 年以来的撒哈拉以南非洲。[44] 正如这两个数字所示,这种相关性非常强。由于两个变量都是非趋势的,所以这个正相关并不仅仅是因为这两个变量随着时间的推移而增加。与图 11.3 不同,由于德国的统一,1870—1871 年间国家数目急剧下降,1871 年的点在回归线上,而 1870 年远高于回归线。这表明在德国统一之前,相对于开放程度来说,有太多的国家存在。正如我们早些时候提到的那样,特别是在第 6 章中,两种力量同时产生作用力:较小的国家受益于开放的贸易制度,因此,随着小国的出现,它们会按照自己的利益要求更多地开放贸易制度。[45]

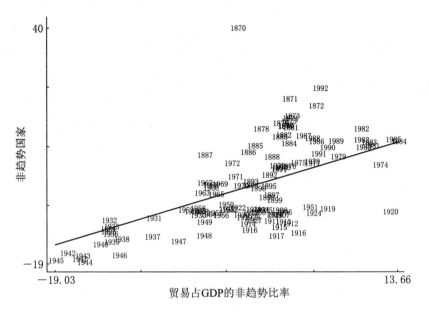

图 11.4 非趋势国家数量和非趋势贸易与国内生产总值比率的散点图
(不包括撒哈拉沙漠以南非洲,1870—1992 年)

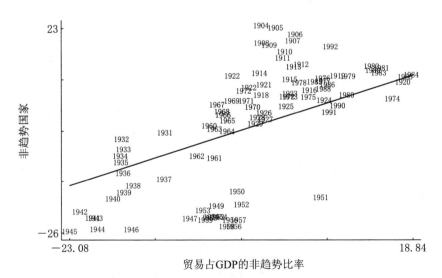

图 11.5 非趋势国家数量与非趋势贸易与国内生产总值比率的散点图
(不包括撒哈拉沙漠以南非洲,1903—1992 年)

除了贸易自由化和国家数目的增加,第三个全球趋势是逐步民主化。1972 年,在 143 个国家中,43 个国家可以被认为是政治自由民主的,33 个是部分自由的,67 个是非自由的。到 2001 年,在 192 个国家中,85 个可以被认为是自由的,58 个是部分自由的,49 个是非自由的。自由国家从不到 30% 上升到 45% 左右。非自由国家比例从 47% 降至 20%。[46] 正如我们在模型中所表明的那样,民主化是伴随着大国崩溃形成较小的国家而出现的,并且在没有分裂的国家中也有更多的权力下放。

两个现象大大促进了国家数目的增加:(1)发展中世界的去殖民化;(2)苏联的解体。然而,有一些新国家(如新加坡)的诞生独立于这两个事件。

第一次和第二次世界大战的余波提供了一个有意思的对比。第一次世界大战之后,贸易崩溃、边界冻结、民主力量被削弱,而第二次世界大战之后出现了相反的趋势。两次世界大战结束后的格局与我们的理论一致。

现在,由于前殖民地通常发展落后,特别是在非洲,边界与种族、宗教和文化的同质性无关,这造成了对许多地区政治不稳定的深远影响。1884—1885 年柏林会议期间,欧洲殖民者相对和平地设计了非洲边界。赫布斯特(Herbst,2000)指出,欧洲人根据纬度和经度任意选用界线来绘制非洲。大约 44% 的非洲边界是直线,对应于占星术的测量,或者与其他一些线平行的线。在 20 世纪 60 年代这些殖民地独立时,非洲领导人有意识地决定不干涉从殖民者继承而来的边界,尽管它们是任意制定的。此外,为维护个人权力,新任的非洲统治者完全接受了欧洲风格的"国家"观念,拒绝了殖民之前的政治组织风格。

当代非洲的学者认为这个大陆有太多的小国(Gottman,1973;Stock,1993)。从"经济效益"的角度来看,非洲大陆的种族分化导致了太多的国家(Sock,1993)。从技术上讲,这一点是值得怀疑的。在自由贸易下,即使是小的政治单元也会繁荣昌盛。大国意味着一个国家内部会存在更严重的分化而导致潜在的灾难性后果。伊斯特利和莱文（Easterly and Levine，1997）以及阿莱西纳等（Alesina，et al.，2003）将这个地区非常糟糕的经济表现归因于许多国家现存的民族异质性。因此，任何通过组建更大和更多样性的国家来解决非洲政治经济问题的努力都会适得其反。

在图 11.4 中，20 世纪 90 年代初的"峰值"反映了苏联解体后国家数目的增加。苏联解体是新国家民主化的一个明显的例子。

贸易自由化有助于这一进程的进行。许多由原苏联加盟共和国重新崛起的国家都相当小。例如，拉脱维亚的人口不到 300 万，爱沙尼亚约有 150 万人，而吉尔吉斯斯坦共和国人口也不到 500 万人。即使是捷克斯洛伐克的分裂，也只创造了两个相对较小的政治单元，约各有 1 000 万和 500 万公民。捷克斯洛伐克是发展阶段和不同历史的差异导致分裂的一种情况。两国之间的贸易在分裂之后下降了三分之一，捷克共和国立即开始了加入欧共体一体化的进程。

正如我们在前几章中所看到的那样，小国只有在一个自由贸易的世界中才能繁荣，前提是它们采取开放的政策。因此，如果许多原苏联加盟共和国希望像在 30 年代这样的保护主义世界中保持经济孤立的话，那么让它们解体将更加困难，甚至是不可能的。如果今天的世界像 20 世纪 30 年代那样，保护主义和孤立主义横行，从解体的苏联中崛起（或复兴）的小国将会更难生存下去，这使得脱离苏联的吸引力更少（至少经济上）。相反，东欧和苏联解体后新成立的许多独立国家正在积极地与西方建立经济联系，并争取加入欧洲共同体的资格。关键是苏联的民主化为国家分裂和进入自由贸易制度奠定了基础，与 20 世纪 30 年代的保护主义相比，这使得分裂的经济成本更低。

11.7.2 不分裂的权力下放

事实上，过去十年来，更多获得独立的国家重新成立只不过是政治分裂主义的影响之一。缩小的政治单元的趋势确实更广泛,原因有二。一是某些地区可能因为不脱离而从国家政府那里榨取各种各样的好处。所以即使没有观察到分裂,其发生的可能性也会影响政治经济局面。第二则是,即使是地区不要求分裂,它们也要求并经常从国家政府那里获得更多的独立性。

在西班牙,在 20 世纪 70 年代中期佛朗哥独裁垮台之后,地方政府获得了更多的自主权。两个地区的声音尤其响亮。巴斯克地区的动力主要是文化和语言,但在加泰罗尼亚更多是关于经济的观点,其为西班牙最富有的地区,因而是区域间转移制度的净受害者。收入和文化差异也导致了意大利联邦主义运动的最新改革。北方地区认为向南迁移过多——帕特南(Putnam,1993)对此进行了深入分析——不同的历史发展形态导致南北之间的文化差距很大。权力逐步向地区下放是意大利自 20 世纪 70 年代以来最重要的政治发展之一。英国最近也给予苏格兰和威尔士更大的自主权。

魁北克是一个特别有意思的例子。《北美自由贸易协定》(NAFTA)的实施改变了魁北克独立的愿望。随着北美贸易更加自由,从技术上说,像魁北克这样一个比较小的地区很容易繁荣起来。如上所述,至少在加拿大,国界依然重要,所以加拿大各省之间的贸易比加拿大各省和美国之间的贸易容易得多。加拿大两个遥远省份之间的贸易往往比相邻的美国的州和加拿大省相互来往更多,尽管距离是贸易流量强大的决定因素。这意味着如果魁北克省要独立,就会产生贸易流量成本,1996 年全民公决的反对者提出了这样的观点。随着北美经济一体化程度加深,继承的经济成本下降,魁北克获得独立的可能性将会增加。事实上,在北美建立一个真正的自由贸易区可能会降低这些成本,使魁北克分裂主义变得更有吸引力。请注意,独立的魁北克省将在地理上使加拿大其他地方不再紧密联系。这可能是为什么魁北克能够从劝阻其分裂的中央政府获得一些让步的一个原因。

对于发展中世界来说,权力下放越来越被视为对种族分化所引起的问题的回应(World Bank,1998),尽管许多贫穷的发展中国家的地方政府没有能力来完成这项任务。正如我们在第9章中指出的那样,经常性的权力下放将导致财政问题从地方转移到中央政府。拉丁美洲的两个大型联邦国家阿根廷和巴西就是特别明确的例子。哥伦比亚有类似的问题。在哥伦比亚,经过1991年的大规模改革,大大增加了地方政府的特权,这与相对平衡的财政传统相反,大量的预算赤字很快就出现了。在非洲,殖民地独立以来,中央政府一直在与当地酋长就土地和土地权力进行斗争。

11.7.3 统一

20世纪90年代是欧洲出现两个重要统一的时期:德国的统一和欧盟的统一。德国统一并不构成对我们理论的真正“威胁”。在第二次世界大战结束时,德国的分裂是“人为的”。重新统一只是简单地再来一遍,结束了战争导致的分裂。有意思的是,德国西部和东部的收入水平不同,导致两地政治经济转移受到重大压力。两个哲学上对立了50年的政权在重新统一时产生了昂贵的差异。欧盟可能是一个更大的问题。这反映了在全球化时期的恰恰相反的情况。然而,许多观察者认为,欧洲不可能会是通常意义上的联邦国家。相反,欧洲若干国家将组建一个独立国家的松散联盟,加入共同的货币区域,并采取协调一致的政策来支持这种共同货币,另外还有一个自由贸易区以及协调一致的法规和标准。

随着经济一体化进程在欧洲层面推进,区域分裂主义在联盟的几个成员国,如英国、西班牙、比利时、意大利,甚至法国都发出了声音。[47]有迹象表明,许多人认为,欧洲会(也许应该)成为由松散的一系列地区构成的欧洲独立地区联盟(布列塔尼、巴斯克地区、苏格兰、加泰罗尼亚、威尔士、巴伐利亚等)。[48]这样的发展将符合我们的观点:如果语言、种族和文化占少数的民族认为,它们能在真正的欧洲共同市场中独立发展经济,它们就可以安全地与其国家分裂开来。欧洲媒体常常提到这一观点。

人们可能会认为,欧洲的民族国家之所以受到威胁,是由于发展超国家司法机构的必要性,而受到猖獗的地区运动的威胁。当它们可以在政治上与欧洲地区保持松散联系,在经济上完全融入欧盟时,这些运动让它们觉得不再需要马德里、罗马或巴黎。纽豪斯(Newhouse,1997)更为直率地说:"(在欧洲)民族国家太大以致无法管理日常生活,太小以致不能管理国际事务。"

整个下一章我们将详细研究和讨论这些观点。

注释

1. Braudel(1992,p.120).关于威尼斯的财富,另见 McNeill(1974)。

2. Braudel(1992,p.177)。

3. 见 Iseral(1995)的详细讨论。

4. Braudel(1992,p.180)。包括了荷兰、冰岛、乌得勒支、格尔德兰、上艾瑟尔、弗里斯兰和格罗宁根。

5. Cipolla(1995)。

6. Braudel(1992,p.206)。

7. Braudel(1992,p.133)。

8. Merriman(1996,p.53)。

9. 来自 Lane(1966,p.535),转引自 Putnam(1993,p.125)。

10. Davies(1996,p.519)。

11. Tilly(1990,p.76)。

12. Jones(1981,p.130)。

13. Tilly(1990,p.79)。

14. Tilly(1990,p.63)。

15. 这种分类取自 Eartman(1997)。

16. 参见 Eartman(1997)及其引用的参考文献,对早期官僚组织的不同演变作出解释。他认为时机对形成国家而言非常重要,因为它影响了政权的性质。

17. Eartman(1997)。

18. 如,见 Kennedy(1987,pp.80—81)。

19. Mckenney(1993,p.72)。

20. Faroghi, et al.(1994,p.546)。

21. Hourani(1997，pp.208—211).

22. Fartaghi，et al.(1994，p.546).

23. Jones(1981).

24. Jones(1987，p.198).

25. Eartman(1997，p.91).

26. Braudel(1992，p.323).

27. 这个引文出现在 Hobsbawn(1990)中。

28. 见 Hobsbawn(1990)和 Davies(1996).

29. Merriman(1996，p.629).

30. Hallerberg(1996)对 19 世纪 70 年代德国简单市场的建立和目前欧洲经济一体化的进程进行了有益的类比。

31. 其中一些外援敌对行动是 1866 年的普奥战争、1870 年的普鲁士战争。另见 Craig(1978，ch.1),其中对这一点进行了广泛的讨论。

32. 波兰失败的起义和意大利胜利的起义代表了两起自由民族主义运动的案例。意大利成功的案例与马志尼(Mazzini)的乌托邦理想无关,却与更多与撒丁岛国王的扩张本能有关。

33. 见 Bairoch(1989)讨论在这个时期运输成本下降对贸易的影响。

34. 关于对这一时期的贸易和增长的广泛讨论,见 O'Rourke 和 Williamson(2001)。

35. 见 Estevadoreal，Frontz 和 Taylor(2002)及其中引用的参考文献。

36. Merriman(1996，p.960).

37. Hobsbawn(1987，p.67).

38. Hirschman(1945)提供了关于政治权力和贸易模式关系的清晰讨论。

39. 人们可能会想知道非洲的殖民化是否对欧洲人来说整体上是"好事"。也许民族主义的傲慢导致欧洲人过度殖民化。更多讨论见 Herbst(2000)。更一般地说,Landes (1998)强调殖民化后来的案例,其中包括非洲的分裂,这与扩张市场的关系较小,而与军国主义目标的关系较大。

40. Moore(1967，p.150).

41. Bulmer-Thomas(1994).

42. Bulmer-Thomas(1994).但是,依赖进口关税作为财政来源收入意味着贸易税的下限更低,特别是该地区的政治不稳定和边界争端也会带来重大的财政后果。

43. Riker(1964，p.39).

44. 这些数字来自 Alesina，Spolaore 和 Wacziarg(2000)。

45. 一个含义是开放和分裂增加的时候。一些朝着更开放的方向的步骤可能领先,接下来可能跟随其他步骤,进而逐渐增加独立国家的数量。

46. 根据政治自由将国家划分为 1 至 7 级。1 到 2.5 级的国家是自由国,3 至 5 级的国家是部分自由国,5.5 到 7 级的国家是非自由国。

47. 最近关于欧洲不断兴起的地区主义的讨论见 Newhouse(1997)。

48. 见 Drèze(1991)。

第 12 章 欧 盟

12.1 引言

15 个欧洲国家已经联合创立了超国家机构——包括议会、法院体系、委员会和部长理事会——并授予这些机构以重大的政策特权。欧盟如何适应我们的模型？我们的分析基础是在规模经济与偏好异质性之间权衡的结果，为欧洲一体化进程提供了独特的见解。

欧洲一体化始于 20 世纪 50 年代，当时主要是出于安全考虑。这个想法是，深化经济合作，特别是煤炭和钢铁等具有重要战略意义领域的经济合作，可以防止灾难性的欧洲内部冲突的发生。随后几十年来，随着经济一体化的巩固，贸易壁垒消除。1992 年，通过建立一个统一的欧洲市场，一体化的第二阶段开始。20 世纪 90 年代标志性的一步就是 15 个国家中有 12 个国家采用了现在使用的统一货币。

十年来，欧洲一体化似乎已经远不止实现了和平与安全以及共同市场的目标。欧洲机构在很多公共生活方面已经具有通常属于国家政府范围的性质。来自阿莱西纳和瓦齐亚格（Alesina and Wacziarg，1999）的表 12.1 显示，这些欧洲机构涉及许多政策领域，尽管处于领域的不同层次。

为了贯彻执行这些任务,欧洲设立了一些新的机构。欧洲议会的权力虽然比国家议会小得多,但原则上却可以成为所有成员国的立法中心。欧洲的部长理事会,既是联盟的执行机构也是审议机构。欧洲委员会的职能也越来越接近中央政府。最近在部长理事会上的投票制改成了多数表决制,摒弃了全体通过制,也增加了这个机构的立法职能。最后,欧洲法院一直在积极解读并执行欧洲立法。

表 12.1　欧盟的政策责任及其程度

	广泛的	共享的	有限的
经济与社会领域			
竞争		×	
文化政策			×
区域政策		×	
就业与社会政策		×	
企业政策		×	
平等机会		×	
产业政策		×	
公共健康			×
团结与福利			×
消费政策		×	
货币政策	×		
教育、培训与青年			×
环境保护		×	
国内市场	×		
研究与技术		×	
跨欧洲网络与移动			×
内部政策			
农业	×		
渔业	×		
交通		×	
信息与通信		×	
视听政策			×
能源		×	
外部政策			
一般性的外交与安全政策			×

续表

	广泛的	共享的	有限的
发展政策		×	
人道主义援助		×	
一般贸易	×		
司法与内政			
庇护、外部边界与移民		×	
司法与警察合作		×	
毒品		×	
人口贩卖			

资料来源：Nugent（1994，第 10 章）和 Europa Web site（欧盟官方网站）。转引自 Alesina 和 Wacziarg(1999)。

我们如何解释这个过程？首先我们要明确的是，欧洲不是我们所定义的"国家"（甚至不是联邦国家），据马克斯·韦伯的观点，可以得出以下结论：欧盟不能对其公民进行合法的强制垄断，而其成员国（特别是扩大后的欧洲）也绝不会放弃它。那么问题是，如果欧盟不是一个国家，那它是什么呢？在某种程度上，欧洲是一个为了从规模经济中获益的国家联盟，并在规模效益较大、偏好异质性较低时创造出一个具有有限特权的政府。欧洲一体化的下属国原则基础与这一解释相一致，也与我们的分析相一致。该原则规定了以下内容："在其专有权限范围外，共同体应当按照从属原则采取行动，只有在成员国不能充分实现提议行动的目标的情况下，为了提议行动的规模与效应，可以由共同体更好地实现提议行动的目标"[《建立欧洲共同体条约》(*Treaty Establishing the European Community*)，第 3 条，第 2 款，马斯特里赫特，1991 年]。

本着这一原则，欧洲级别的机构应该只在规模经济和外部效应使国家政府独立运作效率低下的地区进行操作。防御外来侵略、自由贸易、环境和反垄断等领域是规模经济和外部经济需要超国家机构进行管理的自然政策领域。如果欧洲一体化被看作是该从属原则的应用，我们以规模经济与偏好异质性之间权衡的结果为基础的模型为其提供了一个合理的解释。至少在书面上,从属原则符合我们规模经济与偏好异质性之间权衡结果的模型。

然而,正如许多观察者尤其是阿莱西纳、安杰洛尼和舒克内希特(Alesina, Angeloni and Schuknecht, 2001)所强调的那样,欧洲级别的机构被卷入了规模经济极不明显而欧洲公民偏好高度异质性的领域。因此,从属原则不能始终如一地适用。事实上,虽然欧洲已经走向一体化,但由于英国的不情愿,丹麦不断地拒绝接受欧洲条约,爱尔兰最近拒绝《尼斯条约》(*Treaty of Nice*),以及对进一步合作和政策统一欧洲公民没有表现出和他们领导人一样热心关注的一般情绪,这个进程已经停顿了。

目前欧盟正处于"制宪阶段",人们希望通过为欧洲制定一套宪法制度来弄清上述未解决的问题。我们的分析表明欧洲宪法应该严格遵循从国原则:欧洲机构应限制自身只参与保障安全和自由市场的有限领域。

如果欧洲偏离这个原则,我们该如何解释呢? 我们的模型给出了与经常提及的欧洲机构的民主赤字有关的可能解释。一个庞大的欧洲官僚机构已经发展起来,它与选民的"距离"相对较远,并占用了许多特权因而导致了现在的过度集权。事实上,欧洲公民的观点是欧盟应该采取与我们的模型原则相一致的行动:他们觉得欧洲应该把重点放在具有高规模经济的少数特权上。

12.2 欧洲应该怎么做?

我们从回答一个问题开始:我们的模型建议欧盟应该怎么做? 在广义上,答案很简单:欧洲机构应集中控制特权,因为对这些特权而言,规模经济和外部性很重要,而欧洲公民之间和成员国之间的偏好异质性很低。

话虽如此,如何衡量规模经济、外部性和偏好异质性这一问题却并不简单。例如,很难否认在欧洲促进自由贸易的政策具有较高的规模经济和外部性内部化,以及较低的偏好异质性。每个国家都将受益于更大和更开放的欧洲内部市场。

一般来说,在具体政策中,如何评估这种权衡并不是原本就无可争议的。引入共同货币和货币政策统一带来的长期辩论就是一个例子。辩论本质上是关于欧盟是否最优货币区域,可以在规模经济与异质性之间权衡的框架内重新对其进行讨论。[1]共同货币降低贸易中的交易成本;共同货币流通区域越大,规模效益越大(交易成本降低)。[2]货币就像一种通用语言:说这种语言的人越多,通信便利带来的收益越大。此外,通用货币使得欧洲的价格系统在市场竞争中更为透明。所以我们可以把通用货币作为自由贸易与共同市场的重要元素,这对于依赖相互贸易的欧洲国家来说尤其重要。履行共同货币的承诺也避免了竞争性贬值带来的负外部性,并促进了欧盟内的价格稳定。对于欧盟来说,价格稳定性当然具有公共品的特征。

但是,一个加入货币联盟的国家放弃了本国的货币政策,因而不能用本国货币政策来稳定对其国家经济体的特殊冲击。对各经济体互不相关的特殊经济冲击,以及给予不同货币政策目标相对权重的偏好差异,会产生加入货币联盟的异质性成本。不同的国家可能会在不同时点选择不同的货币政策,但如果它们加入货币联盟就不能拥有独立的货币政策。关于赞成还是反对欧洲货币联盟的广泛的经济辩论可以在规模异质性和规模效益与外部效应内部化之间权衡的机制中得到完全解释。那些反对货币联盟的经济学家强调了国内货币政策应该而且能够针对特殊冲击的程度。那些赞成货币联盟的经济学家低估了冲击异质性的大小和/或可能的国内影响,并强调了规模和外部效益。

另一个有趣的例子是国防和外交政策。尽管相对于美国,在这一方面欧洲一直是搭便车者,但是国防支出的规模经济是显而易见的。在国际谈判中,统一的欧洲显然能获得比几个单独行事的小国更大的收益。虽然和平与安全是开始欧洲一体化进程的两个激励因素,但是欧洲国家在外交政策的传统上有着不同的观点和利益。这并不令人惊讶,因为这些国家已经相互争斗了几个世纪。发生在巴尔干半岛、阿富汗和伊拉克的事件是欧洲内部的意见分歧和尖锐冲突的真实写照。英国通常比其他欧洲大陆国家尤其是法国更靠近美国。德国更关注东欧地区,以及其他大部分的欧洲国家。国防和外交政策似乎是最有可能成为欧洲层面的集权政策之一,但偏好异质性的力量给其造成了严重障碍。

在财政政策和税收、市场监管、教育和社会保障及福利方面,偏好异质性的存在是相对超国家的规模经济和其他外部性而言的。这些政策领域最好由国家政府进行管理。在某些情况下,某些国内政策间接地干涉了自由贸易,并利用法规来保护国内市场。因此,将外部性内部化需要欧洲来进行管理。然而,这一论点有一定局限,因为它可以证明在欧洲层面集中任何政策特权是合理的。不幸的是,一些观察者使用这个论点来呼吁加强欧洲的财政协调。

更重要的问题是跨成员国的再分配政策。然而,只有欧盟层面的集权政策,才能使资源从欧盟的富裕阶层向贫穷阶层的转移得以实现。在这一点上,偏好异质性可能非常严重。这就是为什么更富裕的国家比较贫穷的国家对于财政集权的热情要少得多。[3]

因此,欧盟的规模处于不断变化的状态。一些成员国并没有采取其他成员国采取的所有的共同政策,如共同货币和共同边界管制政策。有些成员国已经申请进入欧盟,主要是为了获得西欧大型共同市场带来的利益。欧盟的规模及其作用是内在相关的问题。甚至可以想到两种类型的联盟。一种是由高度同质的国家组成的相对较小的联盟,可能会选择集中某些政策特权。显然,异质性低的时候,各国都能在政策领域内充分利用规模经济。另一种是由几个差异相对较大的国家组成的大型联盟。
在这种布局下,在这些领域的规模经济非常大的情况下,联盟只会对非常
有限的功能进行集权。在其他的政策领域,偏好异质性会是一个硬约束。
实际上,如果不接纳更多的异质性成员,集权和规模就不可能增加。这是
目前欧盟未解决的紧张局势之一,并似乎正在扩大其规模和集权程度。
根据我们的分析,这两个目标是不可能同时达到的。[4]

阿莱西纳、安杰洛尼和埃特罗(Alesina,Angeloni and Etro,2001a,
b)将以上所有观点有偏集权进行了更为正式的讨论。为了看到这种情况
是如何发生的,我们假设一个联盟的形成是基于相对较少的政策特权被
集中的特定预期。如果这些预期是可信的,核心利益偏好异质性相对较
高的国家可能会加入。然而在事后,大量接近联盟中间偏好的核心成员
可能会选择集权政策,违反组建联盟时的计划。如果在联盟成立后,距离
中心较远的某些地区或国家处于不利地位,潜在成员可以选择退出,并减
少规模经济效益。如果联盟太小并过于集权,结果将类似于我们在第 4
章讨论的情况,在那一章中我们观察到国界内的转移项目(缺乏)可信度。
解决这个问题的制度性方案要求联盟必须明确规定哪些特权属于联盟,
哪些属于成员国。在某种意义上,这是从属原则所暗示的。

12.3 欧盟是怎么做的?

欧盟机构与国家政府之间的特权分配如何与上述规范标准一致?
我们将根据阿莱西纳、安杰洛尼和舒克内希特(Alesina,Angeloni 和
Schuknecht,2001)的分析来探讨这个问题,其目的是以系统和定量的方
式来研究欧盟的立法。[5]

这些作者将欧盟的立法分为九大类:国际贸易,包括外部规定和旨在
建立共同内部市场的政策;共同市场,包括促进商品、服务、资本和人员在

内部自由流动的各种规定；货币和金融，包括货币和汇率政策、支付系统、金融市场监管和立法、银行监督、财税政策等；教育，研究和文化，包括青年政策、研究、技术等；环境保护，包括保护环境的法律；业务关系（部门），其中包括旨在影响各经济部门行为和绩效的所有政策以及农业政策；业务关系（非部门），包括承担法律、市场竞争和国家补贴；国际关系，包括外交政策、国防和对外援助；最后是公民和社会保障，包括家庭事务、司法、消费者保护、公民权利、卫生和劳动关系以及结构和区域资金再分配。

关键的问题是如何按照规模经济和外部性与偏好异质性之间的权衡来评估这些广泛的类别。国际贸易、共同市场、国际关系和环境保护在外部性或规模经济方面是相当高的。即使在这些领域，我们也应该重点区分。例如，在国防领域，规模经济可能尤为重要，但在对外援助方面这种效率并不存在，因为欧洲国家对如何分配对外援助有不同偏好。[6]

教育、研究和文化以及公民和社会保障领域应显示出非常高的偏好异质性。这些领域的经济规模更为有限。英国对社会福利政策的看法与欧洲大陆国家的差异，实际上解释了具有局限性的社会保障和劳动监管体系。

联盟对业务部门关系进行管制的合理性经常受到质疑，特别是农业。其中一些政策已经成为市场一体化的障碍。然而，在通信与交通运输等领域，管制却有着可观的规模经济前景。

联盟能对非业务部门关系领域进行合理管制是基于外部性的观点。跨境层面上，反垄断干预极为重要。在补贴和国家援助方面，欧盟的管制逻辑也是相似的，因为垄断的政府政策可能会破坏共同市场的公平竞争环境。

最后还有广泛的金融和金融领域的政策。当然，其中最关键的是共同货币。

另一大领域是关于预算平衡的。欧盟有相当详细的规则限制了预算

赤字。[7]在欧洲,这样的外部规则是否能被证明是合理的,仍存在争议。相
比美国许多州自愿采用各种形式的平衡预算规则,欧盟在这个问题上却
没有任何授权。[8]事实上,没有强烈的论据赞成欧盟实施预算政策。最常
见的对于这一点支持观点来自趋同使用单一货币:不统一的预算政策被
一些人视为控制通货膨胀和统一货币的障碍。当几个成员国执行预算政
策有困难时,财政紧缩也受到了关注。

在税收方面,原则上成员国之间的偏好异质性应该是很高的。的确,
这些国家税收来源的组成存在很大差异。支持税收协调的观点着眼于国
际交易带来的好处。然而,鲍德温和克鲁格曼(Baldwin and Krugman,
2000)认为,支持税收协调的观点没有说服力。除了货币统一之外,货币
和金融政策任何进一步的协调都是不合需要的。表 12.2 显示了政策领
域如何对应在规模经济和相关异质性之间的权衡。[9]

表 12.2　政策领域的分类

	政策领域	外部性	偏好不对称性	分　权
1	国际贸易	高	低	欧盟/全球
2	共同市场	高	低	欧盟
3	货币与金融	中/高	?	全国/欧盟
4	教育、研究与文化	低	高	本地/全国
5	环境保护	中/高	高	全国/欧盟/全球
6	业务关系(行业的)	低	高	全国
7	业务关系(非行业的)	高	?	欧盟/全球
8	国际关系	中/高	低	全国/欧盟
9	公民与社会保护	低	高	本地/全国

资料来源:转自 Alesina, Angeloni and Schuknecht(2001)。

从调查证据可以看出,大多数欧洲公民认为,货币、金融、环境和国际
关系的领域中,欧盟进行管理会受到欢迎。教育和文化、农业、公民和社
会保障的大多数领域被视为国家管理的领域。移民和预防犯罪则被视为
欧盟和国家共同进行管理的领域。

最后,我们来看再分配政策。跨国界的再分配政策只能在欧盟层面上实现,一些欧盟层面的政策间接暗含了再分配流动。此外,欧盟有明确用于再分配目的一部分(较少的)预算。欧联盟是否应实施再分配政策的意见与人均收入息息相关。较贫穷的国家当然赞成欧盟对这一领域的干预;但富裕国家表示反对。

问题是欧洲机构和国家政府之间目前的责任归属是否符合我们先前的讨论。欧洲似乎已经在一些异质性较高/规模经济较低的政策领域管制太多,而在具有相反特征的其他政策领域管制不够(见 Alesina 和 Wacziarg,1999)。阿莱西纳、安杰洛尼和舒克内希特(Alesina,Angeloni and Schuknecht,2001)在立法、行政和司法的增长方面审查了欧洲机构,得出了一些结论:

1. 欧盟立法数量在 1971—2000 年期间大幅增加。新立法律和法庭裁决的数量在这 30 年间增加了 700%。而近年来增长速度放缓。

2. 尽管有这些立法,欧盟在国内生产总值中所得的比例与国家预算相比仍然很低。欧盟的支出从 1975 年的 0.4%上升到 2000 年的 1.1%。

3. 欧盟在国际贸易和共同市场的参与度仍然很高。

4. 在货币政策问题上,欧盟一直坚持参与管理,但在财政政策中,欧盟并没有如此确定地制定政策目标。

5. 欧盟在非业务部门政策的参与度一直在上升,特别是关于反垄断的政策。这与欧盟适当的经济角色的论点是一致的。

6. 在教育和研究工作方面的参与度受到限制,但由于这一领域的偏好范围广泛,所以欧盟没有理由进行干涉。

7. 在公民和社会保障方面,欧盟的影响力在增大。如上所述,这一领域广泛的偏好表明,如果有的话,欧盟的参与也应该是非常小的。

8. 现有法律涉及最多的领域是农业,农业被视为属于业务部门领域。目前超过 40%的二级立法法案(占欧盟预算的 50%)与农业有关,尽管农业只占欧洲经济 GDP 的 2% 左右。显然,这种立法水平是不平常的,无论如何都没有道理。[10]

9. 欧盟的立法对环境的关注相对较少。

10. 欧盟对国际关系与国防领域的参与度很小。

不幸的是,欧洲一体化导致了相对不受控制的官僚机构进行日常决策。在某些情况下,他们的决策偏离了已经规定的原则,是政治谈判的结果。正如我们在扩展的民主控制模型中展示的那样,在欧洲,正是民主赤字导致了过分强调中央集权。毫无疑问,欧盟参与管理了偏好异质性较高而规模经济效益不明显的领域。这些领域包括公民和社会保障以及业务部门政策,特别是农业。在其他领域(如教育和对外援助),目前还不清楚为什么要进行干预。还有一些地区,欧盟在维护竞争和自由贸易以及内部化规模经济方面可能做得还不够。

12.4 欧盟、国家和地区

在制度设计中,欧洲各国政府已经放弃了它们对欧盟、地区和地方政府的职责。由于欧盟的存在,地方政府已经变得不能更直接地表达它们的要求。例如,如果加泰罗尼亚将成为欧盟的一员,那它可能就不再"需要"西班牙。换而言之,一旦一个地区成为大的共同市场的一员,甚至是共同货币区域的一员,该地区就可以享受自由贸易,因而其寻求独立或自主权的激励就会增加。国家政府对该地区经济的重要性就会小得多。事实上,在英国、西班牙、意大利、法国和比利时,地区更加要求独立于国家政府的原因与欧洲一体化紧密关联。

许多观察者,例如,德雷兹(Drèze,1995)提出,欧洲应该发展成为一个地区的联盟,即一个由独立地区如加泰罗尼亚、威尔士、布列塔尼和意大利北部组成的松散联盟。这是因为欧洲各国政府对某些政策特权而言太小,而对其他政策特权而言太大。所以国家政府的存在正受到来自上级的威胁——欧盟,以及来自下级的威胁——地方政府。

宣布欧洲民族国家的终结还为时尚早。我们不得不同意基欧汉和奈(Keohane and Nye,2000,p.12)的观点,"与一些预言的观点相反,民族国家不会被治理国内和全球的主要手段所替代"。然而,区域对自主权的需求的增加与我们的分析一致,正如我们多次强调的那样,经济一体化使得政治上保持小规模的成本在减少。在欧洲我们看到,如果许多地区能从欧洲共同市场中获益,那么它们就能承担得起独立的成本。

12.5 结论

人们常说今天的欧洲,因其自由贸易和深度的经济一体化而成为了像美国这样的联邦。这两个制度路径之间的模糊性使得欧洲的一体化过程让人感到困惑,特别是随着更多的异质性国家获准进入欧盟以获得大型共同市场领域带来的利益。因此,欧洲的两个版本可以说是与18世纪美国杰斐逊代表的共和党人和汉密尔顿代表的联邦党人之间的冲突相似。杰斐逊式的欧洲观与本书中提出的观点一致。欧洲一体化可以更好地从全球经济自由贸易获益。欧洲中央银行、欧洲法院以及反垄断政策等一系列超国家机构将是必要的,以确保欧洲共同市场的正常运作。

欧洲作为联邦国家的愿景与本书的观点不太一致,根据这一观点,大型政治联盟在自由贸易和共同市场的世界中是不必要的。事实上,如果欧洲成为了联邦国家,它必须建立一个对其公民具有强制垄断性的欧洲政府。这对现在的欧洲来说并不现实,欧洲可能很快就会再增加25个新成员。简单来说,欧洲不可能成为一个联邦国家。

欧洲各级机构和国家政府之间的职责分配将成为欧洲宪法的重要组成部分。观察它的演变将非常有趣,因为任何这样的宪法应该对这些职能的作用是非常清楚和明确的,它将需要基于评估偏好异质性和集权效益之间的权衡结果,以便将外部性和规模经济内部化。

注释

1. 对于最优货币区域的经典作品,见 Mundell(1961);对于最近的发展,见 Alesina 和 Barro(2002)以及 Alesina,Barro 和 Tenreyro(2003)。

2. Rose(2000)以及 Frankel 和 Rose(2002)的最新结果表明,这些效应可以相当大。见 Alesina,Barro 和 Tenreyro(2003)的讨论文献。

3. 人们可以想象美国地方的比喻。美国当地政府的扩散,可以解释为富裕郊区逃避再分配税收的一种方式,以逃避内部批判家的批评。

4. 有关这个问题的详细讨论明确提及了最近的《尼斯条约》(*Treaty of Nice*),见 Baldwin 等(2001 年)。

5. 然而,见该论文有关的文献。

6. 见 Alesina 和 Dollar(2000)。

7. 这些规则起源于《马斯特里赫特条约》(*the Maastrich Treaty*),并被所谓的稳定和增长部分所约束了。

8. 关于这些规则对美国国家预算政策的影响的讨论,见 Poterba(1994)。

9. 这是每半年对欧盟国家全体成员国公民进行的民意调查。不幸的是,由于样本量小(每个成员国 1 000 人),调查问题也大多涉及欧盟应该做什么及国家政府应该做什么。

10. 这个 40% 的值有点夸大了,事实上很多农业部门立法范围很小;也就是说,它们可以制定非常具体的规定。

第13章 结 论

13.1 我们已完成了什么研究？

我们认为民族国家是以下两者之间权衡的产物，即公共品供应和政策下的(广义上的)规模经济收益与同一公共品和政策下的公民偏好异质性成本。某些政策特权能够被委托给国家下面的各级政府，并且一些国际组织和国际联盟也承担了某些政策领域的责任，在这些领域国际溢出和国际规模经济发挥着重要的作用。然而，能强制垄断和在其边界内合法使用武力仍是民族国家的定义。

规模收益与异质性成本之间的权衡本质上取决于若干经济和体制的强制力量。首先是政治制度。独裁者偏好大国以便向公民收取更多的租金：几乎每个成功的独裁者都会重点镇压区域运动，压迫种族、宗教或语言不同的少数民族，从17世纪的专制君主到19世纪的殖民帝国，均是如此。相反于独裁的集权倾向，分裂主义和权力下放往往是民主化的特征。在西班牙，区域自治从20世纪80年代的独裁统治之后就开始蓬勃发展。捷克斯洛伐克成为民主国家之后就分裂了。发展中世界的民主化也是一个权力下放的进程，用以加强民主制度。更普遍地说，在第二次世界大战后,特别是在 20 世纪的最后 25 年,民主运动成为独立国家数量增加的主要原因。

我们在这本书中已经探讨了一个自由民主的世界是否会产生"最优"的国家数量。该国家数量使规模经济与偏好异质性之间的权衡最优化。但我们发现并不一定如此。充分利用规模经济需要使用区域之间的转移,因为对中央政策偏好的差异可能导致一国地区之间的利益分配不均衡。例如,魁北克由于其分裂主义者的威胁而得到加拿大其他地区所给的好处。若缺乏政治上可行的转移制度,某些偏远地区或地理上偏离政府中心的地区可能会选择分裂,即使是以失去重要的规模经济为代价。如果因为区域之间的收入差距区域间必须进行再分配,这个问题就更加复杂了。例如,在意大利和西班牙,收入流大量从较富裕的地区转移到较贫穷的地区。在民主国家,合理的转移机制是否能在政治上得到足够支持以强制实现"最优"的国家规模? 这一点并不能确定。我们讨论了履行承诺问题是如何使这些转移难以实现的。

在众多小国中能组织起来一个更为和平的世界。当国防开支很大时,成为大国极为有利,对于国防部门来说规模经济很重要。小国可能自己会组成联盟,但只有在和平的世界中,小国才是安全的。不足为奇的是,冷战的结束伴随着政治分裂主义的爆发。全球发生冲突的概率减少与许多新国家的成立有关。

然而,由于大多数独立国家没有依附两个政治集团进行紧密组织,所以出现局部小冲突的可能性增加。这也解释了为什么人们期望的冷战结束带来的"和平红利"最后竟是如此之少。两个超级大国之间进行核对抗的机会已经过去,并且被较高的局部冲突概率所取代。

贸易开放,更普遍地说,也就是国际经济一体化,与国家规模有关。在一个充满贸易壁垒的世界里,一个国家的规模决定着它的市场规模。然而,在完全的自由贸易和经济一体化中,市场规模和国家规模并不相关：对于每个国家来说，市场规模就是整个世界。因此，小国家能在自由贸易世界中繁荣，却不能在一个经济必须自给自足的世界中繁荣。一种可能的影响是小国会热心支持自由贸易。另一种影响则是随着世界经济一体化程度加深，偏好异质性与规模经济之间的权衡"倾斜"，有利于小规模，因为在一个自由贸易的世界即使是小国也可以繁荣起来。因此，随着贸易更加自由化，小地区能够以较低的成本寻求独立，所以经济一体化现象与政治分裂主义有着密切的联系。

过去 50 年来，经济一体化和政治分裂主义的趋势导致独立国家的数量增加了两倍。相比之下，在两次世界大战期间，贸易崩溃和贸易壁垒激增的同时，殖民帝国得到了巩固，而且尽管《凡尔赛条约》削弱了民族主义情绪，但没有国家解体或是分裂。更遥远的历史还表明，如果小国可以对外交易，小国也能繁荣，而大国则需要在一个充满敌意的"封闭"世界中繁荣。意大利和北欧的城邦因海上贸易而蓬勃发展。19 世纪末大型殖民帝国发展起来的原因部分来自在一个保护主义日益严重的世界中创造更大市场的需要。

然而，国家规模对经济成功来说是否重要？经济学家喜欢回答说这要看情况。理论上说，在完全的自由贸易和经济一体化的情况下，政治边界不应影响到大国家和小国家的市场规模或公民之间的任何经济互动。事实上，像新加坡这种特别小的国家就处理得非常好，正是通过自由贸易，它们才能进入世界经济。从技术上讲，当世界经济变得更加一体化时，国家的规模对经济成功而言作用更少。

然而，有证据表明，在当今世界，边界确实是重要的。加拿大和美国之间的边界是世界上最开放的边界之一。然而，加拿大两个相隔甚远的省之间的贸易比美国任意一个州与其加拿大邻省之间的贸易往来都多。为什么会发生这种情况，经济学家也不能完全理解。复杂的信息网络成本、立法、规范和货币的差异也许能够解释，但所有这些因素的相对重要性是不确定的。关键是,既然美加边界都如此"界限分明",其他边界就会比这更加严重。即使没有任何明确的贸易壁垒,也没有自由开放的市场,政治边界对经济交流来说似乎比理论所预期的更为重要。

随着世界小型综合经济体的增加,越来越需要超国家机构来维护市场和协调政策。到目前为止,联合国、世界贸易组织、各种区域贸易协定及共同货币区域是最主要的例子。对于小的开放经济体,货币联盟降低了交易成本并创造出了更大的市场。使用共同货币的异质性成本是小国采用另一国货币时必须放弃其独立的货币政策,并遵循理事国选择的货币政策。放弃政策工具的独立性和货币以获得大型开放市场的规模经济有时是有益的。

最优货币区的经济理论意味着随着国家数量的增加和平均规模的下降,货币种类会随着经济一体化程度的增加而减少。这似乎是一种正在发生的趋势,因为欧洲的 12 个国家、厄瓜多尔、萨尔瓦多以及非洲的几个国家,甚至是中东地区都在讨论使用一种通用的货币。在中欧和东欧地区单方面使用欧元基本上与很多美元作为通用货币的情况一样确定下来了。

许多国家已经将更多的职能委托给地方政府。财政联邦制理论认为,政策应由最小管辖区来处理,该管辖区能利用规模经济并将政策的外部性内在化。权力下放的动机是,如果中央政府将政策特权下放给地方,偏好异质性能得到更好的处理。实际上并非所有的权力下放都是成功的;许多国家,特别是在发展中国家,权力的下放导致出现了巨大的财政失衡和政策缺陷。主要原因是中央和地方政府之间的财政关系很容易处理不当,从而导致地方超支和赤字。因此,从理论上讲,虽然权力下放可以优化衡量大国的规模经济,降低不同地区的偏好异质性,但实际上比起它所解决的问题来说,权力下放往往会产生更多的问题。

在分裂主义和权力下放逐渐兴起的世界里,欧洲的一些国家加强了经济和政治一体化进程。欧盟已进入了"宪法阶段"。这些国家正在起草一项宪法,将建立一个政治管辖机构,虽然不是联邦国家,但这意味着更高的一体化程度,而不仅仅是一个由贸易协定结合起来的货币联盟。这是否与我们的做法相矛盾,更重要的是,欧洲是否犯错了?我们认为这两种情况都不是。欧洲可能依旧是一个由政治相互独立,但经济上紧密一体化的政治单元组成的联盟。我们可以将欧盟作为超国家组织的另一个例子,它的出现是因为市场一体化程度加深,规模经济非常大,外部性很普遍。在这样的区域,欧洲能够也应该做得更好。虽然在低规模经济和高异质性的地区,过度集中的趋势可能源于民主赤字,但更加民主的问责制能够解决这个问题。

然而在欧洲,区域分裂主义并没有消失。欧洲的一些地区如果能够依靠欧洲的共同市场、欧洲货币和中央银行,就不一定需要其国家资本。经济一体化很容易引起政治分裂主义,一些观察家也确实认为欧洲未来将由一个区域联盟所组成,也就是说,由独立的苏格兰、布列塔尼、意大利北部、加泰罗尼亚等组成的联盟。

13.2　缺失了什么?

正如我们在引言中所提到的,这本书中提出了更多的问题,而不仅是我们知道答案的那些问题。这是因为我们正在探索一个广阔的未知的研究领域,至少在经济学领域如此。很自然地,少数几个问题仍未得到解决:

第一,我们将开放和经济一体化视为外生的,也就是说,我们没有尝试去解释这些特点。尽管很容易认识到国家规模和开放程度是相互影响的,但我们认为,随着市场变得更加开放,贸易更为容易,区域寻求独立的成本就会降低。我们本可以考虑建立两个均衡的模型,一个均衡是大国,贸易壁垒较高;另一个均衡则是小国,贸易壁垒较低。

第二,涉及冲突程度的内生性。我们讨论了不同的潜在冲突和交战地区施加的压力对期望的国家规模的影响。我们还没有充分研究国家的配置如何影响冲突和军事技术水平。在更深层次上,军费开支可能被视为国家规模的内生因素,而不是外生因素。同样地,我们还没有在分裂主义与分离的动态行为中明确分析内战问题。

第三,可以对国家规模的离散变化做更多的研究。在许多章节中,我们讨论了国家规模,似乎它可以不断变化以响应某些变量如开放程度的微小变化。显然我们并不试图去做到完全现实。实际上边界是离散调整的;也就是说,只有在某些历史时刻才会发生重大变化。边界变化巨大的固定成本是这些动态的重要组成部分。

第四,与上一点有关,是动态的一般问题。我们分析的目的是将国家规模与某些参数相关联,例如开放程度,然后观察各国的规模如何随着这些参数的不同值而变化。因此,动态调整的问题尚未得到充分探讨。

第五,我们可以概括出许多简化的分析,但我们认为数学扩展只会增加一个基本事件的复杂性。毫无疑问,扩展可以包括单维世界的第二个维度,或将世界描绘成一个圆圈,而不是一条线。潜在更有趣的扩展分析可能是提出个体的非均匀分布,这可以刻画世界上不同的人口密度水平。进一步的延伸可能会考虑到边界内的人口流动和跨国人口流动。

第六个问题是令人感兴趣的扩展的可能性,即允许地理距离和意识形态距离存在不完全的相关性。这将更为正式地解释对少数民族的孤立。很多好的见解都可能来自这样一个复杂而现实的框架。

第七,军事联盟问题。在这方面,许多政治学家都有重要的著作,但经济学家几乎没有。我们关于战争的章节似乎是在寻求往这方面进行延伸。同样,我们也可以在分析中处理贸易集团的问题。

第八,我们可以做更多的经验证据研究。例如,我们可以在第 10 章中提供更准确衡量规模经济效益以及政府的人均税收和国家规模的方法。一般而言,我们的目标是给出大量可测试的可能结果,能够将其与经验证据进行更系统和彻底的对质。

最后,不言而喻地,我们在第 11 章中对历史的根本性分析还很肤浅。我们仅仅作了业余研究,更专业的历史学家能更多地研究这方面,而且做得更好。

13.3 下一步怎么做?

作出预测就像是身处一片雷区。然而,我们却足够大胆地问:如果我们的分析是正确的,我们对未来应该有些什么期望?

第一,在市场一体化和相对自由贸易可以继续维持的情况下,分裂主义和权力下放的趋势将会持续下去。在一个更加一体化的世界中,规模带来的收益减少,对国家政策持有不同观点的地区和群体会发现,成为大国的一部分在经济上对其不再具有吸引力。在一个自由贸易的世界里,我们需要思考,一个地区的分裂带来的不良影响是否会影响该国的贸易。也就是说,这个国家的其他区域如果无条件接受新独立的邻国作为贸易伙伴国家,会有什么损失呢?如果魁北克独立,加拿大可能会损失多少?从纯经济的角度来看,基本上没有答案。

过度地坚持将异质性的国家维系在一起意味着要为各民族之间的宗教、种族、族群和文化仇视付出相当大的代价,巴尔干国家最近发生的事件充分证明了这点。

在撒哈拉沙漠以南非洲,国家的数量和分割仍然是一个紧迫的问题。在某种意义上,非洲内的边界未能跨越种族、宗教和部落分歧,从而破坏了非洲大陆的稳定,阻碍了经济的发展。问题不在于非洲的国家是否太多或太少,而在于政治边界是否跨越种族和宗教的分歧。

在一个更民主的世界里,边界的界定需满足公民需要。民主政府可以通过权力下放回应地方自治的要求，但中央政府可以下放到地方的权力是有限度的。在民主化将继续扩大的情况下，分裂主义运动也将继续扩大。

和平与经济一体化的小国世界将受管制于执行自由贸易和市场运作的超国家机构。传统的国家可能需要跨国组织的机构，包括贸易组织、货币联盟和超国家法院。而讨论新的金融架构也正变得流行起来，也就是说，在高度一体化的世界中，新的金融架构会作为保护自由和运作良好的金融市场机构的一种方式留存下来。我们认为，虽然一定数量的超国家公共品和机构可以保证市场的自由贸易和良好运作，但这并不是一个必然会扩大的领域。政府大力干预国家经济并不能改善市场运作，这同样适用于超国家机构。在一个更加一体化的世界中，将需要超国家机构、财政和法律，而不是大型的联邦国家。

过去 50 年的变化不仅仅是世界的地图，而且是国家的性质。从中央政府拥有大多数政策特权的制度来看，复杂的互动网络已经发展起来了，涉及了从全球到地方组织的不同层次的政府。权力下放是当前的流行趋势。

这个趋势可能会持续下去。但是，每次在官僚机构中重新分配职能时，很有可能存在重复、低效和冲突的倾向，因为各机构都试图尽可能多地保留自己的力量。第二个问题涉及所谓的民主赤字问题。在一个高度一体化的民主国家的多民族世界中，只有少数政治机构能够"控制"超国家公共品的供给。超国家机构通常不具备国家议会所有的政治合法性。因此，它们授权的任何职能都可能会引发复杂的民主理论合法性问题。

所以，回到本章开头，我们认为，即使民族国家仍然是这个制度的核心，政府的组织也应该从一个包罗万象的国家到一个有更为复杂的政治管辖制度的国家。今天高度一体化、自由和相对民主的世界正在寻求这样一个灵活的政治管辖制度，在规模效益与异质性成本之间的根本性权衡中作出选择。

参考文献

Acemoglu, D., and J. Robinson. 2000. Why did the west extend the franchise? Democracy, inequality, and growth in historical perspective. *Quarterly Journal of Economics* 115: 1167–99.

Ades, A., and E. L. Glaeser. 1995. Trade and circuses: Explaining urban giants. *Quarterly Journal of Economics* 110(2): 195–227.

Ades, A., and E. L. Glaeser. 1999. Evidence on growth, increasing returns, and the extent of the market. *Quarterly Journal of Economics* 114(3): 1025–45.

Aghion, P., and P. Howitt. 1998. *Endogeneous Growth Theory*. Cambridge: MIT Press.

Alcola, F., and A. Ciccone. 2001. Trade and productivity. Unpublished manuscript.

Alesina, A., I. Angeloni, and F. Etro. 2001a. The political economy of unions. NBER Working Paper, Cambridge, MA.

Alesina, A., I. Angeloni, and F. Etro. 2001b. Institutional rules for federations. NBER Working Paper, Cambridge, MA.

Alesina, A., I. Angeloni, and L. Schuknecht. 2001. What does the European Union do? NBER Working Paper, Cambridge, MA.

Alesina, A., R. Baqir, and W. Easterly. 1999. Public goods and ethnic divisions. *Quarterly Journal of Economics* 114: 1243–84.

Alesina, A., R. Baqir, and C. Hoxby. 2000. Political jurisdictions in heterogeneous communities. NBER Working Paper 7859, Cambridge, MA.

Alesina, A., and R. Barro. 2002. Currency unions. *Quarterly Journal of Economics* 117: 409–30.

Alesina, A., R. Barro, and S. Tenreyro. 2003. Optimal currency areas. *NBER Macroeconomic Annual*. Cambridge: MIT Press, forthcoming.

Alesina, A., A. Devleeschauwer, W. Easterly, S. Kurlat, and R. Wacziarg. 2003. Fractionalization. *Journal of Economic Growth*, forthcoming.

Alesina, A., and D. Dollar. 2000. Who gives foreign aid to whom and why? *Journal of Economic Growth* 5: 33–64.

Alesina, A., and E. La Ferrara. 2000. Participation in heterogenous communities. *Quarterly Journal of Economics* 115(3): 847–904.

Alesina, A., and E. La Ferrara. 2002. Who trusts others? *Journal of Public Economics* 85: 207–34.

Alesina, A., and R. Perotti. 1997. The welfare state and competitiveness. *American Economic Review* 87: 921–39.

Alesina, A., and R. Perotti. 1998. Economic risk and political risk in fiscal unions. *Economic Journal* 108: 989–1009.

Alesina, A., and E. Spolaore. 1997. On the number and size of nations. *Quarterly Journal of Economics* 112: 1027–56.

Alesina, A., and E. Spolaore. 2000. Conflict, defense spending, and the number of nations. Mimeo. Harvard University and Brown University.

Alesina, A., E. Spolaore, and R. Wacziarg. 2001. Economic integration and political disintegration. *American Economic Review* 90: 1276–96.

Alesina, A., and R. Wacziarg. 1999. Is Europe going too far? *Carnegie–Rochester Conference Series* 51: 1–42.

Alesina, A., and R. Wacziarg. 1998. Openness, country size and the government. *Journal of Public Economics* 69: 305–22.

Anderson, B. 1991. *Imagined Communities: Reflections on the Origin and Spread of Nationalism.* London: Verso.

Anderson, J. L., and E. von Wincoop. 2001. Gravity with gravitas: A solution to the border puzzle. NBER Working Paper 8079, Cambridge, MA.

Arzaghi, M., and V. Henderson. 2002. Why countries are fiscally decentralizing? Brown University.

Aumann, R. J. 1990. Nash equilibria are not self-enforcing. In *Economic Decision-Making: Games, Econometrics and Optimisation,* edited by J. J. Gabsewicz, J.-F. Richard, and L. A. Wolsey. New York: Elsevier Science Publishers.

Bairoch, P. 1989. The paradoxes of economic history—Economic laws and history. *European Economic Review* 33: 225–49.

Baldwin, R., E. Bergloff, F. Giavazzi, and M. Widgren. 2001. Nice try: Should the Treaty of Nice be ratified? CEPR, London.

Baldwin, R., and P. Krugman. 2000. Agglomeration integration and tax harmonization. CEPR Working Paper 2630, London.

Barbieri, K. 1996. Economic interdependence: A path to peace or a source of international conflict? *Journal of Peace Research* 33: 29–49.

Barro, R. 1991. Small is beautiful. *The Wall Street Journal,* October 11.

Barro, R. 1997. *Determinants of Economic Growth: A Cross Country Empirical Study.* Cambridge: MIT Press.

Barro, R., and X. Sala-i-Martin. 1995. *Economic Growth.* New York: McGraw-Hill.

Barzel, Y. 2002. *A Theory of the State.* New York: Cambridge University Press.

Bean, R. 1973. War and the birth of the nation state. *Journal of Economic History* 33: 203–21.

Beard, C. 1913. An economic interpretation of the Constitution of the United States. New York: Macmillan.

Bernheim, B. D., B. Peleg, and M. D. Whinston. 1987. Coalition-proof Nash equilibria: Concepts. *Journal of Economic Theory* 42(1): 1–12, June.

Berstein and Mohnene. 1994. International R&D spillovers between US and Japanese R&D intensive sectors. Working Paper 9420, New York University, C. V. Starr Center.

Besley, T., and S. Coate. 1999. Centralized versus decentralized provision of public goods: A political economy analysis. NBER Working Paper 7084, Cambridge, MA.

Bhagwati, J. 1993. Regionalism and multilateralism: An overview. In *New Dimensions in Regional Integration,* edited by J. De Melo and A. Panagariya, Cambridge: Cambridge University Press.

Black, D. 1948. On the rationale of group decision making. *Journal of Political Economy* 90: 988–1002.

Blanchard, O., and S. Fisher. 1989. *Lectures on Macroeconomics.* Cambridge: MIT Press.

Bolton, P., and G. Roland. 1997. The breakup of nations: A political economy analysis. *Quarterly Journal of Economics* 112(4): 1057–80.

Bolton, P., G. Roland, and E. Spolaore. 1996. Economic theories of the break-up and integration of nations. *European Economic Review* 40: 697–705.

Bookman, M. 1993. *The Economics of Secession.* New York: St. Martin Press.

Bordignon, M., and S. Brusco. 2001. Optimal secession rules. *European Economic Review* 45: 1811–34.

Boulding, K. E. 1962. *Conflict and Defense: A General Theory.* New York: Harper.

Bowling, K. 1991. *The Creation of Washington DC: The Value and Location of the American Capital.* Fairfax, VA.

Braudel, F. 1992. Perspectives of the World. *Civilization and Capitalism: 15th–18th Century,* vol. 3. Berkeley: University of California Press.

Brennan, G., and J. Buchanan. 1980. *The Power to Tax: Analytical Foundations of Fiscal Constitutions.* Cambridge: Cambridge University Press.

Brito, D. L., and M. D. Intriligator. 1995. Arms Races and Proliferation. In Hartley and Sandler (1995).

Breton, A., and A. Scott. 1978. *The Economic Constitution of Federal States.* Toronto: University of Toronto Press.

Buchanan, J. M. 1965. An economic theory of clubs. *Economica,* 32: 1–14.

Buchanan, J. M. 1975. *The Limits of Liberty: Between Anarchy and Leviathan.* Chicago: University of Chicago Press.

Buchanan, J. M., and R. L. Faith. 1987. Secessions and the limits of taxation: Towards a theory of internal exit. *American Economic Review* 77: 1023–31.

Buchheit, L. 1978. *Secession: The Legitimacy of Self-Determination.* New Haven: Yale University Press.

Bueno de Mesquita, B., and D. Lalman. 1992. *War and Reason: Domestic and International Imperatives*. New Haven: Yale University Press.

Bueno de Mesquita, B., J. D. Morrow, R. M. Siverson, and A. Smith. 1999. An institutional explanation of the democratic peace. *American Political Science Review* 93: 791–807.

Bulmer-Thomas, V. 1999. *The Economic History of Latin America since Independence*. Cambridge: Cambridge University Press.

Casella, A., and J. Feinstein. 2003. Public goods in trade: On the formation of markets and jurisdictions. *International Economic Review*, forthcoming.

Cipolla, C. 1995. *Storia facile dell'economia italiana dal Medioevo a oggi*. Rome: Mondadori.

Coase, R. 1960. The problem of social cost. *Journal of Law and Economics* 3: 1–44.

Coe, D. T., E. Helpman, and A. W. Hoffmaister. 1994. North–south R&D spillovers. International Monetary Fund Working Paper 94144. Washington, DC.

Connor, W. 1978. A nation is a nation, is a state, is an ethnic group, is a.... *Ethnic and Racial Studies* 1(4): 377–400.

Cremer, H., A. M. DeKerchove, and J.-F. Thisse. 1985. An economic theory of public facilities in space. *Mathematical Social Sciences* 9: 249–62.

Cutler, D., and E. Glaeser. 1997. Are ghettos good or bad? *Quarterly Journal of Economics* 112: 1055–90.

Dahl, R. A., and E. R. Tufte. 1973. *Size and Democracy*. Stanford: Stanford University Press.

Davis, L., and R. Huttenback. 1986. *Mammon and the Pursuit of Empire*. New York: Cambridge University Press.

Davies, N. 1996. *Europe*. New York: Oxford University Press.

DeLong, B., and A. Shleifer. 1993. Prices and merchants: European city growth before the industrial revolution. *Journal of Law and Economics* 35: 671–702.

Deutsch, K. 1969. *Nationalism and Its Alternatives*. New York: Knopf.

Diamond, P. 1967. Cardinal welfare, individualistic ethics, and interpersonal comparison of utility: A comment. *Journal of Political Economy* 75(9): 765–66.

Dixit, A., and M. Olson. 1998. Does voluntary participation undermine the Coase theorem? *Economics Letters* 61: 3–11.

Downing, B. M. 1992. *The Military Revolution and Political Change: Origins of Democracy and Autocracy in Early Modern Europe*. Princeton: Princeton University Press.

Drèze, J. H. 1991. Regions of Europe: A feasible status, to be discussed. *Economic Policy* 17: 206–307.

Dudley, L. 1992. Punishment, reward and the fortunes of states. *Public Choice* 74: 293–315.

Eartman, T. 1997. *Birth of the Leviathan*. Cambridge: Cambridge University Press.

Easterly, W. 2001. *The Elusive Quest for Growth: Economists' Adventures and Misadventures in the Tropics*. Cambridge: MIT Press.

Easterly, W., and R. Levine. 1997. Africa's growth tragedy: Policies and ethnic divisions. *Quarterly Journal of Economics* 112: 1203–50.

Easterly, W., and S. Rebelo. 1993. Fiscal policy and economic growth: An empirical investigation. *Journal of Monetary Economics* 32(3): 417–58.

Eaton, J., and S. Kortum. 1994. International patenting and technology diffusion. *Board of Governors of the Federal Reserve System Finance and Economics Discussion Series* (November).

Elazar, D. J., ed. 1984. *Federalism and Political Integration*. Lanham, MD: University Press of America.

Ellis, J. 2000. *The Founding Brothers*. New York: Knopf.

Engel, C., and J. Rogers. 1996. How wide is the border? *American Economic Review* 86: 1112–25.

Epple, D., and T. Romer. 1991. Mobility and redistribution. *Journal of Political Economy* 99: 828–58.

Estavodoreal, A., and A. Taylor. 2002. A century of missing trade. *American Economic Review* 32(1): 383–93.

Faroghi, S., B. McGowan, D. Quataret, and S. Pamuk. 1994. *An Economic and Social History of the Ottoman Empire*. Cambridge: Cambridge University Press.

Fearon, J. D. 1995. Rationalist explanations for war. *International Organization* 49: 379–414.

Findlay, R. 1996. Towards a model of territorial expansion and the limits of empire. In *The Political Economy of Conflict and Appropriation*, edited by Michelle R. Garfinkel and Stergios Skaperdas. Cambridge: Cambridge University Press.

Frankel, J., E. Stein, and S. Wei. 1997. Continental trading blocs: Are they natural or supernatural? In *The Regionalization of the World Economy*, edited by J. Frankel. Chicago: University of Chicago Press.

Frankel, J., and A. Rose. 2002. An estimate of the effect of common currencies on trade and income. *Quarterly Journal of Economics* 117: 437–66.

Frankel, J., and D. Romer. 1999. Does trade cause growth? *American Economic Review* 89: 379–99.

Friedman, D. 1977. A theory of the size and shape of nations. *Journal of Political Economy* 85(1): 59–77.

Frey, B., and R. Eichenberger. 1999. *The New Democratic Federalism for Europe*. London: Edward Elger.

Fudenberg, D., and J. Tirole. 1991. *Game Theory*. Cambridge: MIT Press.

Fujita, M., and J.-F. Thisse. 2002. *Economics of Agglomeration: Cities, Industrial Location, and Regional Growth*. Cambridge: Cambridge University Press.

Gallup, J. L., J. Sachs, and A. D. Mellinger. 1998. Geography and economic development. Presented at the Annual Bank Conference on Development Economics, World Bank, Washington, DC, April.

Garner, P. 2001. The role of international rivalry in long-run growth. Unpublished manuscript. Brown University.

Gartzke, E. 1999. War is in the error term. *International Organization* 53(3): 567–87.

Gasiorowski, M., and S. Polachek. 1982. Conflict and interdependence: East–west trade and linkages in the era of detente. *Journal of Conflict Resolution* 26: 709–29.

Glaeser, E., S. Johnson, and A. Shleifer. 2001. Coase versus the Coasians. *Quarterly Journal of Economics* 116(3): 853–99.

Gilpin, 2001. *Global Political Economy. Understanding the International Economic Order.* Princeton: Princeton University Press.

Gottman, J. 1973. The significance of territory. Charlottesville: University Press of Virginia.

Grossman, G., and H. Elpman. 1991. *Innovation and Growth in the Global Economy,* Cambridge: MIT Press.

Grossman, H. I. 1991. A general equilibrium model of insurrections. *American Economic Review* 81(4): 912–21.

Grossman, H. I. 2000. The state: Agent or proprietor? *Economics of Governance* 1(1): 3–11.

Grossman, H. I. 2002. Constitution or conflict? NBER Working Paper 8733, Cambridge, MA.

Grossman, H. I., and M. Kim. 1995. Swords or plowshares? A theory of the security of claims to property. *Journal of Political Economy* 103(6): 1275–88.

Haas, E. 1958a. *The Uniting of Europe: Political, Social and Economic Forces.* Stanford: Stanford University Press.

Haas, E. 1958b. The challenge of regionalism. *International Organization* 12: 444–58.

Haas, E. 1964. *Beyond the Nation-State.* Stanford: Stanford University Press.

Haas, E. 1975. The obsolesence of regional integration theory. Research Series 25. Institute of International Studies, Berkeley.

Haimanko, O., M. LeBreton, and S. Weber. 2000. Transfers and polarization. Unpublished manuscript. CORE, Catholic University of Louvain.

Hall, R., and C. Jones. 1999. Why do some countries produce more output per worker than others? *Quarterly Journal of Economics* 114: 83–116.

Hallerberg, M. 1996. Tax competition in Wilhelmine, Germany, and its implications for the European Union. *World Politics* 40: 324–57.

Hamilton, A., ed. 1787. *The Federalist Papers.* Reprinted 1987. New York: Penguin.

Hartley, K., and T. Sandler, eds. 1995. *Handbook of Defense Economics.* Amsterdam: North-Holland.

Harsanyi, J. C. 1953. Cardinal utility in welfare economics and in the theory of risk taking. *Journal of Political Economy* 61: 434–35.

Harsanyi, J. C. 1955. Cardinal welfare, individualistic ethics, and interpersonal comparison of utility. *Journal of Political Economy* 63: 309–21.

Harsanyi, J. C., and R. Selten. 1988. *A General Theory of Equilibrium Selection in Games.* Cambridge: MIT Press.

Hartley, K., and T. Sandler. 1995. *The Economics of Defense.* Cambridge: Cambridge University Press.

Hayek, F. 1959. *The Constitution of Liberty.* Chicago: University of Chicago Press.

Helliwell, J. 1998. *How Much Do National Borders Matter?* Washington, DC: Brookings Institution.

Henderson, J. V. 1983. Industrial bases and city sizes. *American Economic Review* 73(2): 164–68.

Herbst, J. 2000. *States and Power in Africa.* Princeton: Princeton University Press.

Hess, G. D., and A. Orphanides. 1995. War politics: An economic, rational-voter framework. *American Economic Review* 85(4): 828–46.

Hess, G. D., and A. Orphanides. War and democracy. *Journal of Political Economy* 109(4): 776–810.

Hirschman, A. 1945. *National Power and the Structure of Foreign Trade.* Berkeley: University of California Press.

Hirshleifer, J. 1989. Conflict and rent-seeking success functions: Ratio versus difference models of relative success. *Public Choice* 46: 247–58.

Hirshleifer, J. 1991. The technology of conflict as an economic activity. *American Economic Review* 81(2): 130–34.

Hirshleifer, J. 1995a. Theorizing about conflict. In Hartley and Sandler (1995).

Hirshleifer, J. 1995b. Anarchy and its breakdown. *Journal of Political Economy* 103: 26–52.

Hobbes, T. 1651. *Leviathan.* Reprinted 1982. New York: Penguin.

Hobsbawn, E. J. 1987. *The Age of Empires.* New York: Vintage Books.

Hobsbawn, E. J. 1990. *Nations and Nationalism since 1870.* Cambridge: Cambridge University Press.

Hobsbawn, E. J. 1996. *The Age of Extremes: A History of the World, 1914–1991.* New York: Vintage Books.

Hochman, O., D. Pines, and J.-F. Thisse. 1995. On the optimal structure of local governments. *American Economic Review* 85(5): 1224–40.

Hooghe, L., and G. Marks. 2000. Optimality and authority: A critique of neo-classical theory. *Journal of Common Market Studies* 38(5): 795–816.

Hooghe, L., and G. Marks. 2001a. *Multi-level Governance and European Integration.* Boulder, CO: Rowman and Littlefield.

Hooghe, L., and G. Marks. 2001b. Types of multi-level governance. European Integration online Papers (EIoP), vol. 5, 11. *http://eiop.or.at/eiop/texte/2001-011a.htm.*

Hotelling, H. 1929. Stability in Competition. *Economic Journal* 39: 41–57.

Hourani, A. 1991. *A History of the Arabs People.* Cambridge: Harvard University Press.

Huntington, S. 1993. The clash of civilizations? *Foreign Affairs* 72(3): 22–28.

Inman, R. P., and D. L. Rubinfeld. 1997. The political economy of federalism. In *Perspectives on Public Choice*, edited by D. C. Mueller. Cambridge: Cambridge University Press, ch. 4.

Irwin and Klenow. 1994. Learning-by-doing spillovers in the semiconductor industry. *Journal of Political Economy* 102(6): 1200–27.

Isard, W. 1988. *Arms Races, Arms Control, and Conflict Analysis.* New York: Cambridge University Press.

Israel, J. 1995. *The Dutch Republic.* Oxford: Oxford Unviersity Press.

Jacob, P. E., and J. V. Toscano, eds. 1964. *The Integration of Political Communities.* Philadelphia: Lippincott.

Jenkins, R. 2001. *Churchill.* New York: Plume.

Jones, E. L. 1981. *The European Miracle: Environments, Economies, and Geopolitics in the History of Europe and Asia.* Cambridge: Cambridge University Press.

Judd, K. L. 1985. The law of large numbers with a continuum of IID random variables. *Journal of Economic Theory* 35(1): 19–25.

Keohane, R. O., and J. S. Nye. 2000. *Power and Interdependence.* Pearson Education.

Kennedy, P. 1987. *The Rise and Fall of the Great Powers: Economic Change and Military Conflict from 1500 to 2000.* New York: Random House.

Keynes, J. M. 1920. *The Economic Consequences of the Peace.* New York: Harcourt.

Krugman, P. 1991. *Geography and Trade.* Cambridge: MIT Press.

Krugman, P. 1995. *Development, Geography, and Economic Theory.* Cambridge: MIT Press.

Laffont, J. J. 1988. *Fundamentals of Public Economics,* rev. English ed. Trans. by John P. Bonin and Helene Bonin. Cambridge: MIT Press.

Landes, D. 1998. *The Wealth and Poverty of Nations.* New York: Norton.

Lane, F. C. 1958. Economic consequences of organized violence. Reprinted in *Profits from Power: Readings in Protection Rent and Violence Controlling Enterprises.* Albany: State University of New York Press.

Lane, F. C. 1966. *Venice and History.* Baltimore: Johns Hopkins University Press.

La Porta, R., F. Lopez-De-Silanes, A. Shleifer, and R. Vishny. 1999. The quality of government. *Journal of Law, Economics, and Organization* 15(1): 222–79.

LeBreton, M., and S. Weber. 2001. The art of making everybody happy: How to prevent a secession. Unpublished manuscript.

Levy, J. S. 1989. The causes of war: A review of theories and evidence. In *Behavior, Society, and National War,* edited by P. E. Tetlocket. Oxford: Oxford University Press.

Lichtenberg, F. R. 1992. R&D Investment and international productivity differences. NBER Working Paper 4161, Cambridge, MA.

Lucas, R. 1988. On the mechanics of economic development. *Journal of Monetary Economics* 22(1): 3–42.

Madison, J. 1787. Federalist Paper No. 10. Reprinted in *Federalist Papers,* 1987. New York: Penguin.

Mansfield, E. D., and H. V. Milner, eds. 1997. *The Political Economy of Regionalism.* New York: Columbia University Press.

Maoz, Z., and B. Russet. 1993. Normative and structural causes of the democratic peace, 1946–1986. *American Political Science Review* 87(3): 624–38.

Mauro, P. 1995. Corruption and growth. *Quarterly Journal of Economics* 110(3): 681–712.

McCallum, J. 1995. National borders matter: Canada–U.S. regional trade patterns. *American Economic Review* 85(3): 615–23.

Mack Smith, D. 1989. *Italy and Its Monarchy.* New Haven: Yale University Press.

McKenny, R. 1993. *Sixteen Century Europe.* New York: St. Martin Press.

McGuire, M. C., and M. Olson. 1996. The economics of autocracy and majority rule: The invisible hand and the use of force. *Journal of Economic Literature* 34(1): 72–96.

McNeil, W. H. 1974. *Venice: The Hinge of Europe, 1081–1797.* Chicago: University of Chicago Press.

Merriman, J. 1996. *A History of Modern Europe.* New York: Norton.

Meltzer, A., and S. Richard. 1981. A rational theory of the size of government. *Journal of Political Economy* 89: 914–27.

Milesi-Ferretti, G. M., R. Perotti, and M. Rostagno. 2002. Electoral systems and public spending. *Quarterly Journal of Economics* 117(2): 609–57.

Montesquieu. 1748. *The Spirit of the Laws.* Cambridge: Cambridge University Press, 1989.

Mundell, R. 1961. A theory of optimum currency areas. *American Economic Review* 51: 509–17.

Murdoch, J. C. 1995. Military alliances: Theory and empirics. In Hartley and Sandler (1995).

Murphy, K. M., A. Shleifer, and R. W. Vishny. 1989. Industrialization and the big push. *Journal of Political Economy* 97(5): 1003–26.

Mitrany, D. 1966. *A Working Peace System.* Chicago: Quadrangle.

Moore, B. 1967. *Social Origins of Dictatorships and Democracy.* Boston: Beacon Press.

Mueller, D. 1989. *Public Choice II.* New York: Cambridge University Press.

Musgrave, R. 1959. *The Theory of Public Finance.* New York: McGraw-Hill.

Musgrave, R. A. 1971. Economics of fiscal federalism. *Nebraska Journal of Economics and Business.* Reprinted in Musgrave (1986), ch. 3, pp. 33–42.

Musgrave, R. A. 1986. *Public Finance in a Democratic Society.* New York: New York University Press.

Musgrave, R. A. 1998. *Approaches to a Fiscal Theory of Political Federalism.* Elgar Reference Collection, vol. 88. Cheltenham, UK: International Library of Critical Writings in Economics.

Newhouse, J. 1997. Europe's rising regionalism. *Foreign Affairs* 76(January–February): 67–84.

North, D. 1981. *Structure and Change in Economic History.* New York: Norton.

North, D. 1990. *Institutions, Institutional Change and Economic Performance.* Cambridge: Cambridge University Press.

North, D., and R. P. Thomas. 1973. *The Rise of the Western World: A New Economic History.* Cambridge: Cambridge University Press.

Oates, W. E., and J. J. Wallace. 1988. Decentralization in the public sector: An empirical study of local governments. In *Fiscal Decentralization: Quantitative Studies,* edited by H. S. Rosen. Chicago: University of Chicago Press.

Oates, W. 1972. *Fiscal Federalism.* New York: Harcourt Brace.

Oates, W. 1999. An essay on fiscal federalism. *Journal of Economic Literature* 37: 1120–49.

Olson, M. 1982. *The Rise and Decline of Nations.* New Haven: Yale University Press.

Olson, M. 2000. *Power an Prosperity: Outgrowing Communist and Capitalist Dictatorships.* New York: Basic Books.

Olson, M., and R. Zeckhauser. 1966. An economic theory of alliances. *Review of Economics and Statistics* 48: 266–79.

O'Rourke, K., and J. Williamson. 2001. *Globalization and History: The Evolution of a Nineteenth-Century Atlantic Economy.* Cambridge: MIT Press.

Panizza, U. 1999. On the determinants of fiscal centralization: Theory and evidence. *Journal of Public Economics* 74: 97–139.

Pareto, V. 1935. *The Mind and Society,* Vol. 1, Hartcourt, Brace, New York.

Perotti, R. 2000. Fiscal policy in good times and bad. *Quarterly Journal of Economics* 114(4): 1399–1436.

Persson, T., and G. Tabellini. 1996a. Federal fiscal constitutions: Risk sharing and redistribution. *Journal of Political Economy* 104: 979–1009.

Persson, T., and G. Tabellini. 1996b. Federal fiscal constitutions: Risk sharing and moral hazard. *Econometrica* 64: 623–46.

Persson, T., and G. Tabellini. 1999. The size and scope of government: Comparative politics with rational politicians. *European Economic Review* 43: 699–735.

Persson, T., and G. Tabellini. 2000. *Political Economics: Explaining Economic Policy.* Cambridge: MIT Press.

Persson, T., and G. Tabellini. 2003. *The Economic Effects of Constitutions.* Cambridge: MIT Press, forthcoming.

Pirenne, H. 1968. *Mohammed and Charlemagne,* trans. by B. Miall. New York: Barnes and Noble.

Plano, J. C., and R. Olton. 1969. *The International Relations Dictionary.* New York: Holt, Rinehart and Winston.

Polachek, S. 1980. Conflict and trade. *Journal of Conflict Resolution* 24: 55–78.

Polachek, S. 1992. Conflict and trade: An economic approach to political international interactions. In *Economics of Arms Reduction and the Peace Process,* edited by W. Isard and C. H. Anderton, Amsterdam: North-Holland, ch 4.

Polachek, S. W. 1992. Conflict and trade: An economics approach to political international interactions. Amsterdam: North-Holland.

Portes, R., and H. Rey. 2000. The determinants of cross-border equity flows. GEP Discussion Papers 446, London School of Economics.

Poterba, J. 1994. State responses to fiscal crises: The effects of budgetary institutions on fiscal policy. *Journal of Political Economics* 102: 165–87.

Powell, R. 1999. *In the Shadow of Power: States and Strategies in International Politics.* Princeton: Princeton University Press.

Putnam, R. 1993. *Making Democracy Work.* Princeton: Princeton University Press.

Qian, Y., and G. Roland. 1998. Federalism and the soft budget constraint. *American Economic Review* 88: 1143–62.

Rawls, J. 1971. *A Theory of Justice.* Cambridge: Harvard University Press.

Ray, D., and R. Vohra. 1999. A theory of endogenous coalition structures. *Games and Economic Behavior* 26(2): 286–336.

Ray, D., and R. Vohra. 2001. Coalitional power and public goods. *Journal of Political Economy* 109: 1355–84.

Riker, W. 1964. *Federalism.* New York: Little Brown.

Rivera-Batiz, L. A., and P. M. Romer. 1991. Economic integration and endogenous growth. *Quarterly Journal of Economics* 106: 531–55.

Rodriguez, F., and D. Rodrik. 1999. Trade policy and economic growth: A skeptic's guide to the cross national evidence. *NBER Macroeconomic Annual.* Cambridge: MIT Press.

Rodrik, D. 1998. Why do more open economics have bigger governments? *Journal of Political Economy* 106(October): 997–1032.

Roland, G. 2000. *Transition and Economics.* Cambridge: MIT Press.

Romer, P. 1986. Increasing returns and long run growth. *Journal of Political Economics* 94: 1002–37.

Romer, T. 1977. Majority voting on tax parameters: Some further results. *Journal of Public Economics* 7(1): 127–33.

Rose, A. 2000. One money, one market: Estimating the effects of common currencies on trade. *Economic Policy* 30: 9–48.

Rusk, D. 1999. *Inside Game/Outside Game.* Washington, DC: Brookings Institution.

Sachs, J., A. D. Mellinger, and J. L. Gallup. 2001. The geography of poverty and wealth. *Scientific American* 284: 70–74.

Sachs, J., and X. Sala-i-Martin. 1992. Fiscal federalism and optimum currency areas: Evidence for Europe from the United States. In *Establishing a Central Bank: Issues in Europe and Lessons from the US,* edited by M. Canzoneri, P. Mausson, and V. Grilli, Cambridge: Cambridge University Press.

Sachs, J., and A. Warner. 1995. Economic reform and the process of economic integration. *Brookings Papers on Economic Activity* 1: 1–117.

Samuelson, P. 1954. The pure theory of public expenditure. *Review of Economic and Statistics* 36: 387–89.

Schelling, T. C. 1960. *The Strategy of Conflict*. Cambridge: Harvard University Press.

Sen, A. 1979. *Collective Choice and Social Welfare*. Amsterdam: North-Holland.

Skaperdas, S. 1992. Cooperation, conflict and power in the absence of property rights. *American Economic Review* 82(4): 720–39.

Shleifer, A., and D. Treisman. 2000. *Without a Map: Political Tactics and Economic Reform in Russia*. Cambridge: MIT Press.

Skaperdas, S., and C. Syropoulos. 1996. Competitive trade with conflict. In *The Political Economy of Conflict and Appropriation*, edited by Michelle R. Garfinkel and Stergios Skaperdas, Cambridge: Cambridge University Press.

Smith, A. 1976. *The Wealth of Nations*. Chicago: University of Chicago Press.

Smith, R. 1995. The demand for military expenditure. In Hartley and Sandler (1995).

Spolaore, E. 1995. Economic integration, political borders and productivity. Prepared for the CEPR/Tel Aviv Conference on Regional Integration and Economic Growth, December.

Spolaore, E. 2001. Conflict, trade and political borders. Brown University.

Spolaore, E., and R. Wacziarg. 2002. Borders and growth. NBER Working Paper 9223, Cambridge, MA: Mimeo.

Spolaore, E., and A. Alesina. 2000. War, peace and the size of countries. Mimeo. Brown University and Harvard University.

Spruyt, H. 1994. *The Sovereign State and Its Competitors: An Analysis of Systems Change*. Princeton: Princeton University Press.

Stampp, K. M. 1991. *The Causes of the Civil War*. Cambridge: Cambridge University Press.

Stein, E. 2000. *Czecho/Slovakia*. Ann Arbor: University of Michigan Press.

Stock, R. 1993. Africa south of the sphere: A geographical interpretation. New York: Guillard Press.

Tam, H. 1999. *Taxation, Appropriation and State*. PhD dissertation. Harvard University.

Tanzi, V. 2000. *Policies, Institutions and the Dark Side of Economics*. Cheltenham, UK: Edward Elgar Publishing.

Tanzi, V., and L. Schuknecht. 2000. *Public Spending in the Twentieth Century: A Global Perspective*. Cambridge: Cambridge University Press.

Tenreyro, S. 2001. The causes and consequenes of currency unions. Unpublished manuscript.

Thomson, E. A. 1974. Taxation and national defense. *Journal of Political Economy*.

Tiebout, C. 1956. A pure theory of local expenditures. *Journal of Political Economy* 64: 416–24.

Tilly, C. 1990. *Coercion, Capital and European States, AD 990–1990*. Cambridge, MA: Blackwell.

Tilly, C., and L. Tilly. 1973. *The Rebellious Century, 1830–1930*. Cambridge: Harvard University Press.

Tullock, G. 1974. *The Social Dilemma: The Economics of War and Revolution.* Blacksburg, VA: University Pub.

Tullock, G. 1980. Efficient rent seeking. In *Toward a Theory of the Rent-Seeking Society,* edited by J. M. Buchanan, R. D. Tollison, and G. Tullock. College Station: Texas A&M University Press.

Vamvakidis, 1997. How important is a large market for economic growth? Mimeo. International Monetary Fund and Harvard University.

Van Evera, S. 1998. Offense, defense, and the causes of war. *International Security* 22: 5–43.

Weber, M. 1958. *From Max Weber: Essays in Sociology.* Oxford: Oxford University Press.

Wacziarg. 1998. Measuring the dynamic gains from trade. World Bank Policy Research Paper, 2001. Washington, DC.

Weingast, B. R. 1995. The economic role of political institutions: Market-preserving federalism and economic development. *Journal of Law, Economics, and Organization* 11: 1–31.

Weingast, B. R., K. A. Shepsle, and C. Johnsen. 1981. The political economy of benefits and costs: A neoclassical approach to distributive politics. *Journal of Political Economy* 89: 642–64.

Wilson, C. H. 1967. Trade society and state. *Cambridge Economic History of Europe* 4: 487–576.

Wittman, D. 1991. Nations and states: Mergers and acquisitions; dissolutions and divorce. *American Economic Review Papers and Proceedings* 81(2): 126–28.

Wittman, D. 2000. The size and wealth of nations. *Journal of Conflict Resolution*: 868–84.

Yarborough, B., and R. Yarborough. 1998. Unification and secession: Group size and escape from lock-in. *Kyklos* 61: 171–95.

Young, R. 1994. The political economy of secession: The case of Quebec. *Constitutional Political Economy* 5: 221–45.

Young, R. 1995. *The Secession of Quebec and the Future of Canada.* Montreal: McGill-Queen University Press.

Zhuravskaya, E. 1999. Incentives to provide local public goods: Fiscal federalism, Russian style. Unpublished manuscript.

图书在版编目(CIP)数据

国家的规模/(意)阿尔伯托·阿莱西纳,(意)恩
里科·斯波劳雷著;戴家武,欧阳崚译.—上海:格
致出版社:上海人民出版社,2020.9
(国家规模和经济增长译丛)
ISBN 978 - 7 - 5432 - 3149 - 8

Ⅰ.①国… Ⅱ.①阿…②恩…③戴…④欧… Ⅲ.
①政治经济学-研究 Ⅳ.①F0

中国版本图书馆 CIP 数据核字(2020)第 154326 号

责任编辑 张宇溪 程 倩
装帧设计 零创意文化

国家规模和经济增长译丛
国家的规模
[意]阿尔伯托·阿莱西纳 恩里科·斯波劳雷 著
戴家武 欧阳崚 译

出   版 格致出版社
          上海人民出版社
          (200001 上海福建中路 193 号)
发   行 上海人民出版社发行中心
印   刷 常熟市新骅印刷有限公司
开   本 720×1000 1/16
印   张 16.5
插   页 4
字   数 210,000
版   次 2020 年 9 月第 1 版
印   次 2020 年 9 月第 1 次印刷
ISBN 978 - 7 - 5432 - 3149 - 8/F·1318
定   价 65.00 元

上海市版权局著作权合同登记号：图字　09-2017-904